LESSONS OF THE PAST
The Use and Misuse of History
in American Foreign Policy

역사의 교훈

미국 외교정책에서의 역사의 이용과 오용

어네스트 메이 지음 / 이 희 구 옮김

한마음사

LESSONS OF THE PAST
The Use and Misuse of History in American Foreign Policy
by Ernest R. May

Originally published in English in 1973
by Oxford University Press, Inc.

서 문

이 책에서 나는 세 가지 명제를 제시한다.

첫째로, 외교정책의 입안자는, 역사가 가르쳐주거나 예고한다고 스스로 믿고 있는 것의 영향을 받기 쉽다는 명제이다. 그들은 현재의 문제를 처리할 때 흔히 과거로부터 유추하고, 미래를 예측할 때에는 과거와 역사적 대비를 하거나 미래를 가까운 과거의 연속선상에 놓아두기도 한다.

앞에 나오는 4개 장에서는 과거에 대한 이러한 사고가, 지금까지 미국인에게 어떠한 영향을 끼쳤는가에 대하여, 제2차대전, 냉전 초기, 1950년의 한국전쟁 참전, 베트남 개입의 각 사례에 초점을 맞추어 규명해 보기로 한다.

그밖의 몇몇 사례를 덧붙일 수도 있겠다. 예컨대 제1차대전 발발 직후의 몇 개월간, 우드로 윌슨 대통령은 미국의 해양상의 권리를 둘러싸고 영국과의 논쟁에 휘말리게 되었다. 그 때 대통령의 친구 하우스 대령의 기록에 따르면, 윌슨은 이렇게 말했다고 한다. “프린스턴

출신으로 대통령이 된 자는, 매디슨과 나밖에 없다. 오늘의 상황은 (매디슨이 직면했던) 1812년의 상황과 흡사하다. 내가 정말로 원하는 것은, 과거의 상황을 다시 되풀이하지 않는 것이다." 실제로 대통령의 행동은 대단히 신중했다.1)

여기에 덧붙여서 다른 나라의 사례를 인용해 볼 수도 있다. 제2차대전 발발 직후 2년간 히틀러는, 잠수함 공격을 확대해야 한다는 해군 장교들의 제안을 거듭해서 묵살했다. 그 이유는 우선, 과거에 미국을 제1차대전 참전에의 결단을 내리게 했던 사태의 재발을 막기만 하면, 이번에는 미국이 세계대전에 참전하는 것을 회피할 수 있다고 히틀러는 생각하고 있었기 때문이다.2) 또한 1956년에 영국정부는 이집트에 의한 수에즈운하 점령이라는 사태에 직면했는데, 당시의 수상 앤서니 이든에 따르면, 수상과 그의 각료는 사태가 1930년대의 위기와 흡사하다고 생각하고 있었다. 그것을 그는 다음과 같이 기록하고 있다.

> 히틀러와 무솔리니는 아비시니아(에티오피아), 라인란트, 오스트리아, 체코슬로바키아, 알바니아에서 조약위반을 포함한 일련의 모

---

1) Charles Seymour, ed., *The Intimate Papers of Colonel House,* 4 vols. (Boston : Houghton Mifflin, 1926-28), I, pp. 303-4; Ernest R. May, *The World War and American Isolation, 1914-1917* (Cambridge: Harvard University Press, 1959), pp. 54-71.

2) Hans L. Trefousse, *Germany and American Neutrality, 1935-1941* (New York: Bookman Associates, 1951), pp. 35 ff.; Saul Freidländer, *Prelude to Downfall: Hitler and the United States, 1935-1941* (English translation; New York: Alfred A. Knopf, 1967), pp. 56-65; James V. Compton, *The Swastika and the Eagle: Hitler, the United States, and the Origins of World War II* (Boston: Houghton Mifflin, 1967), pp. 148-60.

> 험에 성공한 탓에, 민주주의 국가에는 저항의 의지가 없고, 자기들은 착실하게 승리를 거듭하면서 세계제패에의 길을 진군할 수 있다고 생각하게 되었다. ……동료들도 나도 1956년 가을의 몇 개월간의 상황을 검토했을 때 이와 동일한 사태를 두 번 다시 초래해서는 안 된다고 결의했다.3)

실제로 이러한 상황판단에 따르고 있었기 때문에 이든과 그 각료들은 완력으로 수에즈를 탈환한다는 헛되고 굴욕적인 모험에 나섰던 것이다.

그렇지만 20세기 이전에 있었던 유사한 증거는 꼭 적합하지는 않을 것이다. 18세기의 정치가가 과거를 인용하더라도 그 경우에는, 인간의 본성이라는 것은 변화하지 않고 뉴튼의 보편법칙의 지배에 따르는 것이라는 사고가 당연한 것으로 받아들여지고 있었다. 그러나 그 후 우리는, 인간이란 진화하는 동물이고, 문화는 상대적이라고 하는 사고의 영향을 받고 있기 때문에, 오늘날, 그리스인, 로마인, 색슨인 등의 예를, 아니 현대의 외국인의 사례조차, 그것을 인간이 어떻게 행동하느냐 하는 것의 예로서 인용하는데는 불안을 품지 않을 수 없게 되었다.

또한 오늘날 교육내용이 변화하고, 지배 엘리트층의 동질성이 상실되고 있기 때문에, 정부 부내의 사람은 현존하고 있는 사람의 기억에 있는 역사적 사건이나 경험에 대해 언급하기를 주저한다. 따라서 제퍼슨이나 링컨, 팔머스턴, 비스마르크가 역사를 어떻게 이용했는가 하는 증거는, 반드시 오늘의 정치가가 그 증거 사례에 따라야 함을 암

3) Anthony Eden, *Full Circle* (Boston: Houghton Mifflin, 1960. p. 578.

시하는 것은 아니다.

이 책은 현대인, 그것도 현대 미국인은 대상으로 삼고 있기 때문에 그 초점은 공간(公刊)된 문서의 뒷받침이 있는, 극히 최근에 일어난 미국의 역사적 사건에 두어졌다. 가령 그러한 이 책의 진행방식에 이의가 제기된다 하더라도 나는 이렇게 답할 것이다. “그 사례는 다른 경우에 적용될지도 모르지만, 우리에게는 적용되지 않는다”고. 왜냐하면 역사가 어느 최근의 시점에서 어떤 종류의 사람들의 생각을 형성하는데 도움을 주었음을 증명하는 것 정도는 나도 할 수 있지만, 역사가 현재도 미래에도 항상 그러한 기능을 영위하게 되리라는 것은, 단지 믿는 것 이외엔 할 수 없기 때문이다.

이어서 이 책의 두 번째 명제는, 정책입안자가 통상 역사를 오용하고 있다는 점이다. 정책입안자는 역사 속에서 유추를 구할 때에, 자기들이 우선 생각이 미친 것에 사로잡히는 경향이 있다. 그들은 역사의 유추 사례를 광범위에 걸쳐서 찾아내려고 하지 않는다. 뿐만 아니라 그 선례를 분석하거나, 선례의 타당성을 검증한다거나, 나아가 왜 그것이 그릇된 길로 이끄는지 검증하려고도 하지 않는다. 과거로부터 현재에의 추세를 봄으로써 그들은 현재가 미래까지 계속되는 것으로 상정하기 쉽고, 거기서 더 나아가 현재를 만들어낸 것이 무엇이고, 또한 왜 현재의 연속선상에서 미래를 그리는 것이 잘못된 것인지 고찰하려고도 하지 않는다.

그리고 바로 이러한 습관 때문에 종종 중요한 결과가 초래된다. 그것은 통상 정치가가 그 습관에 따라 자기들이 직면하는 상황과 문제를 해석하기 때문이다. 울퉁불퉁한 벽면을 가진 실내를 옹이구멍으로 본다고 하는 간단한 심리실험이 있다. 대부분의 사람은 평평한 벽면으로 에워싸인 실내를 보는데 익숙해 있는 까닭에 그 울퉁불퉁한 실내를 울퉁불퉁한 상태로 보려고 하지 않는다. 사람들은 그것을 정방형 내지 장방형의 실내로 생각하고, 더구나 그 안에 놓여진 물체의 위치나 크기를 잘못 판단해 버린다.

게다가 그것이 울퉁불퉁한 상태라고 알려진 후에도 대부분의 사람은 좀처럼 그 실내를 있는 그대로의 형태로 보려고 하지 않는다. 매우 많은, 더욱 복잡한 여러 실험이 나타내는 바에 따르면, 그러한 "지각상(知覺上)의 불일치"가 ——즉, 사람들이 정보를 제공받더라도 그것을 간과하거나 거부하거나 자기의 기대에 맞추어 바꿔버리거나 하는 경우가——빈발한다.[4] 동일한 일이 아마도 정치가들 사이에서도 발생하고 있는 것 같다. 일단 1812년 전쟁이나 제1차대전, "전체주의 국가의 침략" 같은 것은 반복된다고 믿게 되었을 때, 그 정치가들에게는 그와 같은 이미지에 적합한 사실만이 눈에 들어올 뿐이다.

이 책에서 묘사되는 것은, 이렇게 해서 시야가 좁아진 한정된 미국의 정책입안자들이다. 정책입안자가 그러한 상황에 빠지는 것은 흔히 있는 일이고, 또한 그것은 통치자가, 자기는 역사에 의거하고 있다고 깊이 인식하고 그 사태를 효과적으로 처리할 때까지 지속될 것이다.

이 제2의 명제가 가져오는 귀결로서 제시되는 제3의 명제란, 정책입안자는 그럴 마음만 있다면 역사를 보다 예리한 감식력으로 이용할 수 있다는 것이다. 정책입안자는 갖가지 유추나 대비에 의거할 수 있고, 그것에 의거함으로써 어느 특정의 경우에 해당하는 원칙이 일반적 준칙이 될 수 있는지를 생각해볼 수도 있다. 단순히 현재의 경향을 미래로 연장하는 것이 아니라, 그 경향을 만들어내고 있는 여러 힘을 식별하고, 그 여러 힘이 같은 방향성을 가진 상태로 금후에도 계속 존

---

4) 기본 텍스트로서 다음의 저서를 참고했다. Lionel Festinger, *A Theory of Cognitive Dissonance* (Evanston, III.: Row, Peterson, 1954).

재할지의 여부를 분석해볼 수도 있다.

물론 정치가 중에는 유난히 상상력이 풍부한 정치가도 있다. 예컨대 존 F. 케네디는, 용기라는 것이 미국 정치가에게 어떠한 형태로 나타나고 있는지에 흥미를 가지고 8가지 사례를 분석했다.[5] 그것을 그는, 퓰리처상을 수상하게 되는 책 속에서 훌륭하게 분석했다. 후에 그가 대통령이 되고 나서, 쿠바 미사일 위기의 곤경에 빠졌을 때 생각한 것은, 단순히 진주만 사태뿐만 아니라 유럽이 과거에 겪었던 몇 가지 위기에 관한 것이기도 했다. 그의 동생 로버트 케네디에 따르면, 그 위기 중에 형 케네디는 어느날 밤, 1914년의 일을 언급하고, "독일인이나 러시아인, 오스트리아인, 프랑스인, 영국인이 각기 범한 오산"에 대하여 말하고, "그들이 전쟁으로 빠져든 것은 어리석음이나 개개의 개인적 성격이나 오해, 열등감과 위대성이 뒤섞인 개인적 콤플렉스 등등에 기인한 것 같다"고 말했다.

또한 로버트 케네디의 회상록에 따르면, "우리는 1939년에 독일이 범한 오산에 대하여 말하고, 영국이 폴란드에게 약속한 실행되지 않은 공약과 보증에 대하여 이야기했다."[6] 베트남 문제를 생각하게 되었을 때 케네디는, 이 때만큼 상상력이 풍부하지는 못했지만, 그 극도의 긴장 아래서도 그는 단일의 유추나 대비에 사로잡혀 거기서 빠져나오지 못한 정치가의 예를 들고 있었다.

아마도 중국과의 긴장완화에 솔선하여 나섰던 리처드 닉슨의 예는, 과거의 국내여론의 추세가 미래에도 변하는 일이 없다는 통념에서 탈

---

5) John F. Kennedy, *Profiles in Courage* (New York: Harper, 1956).

6) Robert F. Kennedy, *Thirteen Days: A Memoir of the Cuban Missile Crisis* (New York: W. W. Norton, 1968) p. 40 ; Arthur M. Schlesinger, Jr., *A Thousand Days: John F. Kennedy in the White House* (Boston: Houghton Mifflin, 1965), pp. 803, 806-7.

피할 수 있었던 정치가의, 좋은 사례였다고 말해도 좋겠다.

다소의 불안을 남기면서도 나는 외교정책을 생각할 때에, 역사를 지금까지보다 비판적이고 체계적으로 이용할 수 있는 두 가지 예를 이 책에서 제시했다. 우선 1개 장에서는 폭격의 정치적 효용에 관한 역사적 선례를 검토하면서, 1965년에 북베트남을 폭격했어야 하는가, 라는 문제를 효과적으로 분석할 수 있는 방법을 분명히 제시했다는 생각이다. 또 하나의 장에서는 과거 50년간의 미국의 경험을 토대로, 금후 10년간의 미국의 외교노선을 예측할 때에 발생하는 여러 문제를 확인하려고 했다.

검토 대상이 되는 사건이나 시기가 각기 고유의 특징을 너무나 많이 가지고 있기 때문에, 그러한 작업을 행하는 데 대한 의문이 반드시 나온다. 그러나 그럼에도 불구하고 굳이 그것을 행하고자 한 것은, 만일 그것에 성공한다면 선택을 하고 미래를 예측하는 것을 직업으로 삼은 사람들이 지금까지 무분별하게 이용해온, 그 유추나 대비, 예측 진단의 함정에서 조금이라도 그들을 해방하게 되리라고 생각하기 때문이다.

또한 가령 이 작업의 목적이 그러한 한정된 것에 불과하다 해도, 그것을 수행하기 위하여 분석자는 과거의 다양성과 복잡성에 주의를 기울여야 하고, 역사의 재구성이 대개의 경우 실험적인 것이고, 과거에 발생한 사건이 다른 사건과 "유사하다"고 주장하기에는 많은 위험이 뒤따른다는 것을 충분히 주의해야만 한다.

그러한 분석을 하는 사람은 반드시 전문 역사가일 필요는 없다. 마치 요즘 들어 정책입안자의 고문 중에 경제학을 배우고 경제자료를 조작할 수 있는 사람이 많이 있듯이, 역사를 배우고 역사를 이용할 수 있는 고문이 역시 몇 사람이라도 있다면, 그것만으로 충분할 것이다.

실제로, 전문 역사가가 자신 있게 해내는 것은 통치의 현실에 참가하는 것보다 오히려 역사상의 비교나 예측을 행하는 방법을, 오늘과 내일의 고관들에게 가르치는 효과적 교수법을 만들어내는 것이다.

그러나 전문 역사가가 아니면 결코 할 수 없는 것은, 끈기 있게 역사자료를 모으고 그것을 분석하는 것이다. 역사가가 이 일을 적절히 수행하기 위해서는, 공적 지위에 있는 사람들의 행동에 가장 영향을 미칠만한 사건──즉 비교적 가까운 과거의 사건──을 역사가 자신이 더욱 깊이 연구할 수 있게 되지 않으면 안 된다. 그리고 가령 가까운 과거의 이러한 사건들이 역사라기보다 오히려 경험의 범주에 속하는 것이라 해도, 만일 그것이 주의 깊게 재구성된다면, ──특히 갖가지 학파의 역사가에 의해 동일한 증거가 검토되고, 그 의미가 논의되면서 재구성되어 간다면, 역사에 대한 이해는 더욱 진전될 것이 틀림없다. 정치가는 분명 자기자신의 이익을 위해, 자료나 인터뷰에 의한 가능한 한 자유로운 연구를, 단지 가능하게 하도록 노력해야 할뿐 아니라, 그 연구를 허용할 수 있는 한 현재에 가까운 시점의 것으로 하도록, 또한 노력해야 한다.

통치자에게 있어서 역사는 무한의 보고(寶庫)로 잠들어 있다. 이 책에서 언급되는 선례 중에 시사하는 바가 있음에도 불구하고, 정치가는 그 보고를 열고 충분히 사용하지 못한다. 직업으로서 역사를 가르치고 기록하는 우리는 대체로 그들을 돕는데 힘을 주지 못했다. 이 책이 역사를 이용하는 사람과 역사를 연구하는 사람 사이의 협력을 추진하는데 다소나마 공헌할 수 있다면 다행스런 일이 될 것이다.

매사추세츠주 케임브리지에서

E. R. M.

차 례

알아야 할 것은 아직도 많습니다.
거기서 눈을 떼어서는 안 됩니다. 그것이 자유에 이르는 길이므로.

——T. S. 엘리어트

제1부

역사는 어떻게 이용되었는가

제1장 제2차 세계대전

——최후의 평화를 위한 준비——

1943년의 크리스마스 이브, 수천만의 미국인은 라디오에 귀를 기울이고 프랭클린 D. 루즈벨트 대통령의 노변담화를 듣고 있었다. 그것은 진주만 공격이래 유럽과 태평양에 파견된 약 4백만의 미국 군인들에게도 신설된 육군방송망을 통하여 전해지고 있었다.

루즈벨트는 1만2천 마일에 이르는 중동에의 비행기 여행에서 갓 귀국했다. 그와 영국수상 윈스턴 처칠은 우선 카이로에서 장개석 중화민국 총통과 회견하고, 이어서 소련의 요시프 스탈린 원수와 테헤란에서 회담을 가졌다. 루즈벨트는 이 일련의 회담 내용을 국민에게 보고하고 다음과 같이 말했다. "우리는 군사문제뿐만 아니라 장래 구상까지도—— 즉 이 전쟁에서 치른 모든 희생을 값지게 할 수 있는 세계의 장래 구상까지도 토의했다."

대통령은 또한 극동에 관하여 다음과 같이 말했다. "잠재적 침략세력으로서의 일본제국을 제거하는 것이야말로 이 지역의 모든 평화와 안전에 있어서 불가결한 조건이다. 우리는 우리 나라의 육해군과 해병대원들이 많은 섬들을 옮겨다니며 싸우고 있는 전투에 또다시 그들을 파견하지 않을 수 없는 사태에 빠져서는 안 된다."

이어서 유럽으로 화제를 돌리고 루즈벨트는 자기와 처칠과 스탈린은, "독일군이 해체되고 예견할 수 있는 장래에 독일이 재차 힘을 회복할 기회를 주어서는 안 된다는 결정에 일치를 보았다"고 말했다. 그는 미국과 소련이 "적절히……실로 유효적절히 해나갈 것"이라고 예측하고 있었다. 그는 전시중의 동맹국가들이 단결하고 있는 한, "침략국가가 재차 세계전쟁을 일으킬 가능성은 없을 것이다" 라고 단언하고, 마지막으로 청중을 향해 다음과 같이 경고했던 것이다.

> 우리는 침략적이고 호전적인 국가가 스스로 평화의 교의를 배우고 이해하고 실행할 것이라는 경건한 희망을 너무나 오랫동안 품고 살아왔다.
>
> 그러나 지금까지의 선의에 넘친 불운한 실험은 성공하지 못했다. 그러한 실험을 우리는 두 번 다시 되풀이하지 말아야 할 것이다. 아니 더욱 확실하게 말씀드린다면, 그러한 비극적인 과오를 되풀이하지 않기 위하여 나는, 대통령으로서, 또한 최고사령관으로서, 최선을 다할 생각이다.[1)]

이 장은 원래 1966년의 미국정치학회에 제출된 논문을 토대로 하고 있다. 당시 비판을 가해주신 아더 M. 슐레진저 주니어와 스티븐 카테츠님에게 사의를 표하고 싶다.

아래의 주에 인용한 것 이외에도 다음의 저작에서 힘입은 바가 크다. James MacGregor Burns, *Roosevelt: The Soldier of Freedom* (New York: Harcourt Brace Jovanovich, 1970); Robert A. Divine, *Second Chance: The Triumph of Internationalism in America during World War II* (New York: Atheneum, 1967); Herbert Feis, *Churchill, Roosevelt,*

루즈벨트의 담화 어조는 소탈한 회화체였으나 그것은 주의 깊게 작성되었다. 다른 연설과 마찬가지로, 이 경우에도 연설 초고작성자들이 초고를 준비했다. 그 원고를 루즈벨트의 가장 가까운 개인 고문이며 영국과 러시아 쪽의 교섭자인 해리 홉킨스가 고쳐 썼다. 그리고 나서 백악관 전속 고문들이 문장의 표현에 손을 가하고, 선거민의 취향에 맞게 고쳤다.

그 사이에 루즈벨트는 헨리 L. 스팀슨 육군장관 및 예로부터의 친구 헨리 모겐소 주니어 재무장관 등과 함께 연설의 실질적 내용을 토의했다. 이렇게 해서 노변담화는 대통령이 납득할 때까지 8차례나 수정이 가해졌다.[2] 그러므로 이 연설은 루즈벨트의 개인적 발언이라기보다 오히려 전후세계에 관한 "정부"의 견해를 표명한 공적문서라고 말하는 편이 옳다.

그러나 이 노변담화를 듣고 놀란 사람은 아무도 없었다. 기자들은

Stalin: The War They Waged and the Peace They Sought (Princeton: Princeton University Press, 1957); Willard Range, *Franklin D. Roosevelt's World Order* (Athens: University of Georgia Press, 1959); Ruth B. Russell, *A History of the United Nations Charter: The Role of the United States, 1940-1945* (Washington, D. C.: The Brookings Institution, 1958).

1) Samuel I. Rosenman, ed., *The Public Papers and Addresses of Franklin D. Roosevelt,* 13 vols. (New York: Harper and Brothers, 1938-50), XII, pp. 553-62.

2) Samuel I. Rosenman, *Working with Roosevelt* (New York: Harper and Brothers, 1952). p. 412; Elting E. Morison, *Turmoil and Tradition: A Study of the Life and Times of Henry L. Stimson* (Boston: Houghton Mifflin, 1960), pp. 594-95 ; 89 Cong., 1 sess., U. S. Senate, Committee on the Judiciary, Internal Security Subcommittee, *Morgenthau Diary* (China), II, pp. 963 ff.

이 연설 내용으로 1면을 장식할만한 기사를 만드는데 애를 먹었다. 반정부계 편집자들은, 이것을 실로 진부하기 짝이 없는 연설이라고 평했다.[3] 하지만 지난날을 회상하면서 연설을 다시 읽어보았을 때, 우리는 깜짝 놀라지 않을 수 없다. 왜냐하면, 그가 그 연설 속에서 미래에의 예측을 완전히 그르치고 있었기 때문이다.

루즈벨트가 예측을 그르친 것은, 단순히 미국과 소련의 관계에 관한 것만이 아니다. 일본과 독일에 대해서도 그는 양국이 대전 후에도 시종 위협이 될 것이라는 취지의 말을 하고 있었던 것이다. 또한 "지금까지의 선의에 넘친 불운한 실험은 성공하지 못했다"고 말하면서 그가 주장하려고 했던 것은, 미국의 전도에 가로놓인 최대의 위험이 과거와 같이 또다시 미국이 군축(軍縮)으로 향하고, 전쟁 "위법화"와 같은 조약을 추진하고, 고립정책으로 돌아가는데 있다고 하는 점에 있었던 것으로 보인다.

물론 현실적으로는 [루즈벨트의 예측과는 반대로] 미국과 소련의 관계가 매우 악화했다. 일본과 독일은 1세대 동안 부흥하지 못했다. 또한 그 사이에 미국은 여전히 강력한 군비를 계속 유지하고, 타국과의 말뿐인 약속에 의존하는 조약에 거의 조인하는 일이 없이 다른 여러 대륙의 사건에 적극적으로 개입하고 있었다.

그런데 왜 정부도 그 비판자들도 실제의 미래를 이렇게까지 예측할 수 없었던 것인가?

사람들은 미래가 그 양상의 편린조차 미국인 앞에 드러나지 않았기 때문이 아닐까 생각할지도 모른다. 그러나 그것은 그렇지 않다. 예를 들면 당시에 이미 소련과의 관계는 우호적이 아니었다. 소련정

3) *United States News*, XV (Dec. 31, 1943), p. 28.

부는 1939년에 강제로 점유한 폴란드 영토를 이후에도 계속 점유할 생각이라고 거듭 밝히고 있었다. 그리고 이미 1943년 중반 이후, 소련은 전후 폴란드를 통치하게 될 공산주의 정권의 조직을 끝낸 상태였다.

루즈벨트가 노변담화를 발표했을 때에 일찍이 정치평론가들은 북동 유럽국가들에 관하여 강력한 폴란드=아메리카동맹을 만드는 것이야말로 폴란드에 대한 소련의 야망을 꺾는 힘이 될 것이라고 지적하고 있었다.[4] 그리고 미국과 소련의 관계는 분명 이러한 골치 아픈 문제 때문에 협력관계에서 적대관계로 변화되리라는 것이 적어도 가능성으로서 당시 충분히 예측할 수 있었을 것이다.

또한 정부의 것이건 민간의 것이건 대체로 전쟁계획이라고 이름 붙은 것 속에는 모두 일본과 독일의 완전항복이 구상되어 있었다. 루즈벨트는 애초부터 "무조건 항복"을 요청하고 있었다. 군부 고위관리들은 독일의 완전점령을 목표로 하는 유럽 침공작전을 필사적으로 준비하고 있었다.

또한 태평양작전에서는 미국군의 일본 상륙이 구상되고, 미국과 영국의 비행사들은 폭격에 의해 (독일, 일본) 양국의 경제를 당장이라도 파괴할 수 있을 것으로 예상하고 있었다. 이 폭격의 파괴력에 대한 비행사들의 예측에는 다소의 과대평가가 있었을지도 모른다. 그러나 연합국이 이러한 계획을 예정대로 수행했다면, 일본도 독일도 그 이후 오랫동안 국제정치의 열강으로서 다시 부흥할 수 없음은 명백한 사실이었을 것이다.

여론조사에 따르면, 국민과 의회도 또한 루즈벨트가 노변담화에서

---

4) *Ibid.*, XVI (Jan. 14, 1944), p. 6.

밝힌 견해에 전면적 지지를 보내고 있었다. 예를 들면 1943년 4월, 전후평화를 유지하기 위해 국제경찰군을 보유해야 한다고 생각하는가 라는 질문에 대하여, 74퍼센트의 사람들이 그렇다고 답하고, 그렇지 않다고 답한 사람들은 불과 14퍼센트에 지나지 않았다. 또한 동년 9월에도 87퍼센트의 사람들이 미국은 평시에도 대규모 군대를 보유해야 한다고 주장했다. 그 조금 전에는 64퍼센트의 사람들이 전후의 해군은 전시와 동일한 규모를 유지해야 한다고 주장하고 있었다. 그 직후에는 그와 동일한 수의 사람들이 스스로를 "국제주의자"라고 자처하고 "고립주의자"라고 답한 자는 13퍼센트에 채 미치지 못했다.[5] 이러한 여론의 태도가 전후에도 이어지리라는 것은 충분히 예측할 수 있었을 것이다.

물론 다음과 같은 일을 상정할 수 있을지도 모른다. 즉 대통령과 조언자들은 다른 가능성도 깨닫고 있었으나, 당시 그들은 단지 여론의 열의를 자극하고 여론을 전쟁으로 돌리는데 진력하고 있던 관계로 다른 가능성에 대하여 공공연히 이야기하기는 쉽지 않았을 것이라고. 그러나 우리는 오늘날, 그들이 개인적으로 무엇을 말하고 있었는지 잘 알고 있다. 그리고 기록이 알려주는 바로는, 실제로 루즈벨트와 그의 측근들은 1943년의 노변담화에서 그려낸 미래상에 당시 아무런 의심도 갖지 않았던 것이다.

확실히 전쟁 종결이 임박해지면서 몇몇 고위관리와 비평가들이 소련과의 우호관계 가능성에 대하여 솔직하게 의문을 드러내기 시작했다. 그러나 1945년의 얄타와 샌프란시스코에서의 두 회담을 그들이 준비하고 있을 무렵, 정부는 독일과 일본을 억제하는 것이야말로 장

5) Hadley Cantril, ed., *Public Opinion 1935-1946* (Princeton : Princeton University Press, 1951), pp. 367, 373, 944.

래의 주요한 과제이고, 그를 위해서는 미국이 또다시 약체화와 고립화의 길로 되돌아가는 일이 있어서는 안 된다고 끊임없이 상정하고 있었다.

왜 이러한 그릇된 상정이 그렇게까지 뿌리깊게 이어졌는가 하는 의문에 대하여, 나로서는 당시의 미국인들이 미래는 가까운 과거와 동일한 것이 된다는 밑도 끝도 없는 신념의 포로가 되어 있었다는 가설로밖에 답할 방법이 없다.

실제로 그들은 제2차대전을 제1차대전과 동일한 종류의 전쟁으로 마음속에 그리고 있었다. 그리고 전쟁의 결과도 또한 많은 점에서 1차대전과 동일한 것이 된다고 예측하고 있었다. 그 때문에 그들은 2차대전의 발발을 방지할 수 있는 정치적 수완이야말로 진정한 정치적 수완이라고 생각하고 있었던 것이다.

이러한 심리상태는 단순히 명목상의 수사법(修辭法)만이 아니라 전후세계를 대비하여 미국이 준비한 거의 모든 계획 속에――즉 무조건항복 방식, 점령체제의 입안, 국제통화기금이나 세계은행, 국제연합과 같은 각종 국제기구의 창설, 거기에 소련과의 외교교섭 등 모든 계획 속에――나타나고 있었던 것이다.

많은 미국인은 제1차 대전에서 우드로 윌슨이 명확한 전쟁목적을 정의하려고 했던 것을 상기하고 있었다. 유명한 14개조의 연설이 그 일례이다. 윌슨은 자기가 제시한 조건을 독일이 수락했을 때 휴전에 동의했다. 그러나 당시를 돌이켜보고 미국인들은 그것이 결코 현명한 행동이 아니었다고 판단하고 있었다. 그 때문에 루즈벨트는 윌슨이 취한 행동과 전혀 다른 행동을 취하려고 했고, 연합국측의 목적을 "무조건 항복"이라는 말로 집약했던 것이다. 그 때 그는 그 말이 기자회견석에서 문득 생각나 한 말처럼 가장했는데, 실제로는 그 말이 오래 전부터 숙고되고 이미 영국정부와 합의가 끝난 것이기도 했던 것이다.

백악관의 연설 초고 작성자 로버트 E. 샤우드의 설명에 따르면, "루즈벨트가 거기서 말하고 싶었던 것은, 교섭에 의한 평화가 아니라 나치즘, 파시즘과의 타협을 일체 거부하고, 다시금 제2의 히틀러가 등장하는 것을 허용하는 '면책조항' 같은 것이 제2의 14개조에 의해 만들어져서는 안 된다는 것이었다."(여기서도 또한 우드로 윌슨의 망령이 어깨 너머로 엿보고 있었다).6)

1943년에 루즈벨트는 이탈리아의 조건부 항복을 받아들였지만, 그와 그 조언자들은 결코 독일과 타협하는 일을 생각지 않았다. 그들은 제1차 대전에서 독일이 패전의 고통을 충분히 경험하지 못했다고 생각했다. 그 때문에 지금 독일은 완전히 정복당하는 경험을 하는 것이 가장 중요하다고 그들은 판단한 것이다. 1944년에 루즈벨트는 육군장관에게 이렇게 서신을 보냈다. "무엇보다 중요한 것은, 모든 독일인들이 이번에는 독일이 패전국이 되었다는 사실을 분명히 인식하는 것이다."7)

독일의 처리에 대한 계획은 하나하나 면밀하게, 앞의 전쟁의 과오로 일컬어져온 것을 회피하는 형태로 작성되어 갔다. 일찍이 연합군은 전쟁범죄인을 응징한다고 하면서 그 소송을 독일 법정에 맡기고, 결국 소추된 자들 모두가 석방되거나, 고작해야 경미한 죄를 문책받는 것으로 끝나고 말았다.

---

6) Robert E. Sherwood, *Roosevelt and Hopkins* (New York : Harper and Brothers, 1948), p. 697.

7) 90 Cong., 1 sess U. S. Senate, Committee on the Judiciary, Internal Security Subcommittee, *Morgenthau Diary (Germany)*, p. 443.

그러나 이번에는 승자들이 재판의 결정권을 쥐었다. 또한 과거 연합국은 참모본부를 해체하고 군대를 소규모로 유지한다는 조건을 명문화했음에도 불구하고 독일인들은 이러한 조건을 교묘하게 기만했다. 그러나 이번에는 연합국 자체에 의해 총사령부가 해체되고 독일의 비무장화가 보증되었다. 과거 제1차 대전 뒤에 연합국은 독일에게 거액의 배상금을 요구하고, 이 나라의 전쟁능력을 제한하려고 했다. 그러나 독일인들은 그에 저항하여 배상 지불을 지연시키고 끝내는 군수산업을 부활시키기에 이르렀다. 그러나 이번에는 연합국이 자기들의 손으로 공장을 부수고 독일 공업제품의 질과 양을 직접 감시하기로 했던 것이다.

루즈벨트의 조언자들은 독일이 어느 정도까지 비공업화 되어야 하는가 라는 점에 대하여 의견의 일치를 보지 못했지만, 단 한 사람도 이 원칙에 반대하는 자는 없었다. 그들의 지침은 모두 제1차 대전 때에 연합국이 하지 못했던 것을 독일에 대하여 실현시키는데 있었던 것이다.

일본에 관해서 말하면, 제1차 대전은 비교가 될만한 가이드라인을 제공해 주지 않았다. 왜냐하면, 일본은 제1차 대전 때에 연합국측에 가담하고 있었기 때문이다. 그 때문에 대일 패전계획은 대독 패전계획에서 차용하게 되었다. 그것에 의하면, 일본국민은 자기들의 패전의 아픔을 충분히 맛보게 하고, 전쟁범죄인은 승자에 의해 재판에 회부되고, 군부는 해체되고 산업에도 제한이 가해져야 했다. 그리고 전쟁계획의 중심은 전쟁의 최후단계에 이르기까지 일본 본토가 아니라 서태평양에 돌려지게 되었다.

일본은 제1차대전의 결과 파라오, 마리아나, 캐롤라인, 마셜 등 적도 이북의 옛 독일령 여러 섬의 통치권을 손에 넣었다. 이 도서는 일본에 의한 태평양 공격작전의 기지로서 사용되고 있었다. 아시아와 태평양에 관심을 가진 미국정부 요인들은 미국이 이 도서의 지배권을 손에 넣어야 한다는 확신을 굳히고, 1944년부터 45년에 걸쳐서 이 섬들을 비롯한 태평양 여러 섬을 미국의 국제연합신탁통지지역 아래서의 전략지구로 하는 작전을 진지하게 검토하고 수행하기 시작했다.[8] 이리하여 미국 정부는 1930년대의 일본의 위협에 대처하는 준비를 하고 있었다.

제2차 대전 중, 장래의 경제질서를 준비하기 위해 엄청난 수의 시도가 이루어졌다. 그 결과 만들어진 것이 국제통화기금(IMF)과 세계은행이다. 당시 그것이 얼마나 중요한 것으로 간주되고 있었는지는, 미국이 평시 연방정부 예산의 3분의 2에 상당하는 60억 달러의 금액을 이들 기구에 투자할 것을 약속했던 사실에서도 엿볼 수 있다. 과거에 경제 내셔널리즘이나 통화퇴장(hoarding of currencies), 투자와 무역을 방해하는 장벽 등이 대불황을 초래하고, 일본의 군국주의와 이탈리아 파시즘, 독일 나치즘의 출현을 촉진하고, 제2차 대전을 야기했다는 생각 속에, 바로 그러한 기구가 존재할 필요성이 요구되고 있었다. 무역자유화의 결정과 동시에 국제통화기금이나 세계은행이 이들 일련의 사태의 재발 방지에 유용할 것이라고 생각되었던 것이다.

[브레튼우즈 회의의] 영국측 수석대표 케인즈 경의 전기를 쓴 로이 해로드 경에 따르면, 교섭자들이 대처하고자 했던 것은, 오로지

---

8) Harley F. Notter *et al., Postwar Foreign Policy Planning* (Washington, D. C. : U. S. Department of State. 1949), pp. 387-90. 428-34; Walter Millis, ed., *The Forrestal Diaries* (New York: Viking Press, 1951), pp. 8, 33, 37-38.

1919년부터 21년까지 보여진 디플레이션에 대해서이지 결코 현실에서 일어난 인플레이션에 대해서가 아니었다. 경제사가 월트 로스토에 따르면, "그들은 대체로 미래보다는 과거를 보고 있었던 것이고, 1918년 이후에 범한 과거의 과오를 그들이 그 후 이해한 형태로 피하려 하고 있었다."

이러한 여러 교섭에 관한 표준적 교과서를 저술한 리처드 N. 가드너의 말에 따르면, "역사의 '교훈'……이 얼마나 큰 영향을 미치고 있는지, 아무리 높게 평가하더라도 지나치지 않은 것이다."[9)]

국제연합을 창설하게 된 노력도 마찬가지로 과거에의 눈에서 탄생한 것이다. 당시 대부분의 미국인은, 국제연맹이 윌슨이 계획하고 희망한 대로 기능했다면 분명 제2차 대전을 저지했을 것이라고 생각하고, 미국이 연맹에 참가하지 않았던 것이 과오였다는 견해를 갖기에 이르렀다. 그것이 미국을 적극적인 참가국으로 하는 새로운 연맹 구축을 추구하는 생각으로 결부되어 갔다.

루즈벨트는 한때 충실한 윌슨주의자였음에도 불구하고 그후, 국제적 토의기관이 평화를 보호 유지할 가능성과 현실성에 의문을 갖기 시작했다. 평론가 월터 리프만과 마찬가지로 그는, 제1차대전 후의 커다란 과오는 대국이 반독(反獨)동맹을 영속시킬 수 없었던 점에 있다고 생각했다.[10)] 그러나 그럼에도 루즈벨트는 관료들이나 의회, 여론의 강한 요청에 부응하여, 국제연합의 창설을 지지했다. 그리고 여

---

9) Roy Harrod, *The Dollar* (2nd ed.; New York: W. W. Norton, 1963), pp. 93 ff. ; Walt W. Rostow, *The United States in the World Arena* (New York: Harper and Brothers, 1960), p. 133 ; Richard N. Gardner, *Sterling-Dollar Diplomacy* (new expanded ed.; New York : McGraw-Hill, 1969), pp. 5-6.

10) Robert A. Divine, *Roosevelt and World War II* (Baltimore: Johns Hopkins University Press, 1969), pp. 60-65.

기서도 또한 그는 윌슨이 범한 전술적 과오로 생각되는 과오를 스스로는 결코 범하지 않도록 노력하고 있었다.

루즈벨트를 비롯한 몇몇 사람들이 알고 있듯이, 일찍이 윌슨은 세 가지 과오를 범했다. 그는 연맹 규약의 초안작성에 상원을 참가시킬 수 없었다. 그는 공화당을 적으로 돌리고, 연맹을 정당 차원의 쟁점으로 삼아버렸다. 게다가 그는 전쟁중의 이상주의를 기반으로 전후 정책을 계속 추진하려고 했다. 이 세 가지 모든 점에 관하여 루즈벨트는 바로 윌슨과 정반대의 일을 하려고 했다.

대통령은 초안 작성의 각 단계에서 상원의원들의 의견을 들었다. 우선 그는 톰 코널리를 비롯한 외교위원회의 민주당의원들과 공동행동을 취했다. 그리고 그 바로 뒤에 그는 버몬트주 선출의 워렌 오스틴과 메인주 선출의 월리스 H. 화이트 등 공화당의 "국제주의자"를 끌어들였다. 그리고 계획이 굳어지는데 따라 그는 위원회의 전 위원을 우군으로 끌어들이기에 이르렀다. 그는 입안한 계획안과 그 대체안이나 거부된 계획의 설명서를, 또한 어떤 특정한 말이나 문구가 다른 문언보다 바람직한가 등을 모조리 위원들에게 분명히 밝히도록 국무장관 코델 할에게 명했다. 게다가 이러한 모든 것은 타국 정부와의――세세한 교섭은 별도로 하고――모든 교섭에 선행하여 행해지고 있었다.

상원의원 전체가 1944년의 덤버튼·오크스(Dumbarton Oaks)에서 있었던 공식 국제회의에 관한 완전한 보고를 받게 되었다. 얄타에서 스탈린이, 우크라이나와 백러시아의 국제연합총회 의석권을 집요하게 요구했을 때, 루즈벨트는 그 요구를, 미국도 또한 3의석을 부여받는 것을 조건으로 수락했다. 이러한 조건을 제시하면 적어도 상원을 달랠 수 있을 것이라고 그는 생각했던 것이다. 워싱턴으로 돌아오자 곧 그는 코널리와 외교위원회의 고참 공화당의원 아더 H. 반덴버그의 의견을 구했다. 그리고 자기의 목적을 실현하는 방편으로서 그는 최종적인 미국의 주장을 코널리와 반덴버그에게 결정케 하고, 그 결과 미국은 특별의석권을 공적으로 포기한다는 형태로 [대 소련] 비난을 분명히 밝히면서 스탈린의 요구를 받아들이게 된 것이다.

루즈벨트는 우드로 윌슨의 전철을 밟지 않도록 신중하게 대처하여 최종단계에 해당하는 샌프란시스코회의의 전권단(全權團)에는, 코널리와 반덴버그를 가담시켜야 한다고 주장했다. 분명 그는 윌슨이 1918년부터 19년에 손에 넣지 못했던 그 상원의 협력을 확보하는 일에 전력을 쏟고 있었다.

루즈벨트는 또한 국제연합이 선거의 쟁점이 되지 않도록 하기 위해 공화당의 광범한 지지를 얻으려고 했다. 그는 미시간주 맥키낙에서 공화당 지도자들과 회담하고 국제기구의 구상에 대한 지지를 주의 깊게 확보한 다음, 이 맥키낙 결의에 정부의 계획을 맞추어야 한다고 주장했다. 기자회견 석상에서 그는 한때 국제연맹은 "초당파 문제로 간주되지 않고 미국의 정쟁에 지나치게 휘말리고 말았다"고 말했다.11)

그는 1944년의 대통령 선거에서 과거 윌슨 시절에 일어난 것과 동종의 논쟁에 대비하여 그 기선을 제압하려 들었다. 그를 위해 그는 반대당의 외교정책 최고고문 존 포스터 덜레스에게 할이 접촉하도록 조처했다. 이미 11월경부터 루즈벨트는 공화당이 승리한다면 고립주의에로 되돌아가지 않을 수 없을 것이라고 비난하고 있었다. 그러나 그래도 그는 과거에 [윌슨이] 민주당에의 반대표는 국제협력에의 반

---

11) *The Public Papers of Franklin D. Roosevelt,* XIII. p. 142.

대표라고 주장한 것을 과오로 생각하고, 그 과오를 피하려고 했던 것이다.

루즈벨트는 윌슨의 경험에서 끌어낸 교훈을 더욱 연장하여 변덕이 심한 여론에 주의를 기울이려고 했다. 그는 윌슨의 좌절의 원인 중 하나가 여론에 대한 그릇된 기대에 있었던 것이고, 그 때문에 그의 구상이 상원에서가 아니라 미국 여론의 최종적 반대를 만나 1920년의 선거에서 7백만에 육박하는 다수표가 하딩과 상태(常態)에로 향한 것이라고 이해하고 있었다. 루즈벨트는 만일 상원의원이나 공화당 지도자들과 협조하지 않으면 미국을 국제기구에 참가시킬 수 없음을 깨닫고 있었다.

그러나 그는 역사를 더 깊이 해석하여 이렇게 이해하고 있었다. 만일 미국을 국제기구에 참가시키기 위해, 미국국민이 국제주의적 정신을 계속 유지하고, 세계평화를 위해 자진하여 희생이 되는 것까지 요구된다면, 설령 미국을 국제기구에 참가시킬 수 있다 하더라도 별로 의미가 없을 것이다, 라고.

루즈벨트는 윌슨보다 현실주의적으로 되리라 결의한 탓에 비록 미국의 여론이 고립주의에로 향한 경우에도 새로운 기구가 계속 기능하도록 하고 싶었던 것이다. 오늘날 알 수 있는 범위에서, 당초부터 그가 구상하고 있었던 것은 복수의 지역기구로 구성되는 연합체이고, 거기서는 미국이 단지 서반구의 평화에 관해서만 책임을 지고, 그 이외의 지역에서의 행동에는 아무런 의무도 지지 않는 것으로 되어 있었다. 그는 미국과 영국, 러시아, 중국이 "네 명의 경찰관"으로서 행동해야 한다고 말했다. 1944년의 선거 때에, 그는 연설 중에 그 생각을 다음과 같이 설명했다.

국제연합 이사회는 필요하다면 무력에 의해서라도 평화를 유지할 수 있는, 신속하고도 단호한 행동을 취할 힘을 가져야만 한다. 흉악범이 집에 침입하는 것을 경찰이 빤히 보고서도 체포를 위해서는 시공회당으로 달려가 회의를 열어야만 한다면, 경찰은 있으나마나한 존재가 될 것이다…….

만일 국제사회의 폭도를 체포할 수 있을 때에 체포하지 않고, 체포영장이 국제연합이사회를 통과하지 못했기 때문에 약탈품과 함께 폭도가 도망치게 한다면, 금후, 우리가 세계전쟁의 재발을 막는 임무를 수행해 나가기는 절대 불가능할 것이다.[12)]

다른 경우와 마찬가지로 루즈벨트의 말은 구체적으로 이해하기 쉽고 또한 안타까울 정도로 불명확했다. 그러나 그 연설의 진의는 다음의 사실에 있었다. 각각의 대국은 자국의 관할 범위 내에서는 타국으로부터 사전 동의를 얻지 않더라도 무력을 행사할 수 있다. 그리고 만일 그것이 가능하다면 비록 미국의 의회나 국민이 등을 돌리고, 유럽과 아시아의 분쟁에 미국이 개입하거나 서반구의 분쟁에 유럽이 개입하거나 하는 것에 반대했다 하더라도, 국제연합에의 참가는 여전히 의회와 국민의 지지를 얻게 될 것이다.

루즈벨트는 소련과의 교섭에 임하여 타협적이 되려고 노력했고, 적어도 그렇게 행동하고 있었다. 그것은 후에 평론가들이 그의 행동을 "유화정책"으로 칭했을 정도이다. 어둡고 비참한 냉전시대에는 그의 숭배자들조차 그의 행동에 대해 "지나치게 낙관주의적"이라거나 "순진하다"고 하는 형용사를 붙여 부르고 있었다. 루즈벨트는 소

12) *Ibid.*, p. 350.

련이 핀란드에서 탈취한 영토나 발트해 국가들을 그 후에도 계속 점유하는데 동의하고 있었고, 소련이 그들 지역을 정식으로 합병하기 위해서는 주민투표의 확인을 얻을 수 있다면 그것으로 좋다는 조건을, 스탈린에게 그저 공짜로 진언하는데 그치고 있었다.

그는 또한 1939년에 합병한 예의 폴란드 영토를 소련이 계속 영유하는 데도 동의했다. 또한 새로이 독립한 동유럽 국가들의 정부가 소련에 우호적이어야만 한다는 것을 루즈벨트는 스탈린에 못지 않게 강하게 주장하고 있었다. 게다가 그는 러시아의 역사적 야심으로 생각되고 있던 것을——즉 지중해의 자유 통항권(通航權)과 태평양의 부동항(不凍港)을——소련에게 일부러 공여하려고까지 했다.

이러한 루즈벨트의 행동 배후에는, 많은 요인이 개재하고 있었다. 예를 들면, 긴급한 군사적 관심이 그 하나이다. 미국은 히틀러에 대한 전쟁을 빨리 끝내기 위해 소련병사의 힘을 필요불가결로 여기고 있었고, 그 때문에 1945년의 시점까지 소련과 불화를 빚는 일은 도저히 할 수 없었다. 게다가 당시 태평양에서는 전쟁이 지속되고 있었고, 그 전쟁에 소련이 개입한 덕에 수백만의 사상자를 내지 않고 끝냈다고 생각하고 있었다.

또한 국내에서도 루즈벨트는 러시아에 우호적인 당내 좌파의 협력을 얻어야만 했다. 게다가 그 자신도 오늘의 입장에서 보면 환상일 뿐이었다고 생각되는 몇 가지 생각을 소련에 대해 품고 있었던 것이다. 루즈벨트는, 베르히테스 가든에서 히틀러와의 회담을 끝내고 돌아온 체임벌린처럼, 1943년에 테헤란을 출발했을 때 스탈린을 거래가 가능한 인물이라고 느끼고 있었다. 1944년에 그는 독일인이 폴란드의 비공산주의적 빨치산을 학살했을 때, 적군이 그저 방관했던 것을 알고 있었다. 더구나 그렇게 하면서도 소련정부는 폴란드에 자국의 괴뢰정권을 조직하고 있었다.

루즈벨트는 이러한 사건에 크게 당황했지만, [소련에 대한] 항의 행동을 취해야 한다는 호소를 물리치고, 오히려 만일 항의행동을 취한다면 소련과의 사이에 제3차대전이 일어날 우려가 있다고, 어느 폴란드계 미국인 고관에게 경고했던 것이다. 게다가 그는 이 소련의 독재자를 계속 신뢰하고 있었다. 해리 홉킨스에 따르면, 대통령은 스탈린이 실각한 뒤에 미국에 별로 우호적이 아닌 인물이 등장하는 것을 우려하고 있었던 것이다.[13)]

그러나 "무조건 항복"이나 국제통화기금, 세계은행, 국제연합 등에 관한 경우와 마찬가지로, 루즈벨트의 대 소련정책을 이해하기 위해서는 미래가 과거와 동일한 사태가 된다고 하는 그의 생각을 염두에 두어야만 한다. 1944년의 연두교서에서 루즈벨트는 다음과 같이 말하고, 처칠, 스탈린과 협의하기 위해 여행을 떠나는 자신을 정당화했다.

"앞의 대전에서는 전화(戰火)가 그치고 전권을 위임받은 대표들이 강화회의 석상에 모일 때까지 이러한 토의나 회합은 열린 일이 없었다. 지금까지는 서로 합의에 도달할 수 있는 직접 토의 기회가 전혀 없었다. 그 결과, 그들이 얻은 것은 표면적인 평화에 불과했다."

루즈벨트는 또한 폴란드 문제나 국제연합에서 소련이 3인의 투표권을 요구하는 문제에 대하여 완곡하게 말했다. "완전주의는 고립주의나 제국주의, 권력정치에 못지 않게 국제평화를 저해하는 요인이 될 것이다. 4반세기 전에 고립주의에의 후퇴가 시작되었지만, 그것은

---

13) Edward J. Rozek, *Allied Wartime Diplomacy A Pattern in Poland* (New York: John Wiley and Sons, 1958), p. 298; Sherwood, *Roosevelt and Hopkins*, p. 870.

결코 국제협조정책 그 자체가 공격받았기 때문이 아니라 당시의 평화가 불완전한 평화라는 것이 공격받았기 때문이었음을 우리는 결코 잊어서는 안 된다."[14)]

루즈벨트는 지난 전쟁 이후와 마찬가지로 이번 전쟁 이후에도 또 독일문제가 초점이 될 것으로 예상하고, 미국과 소련의 협조야말로 장래의 평화에 불가결한 조건이라고 생각했다. 아마도 그는 자기와 스탈린의 관계를, 윌슨과 프랑스 수상, 조르쥬 클레망소의 관계에 비유하고 있었을 것이다. 1919년의 파리 교섭이 유한(遺恨)을 남긴 원인의 하나는, 윌슨을 비롯한 미국인들이 안전보장에 대한 프랑스의 강한 관심을 이해하지 못했던 데 있다. 공산주의 소연방이 탄생이래 항상 위기 속에 놓여있었기 때문에 그 나라에는 (안전보장에 대하여) 프랑스 제3공화제와 적어도 동일한 종류의 불안을 느낄 정도의 충분한 이유가 있다고 상정할 수 있었다.

아마도 루즈벨트는, 윌슨이 클레망소의 견해에 절대로 나타낸 일이 없었던 동정심을 스탈린의 견해에 나타내야 한다고 느끼고, 만일 가능하다면 프앵카레의 프랑스가 단지 자국의 일밖에 생각지 않는 태도를 소련도 역시 취하는 일이 없도록 해주어야 한다고 생각했을 것이다.

루즈벨트가 국제연합에 대해 신중했다거나 스탈린에 대한 회유는, 틀림없이 그가 제2차대전 후의 미국 여론이 제1차대전 후의 그것과 동일한 경향을 나타낼 것이라고 예상하고 있었기 때문일 것이다. 루즈벨트는 1930년대의 의회와 여론에 나타난 뿌리깊은 고립주의와 평화주의를 알고 있었다. 미국이 국제재판소에 참가해야 한다는, 1934

---

14) *The Public Papers of Franklin D. Roosevelt*, XIII, p. 32.

년에 나온 그의 제안은, 이미 거부되었다. 의회는 그가 기대한 것보다 훨씬 엄격한 중립법을 통과시켰다. 심지어 프랑스가 함락된 뒤에도, 영국을 원조해야 한다는 그의 주장은 의회의 강한 반대에 부딪쳤고, 하원은 1941년이 되어서도 징병에 계속 반대했다. 그는 일단 평화가 찾아오면 고립주의와 평화주의가 억제할 수 없을 만큼 스스로의 주장을 밀고 나가게 될 것이라고 생각하고 있었다.

얄타에서 루즈벨트가 처칠과 스탈린에게, 아마도 미국은 전쟁이 끝나면 그로부터 2년 이상 유럽에 군대를 주둔시킬 수는 없을 것이라고 술회한 그 말속에, 바로 당시 루즈벨트의 생각이 가장 명확하게 나타나 있다.[15)]

물론 그가 이런 부주의하고 부정확한 예상을 하게 된 것은, 다음과 같은 사실을 깊이 마음에 담고 있었기 때문이다. 즉, 1919년의 "비타협파"의 한사람 하이람 존슨이 여전히 상원 외교위원회 고참위원으로 남아있고, 중립법의 주창자인 상원의원 제럴드 나이가 건재하고, 게다가 무기 대여법안에 끝까지 반대한 오하이오주 선출 로버트 A. 태프트가 1944년의 공화당 대통령후보 지명선거에서 차점자로 부상하고, 허스트=가네트계의 신문과 패터슨 부인의 「워싱턴타임스헤럴드」 지와 「뉴욕 데일리뉴스」 지, 매코믹 대령의 「시카고 트리뷴」 지 등이 존슨과 나이, 태프트 등과 같은 견해를 내걸고 수천만의 독자를 확보하고 있는 사실이다.

루즈벨트는 의원의 머릿수를 세면서, 유럽에서 군대를 철수시킨다는 결의를 의회가 내릴지 모른다는 예상을 했을 것이다. 아니 루즈벨트 자신, 군대의 조기철수를 바라고 있었을지도 모른다. 그는 참모총

---

15) U. S. Department of State, *Foreign Relations of the United States, 1945 : The Conferences at the Malta and Yalta*, p. 617.

장들과의 회합 석상에서 은밀히 이렇게 말했다. "우리는 유럽을 세력범위에 끌어들이지 않을 수 없는 사태에 휘말려서는 안 된다."[16) 아니 더욱 타당성 있어 보이는 것은, 루즈벨트가 미래는 가까운 과거와 완전히 동일한 형태로 전개된다고 단순히 상정하고 있었기 때문에 유럽에서의 조기 철수를 예고하고 있었으나, 그 이외의 것에 관해서는 전후 미국의 대외공약을 밝힐 때에 일체 애매한 태도를 취하려 했다는 점이다.

물론 루즈벨트와 그의 측근들이 미래를 예측하여 미래 계획을 세울 때에 역사에 깊이 의거하고 있었다 하더라도 이상할 것은 없다. 그러나 놀라운 것은, 자기들이 살았던 시대의 사건에서 끌어낸 약간의 유추와 대비가, 그들의 전후구상을 완전히 지배하고 있었던 점이다. 만일 루즈벨트와 그 고문들이, 나폴레옹 전쟁을 역사적인 참고예로서 생각하고 있었다면, 독일이 왕정복고시대의 프랑스처럼, 장기에 걸쳐서 취약한 힘밖에 보유하지 못한다는 가능성이라든가, 국제연합에서 회의를 열더라도 그것이 에크스나 트라파우, 라이바하나 베로나에서의 회의와 오히려 유사하고, 강대국간의 관계를 조정하기보다 그것을 악화시키게 될 가능성 등을 예상할 수 있었을 것이다.

또한 만일 러시아황제 알렉산더 1세의 일을 그들이 상기하고 있었다면, 스탈린이 중부유럽과 동유럽을 지배하고, 서구와 지중해, 아시아에서 서반구에 이르기까지 러시아의 영향력을 확장시키고자 하는 그 가능성을, 마음에 그릴 수도 있었을 것이다.

실제로 제2차대전 후의 상황은 제1차대전 후의 상황보다 오히려 나폴레옹 전쟁 후의 상황과 닮은 꼴이었지만, 그렇다고 해서 지금 여

---

16) *Ibid., 1943: The Conferences at Cairo and Teheran,* p. 259.

기서 루즈벨트와 그의 측근들이 그러한 가능성을 상정했어야 한다는 등으로 비난할 수는 없다. 그러나 적어도 그들 중에는 그 [나폴레옹 전쟁 전후의] 시기의 역사를 알고 있는 자가 있었고, 30년전쟁이나 루이14세의 전쟁 이후의 강화(講和)의 역사를 환히 알고 있는 자도 있었을 것이다.

그런데 도무지 설명이 닿지 않는 것은, 제2차대전후의 사태의 진전이 제1차대전 후의 사태의 진전과 큰 폭으로 다를지 모른다는 가능성을, 그들이 결코 상정하지 않았던 것이다. 아마도 정부는 전후세계의 구상에 있어서 오로지 한가지 이미지에만 지배되고 있었던 것으로 보인다.

마찬가지로 루즈벨트와 고문들은 제2차대전 후의 미국여론도 또한 전전(戰前)의 상태로 되돌아갈 것이 틀림없다고 상정하고 있었던 것 같다. 그들이 이러한 상정을 하기에 이른 것을 이해하기는 그다지 어렵지 않다. 하지만 단일한 역사적 대비에 의거했다는 이유로 그들을 비판할 수 있듯이, 미래가 반드시 가까운 과거의 직선상으로만 진행하지 않음을 인식하지 못했던 점에서도 그들의 책임을 물을 수 있을 것이다.

실제로 만일 그들이 과거 여론을 형성하고 있던 힘이 무엇이었는지에 생각이 미쳤다면, 전후가 또한 전전(戰前)과 마찬가지가 된다는 생각에 의심을 품을 정도의 충분한 이유를 발견했을 것이다. 예컨대 그들은 미국의 힘이 압도적으로 우세한 지역——즉 서반구와 상당한 정도까지의 동아시아——에 관해서는 그 지역에의 개입에 미국인이 반대하지 않았음을 상기할 수 있었을 것이다, 그들은 그 전쟁을 계기로 미국이 세계에 유례가 없는 최강의 국가가 되었음을 알고 있었으므로, 유럽이나 중동에서 적극적 역할을 맡는데는 이미 미국인이 반대하지 않을 가능성을 충분히 예측할 수 있었을 것이다.

마찬가지로 루즈벨트와 그의 측근들은 장래의 "외교정책 여론", 즉 외교문제에 잠재적 관심을 가진 여론이, 특히 이전과는 달리 이탈리아계나 폴란드계를 비롯한 상당수 유태인과 로마가톨릭교도들을 포함하고, 이러한 집단에 속하는 사람들이 과거 압도적 다수를 점하고 있던 영국계와 북유럽계 프로테스탄트와 아일랜드계 가톨릭교도와는 다른 태도를 취하게 될 가능성을 충분히 인식할 수 있었을 것이다.

또한 루즈벨트와 그 측근은 지금까지 신구 종교집단이나 인종집단에서 이따금 분출된 그 열광적인 반공주의를 상기하고 있었다면, 1919년부터 20년 사이에 보여진 "적색분자 색출"보다 훨씬 광범위한 새로운 "적색분자 색출"의 출현을 예상할 수 있었을 것이다. 새삼스럽게 여기서 루즈벨트와 그 조언자들이 전후의 여론은 고립주의로 향할지도 모른다는 공포심을 불식하고, 그 대신 여론이 해외에의 대규모 대외공약을 지지하고, 전투적 반공주의로 향하는 사태를 상정했어야 한다는 등 주장할 수는 없을지 모른다. 그러나 그럼에도 불구하고 다음과 같이 주장할 수는 있다.

만일 그들이 역사의 불연속성을 만들어내는 여러 요인에 보다 세심하게 눈을 돌렸다면, 현실적으로 전개되는 미래를 충분히 예상할 수 있었을 것이라고.

여기서 나는 루즈벨트 정권의 행동을 공격하려는 것이 아니다. 독일과 일본의 처리에 대한 루즈벨트의 준비나 국제통화기금, 세계은행, 국제연합을 설립하려고 했던 그들의 노력과, 소련과의 협조적 태도는 당시 생각할 수 있는 최선의 방책이었다고 말할 수 있을 것이다. 우리는 역사가 남기는 지혜에 따라, 만일 다른 방책을 취했다면 더욱 행복한 결과를 얻을 수 있었을 것이라고 주장할 수는 없다. 왜냐하면 일련의 모든 사건이 다른 형태로 전개되고 있었다면 발생하게 될 일을 사람은 결코 사전에 알 수가 없고, 우리가 알 수 있는 것은 단지 현실적으로 일어난 일뿐이기 때문이다. 해리팍스 경이 뮌헨 협정을 후회하고 있느냐는 질문을 받았을 때에 답한 다음의 회답 속에는, 충분한 진리가 포함되어 있다. "아니, 인간이란 건 한가지 잘못을 피했다 하더라도 다른 오류를 범하는 존재다."[17)]

비판받아도 이상하지 않은 것은 루즈벨트 정권의 정책을 만들어낸 그 피상적인 추론이다. 기록이 나타내는 바에 따르면, 대통령과 고문들은 가까운 과거에 관한 생각에서 끌어낸, 미래에 관한 단 하나의 관념의 포로가 되어 있었다. 여기서 미래가 다른 형태로 전개될 가능성이 있음을 그들이 상정했어야 한다고 말해도, 아니 적어도 다음과 같은 세계를 예상했어야 한다고 말해도——즉 독일과 일본이 무력해지고, 인플레이션이 영속되고, 세계평화와 질서의 유지에 미국이 책임을 져야 한다는 생각을 국민이 갖는 세계를 예상했어야 한다고 말하더라도——결코 이상하지 않다.

하지만 실제로는, 제2차 대전에서 미국의 정치가들은 최후의 전쟁을 대비하는 장군들처럼, 마지막 전후시대의 관점에서만 보고 있었던 것 같다.

17) 이 정보는 제2차대전중 해리팍스와 인터뷰한 덱스타 파킨스 교수로부터 얻었다.

제2장 냉 전

——제2차 세계대전의 재발을 막기 위하여——

제2차대전의 종언은 곧 차가운 전쟁의 시작으로 이어졌다. 이 사태의 전환에 대하여 지금까지 다양하게 설명되어 오고 있지만, 오랫동안 대부분의 미국인이 당연하다고 간주해온 설명은, 소련이 공산주의를 세계에 확산시키기 위해 공격적인 팽창주의 행동으로 나오고, 미국은 단지 그 행동에 대응한데 불과하다는 설명이다. 하지만 그후 국제긴장의 완화에 따라 많은 미국인은 다음과 같은 "수정론자"의 견해에 더욱 많은 관심을 나타내게 되었다. 즉, 실제로 냉전을 야기한 것은 미국이고, 미국이 러시아에 인접한 국가들에게 민주주의와 자본주의를 강요하려 했고, [공산주의 봉쇄를 위한] 격리선(隔離線)을 새롭게 구축하여 그들을 위협하고, 스탈린의 방어적 행동을 도발하게 된 것이라는 견해이다.

이러한 "수정론자"의 견해가 충분한 증거의 뒷받침을 얻고 있다고는 말할 수 없더라도, 그것은 미국의 지도자들이 왜 어떻게 해서 전시하(戰時下)의 동맹국 소련을 위험한 적으로 간주하고, 그 적에게 대응해야 한다는 생각을 갑자기 갖기에 이르렀는가 하는 의문에, 결코 단순한 즉답(卽答)이 존재하지 않음을 분명히 밝히고 있다. 그리고 오늘날, 오랜 세월 봉인되어왔던 전후 초기의 미국외교문서가 마침내 공개되기에 이르고, 이 의문은 종래 이용할 수 없었던 자료를 토대로 고찰할 수 있게 되었다.

'수정론자' 알페로비츠가 최초에 보급한 가설은, 미국정부를 계승한 사람들이 반소적(反蘇的) 이데올로기를 가지고 있었다는 것이다. 루즈벨트는 1945년 4월에 죽었다. 그의 뒤를 이은 부통령 해리 S. 트루먼은 미주리주 선출의 상원의원으로 그때까지 외교문제에 거의 경험을 갖지 못했다. 그래도 그는 알페로비츠가 시사하는 것처럼, 그 당시부터 이미 공산주의에 대한 강한 편견을 표명하고 있었다. 그리고 1941년 히틀러가 러시아를 침공한 후에 그는, 나치와 공산주의가 서로 다투다 망할 것이라는 자신의 희망을 공공연히 표명하고 있었다.1)

제2장은, 아래의 주에서 인용한 것 이외에 많은 저작에 의거하고, 특히 다음의 것들에 힘입은 바 크다. George Curry, *James F. Byrnes* (New York : Cooper Square Publishers, 1965); Herbert Feis, *From Trust to Terror : The Onset of the Cold War, 1945-1950* (New York : W. W. Norton, 1970); Richard M. Freeland, *The Truman Doctrine and the Origins of McCarthyism : Foreign Policy, Domestic Politics, and Internal Security, 1946-1948* (New York : Alfred A. Knopt. 1972); Lloyd C. Gardner, *Architects of Illusion : Men and Ideas in American Foreign Policy, 1941-1949* (Chicago: Quadrangle Books, 1972); Gabriel Kolko and Joyce Kolko, *The Limits of Power : The World and the United States Foreign Policy, 1945-1954* (New York : Alfred A. Knopt, 1972); W. Averell Harriman, *America and Russia in a Changing World : A Half Century of Personal Observation* (Garden City, N. Y. : Doubleday, 1971); Walter LaFeber, *America, Russia, and the Cold*

전쟁중에 루즈벨트는 소련과의 관계를 직접 관리하고 있었던 탓에 소련과의 협조정책 수행을 담당한 것은 대부분 그의 참모와 친구, 부하들이었다. 따라서 루즈벨트가 죽은 뒤에 당연한 일이지만, 우선 그들이 공직을 사임하거나 트루먼에 의해 교체되기도 했다. 그래도 신임 대통령은 해리 홉킨스를 특별사절로 임명하여 모스크바에 파견했다. 그것은 한편으로 스탈린을 안심시키기 위해서이고, 또 다른 한편으로 소련이 폴란드에서 만든 정부 각료의 자리를 비공산주의자에게 배분케 하기 위해서였다. 그러나 홉킨스는 그 이상으로 트루먼과 친밀한 관계를 맺지는 않았다. 게다가 홉킨스는 자주 병을 앓았고 종전후 얼마 되지 않아 죽었다.

또한 재무장관 헨리 모겐소는 이미 전처럼 자유롭게 백악관에 출입할 수 없게 되었고, 차츰 성미가 까다롭게 변해 얼마 뒤 은퇴의 길이 준비되었다. 그리고 트루먼은 윌리엄 D. 리히 해군대장을 최고사령관(최고사령관은 대통령이 겸임한다) 소속 참모총장으로 임명하여 통합참모본부와의 조정역으로 유임시키고, 국무장관에는 전시 총동원의 책임자로서 루즈벨트의 "대통령 보좌"이고 얄타회담에도 참석했던 제임스 F. 번즈를 임명했다. 그러나 리히도 번즈도 루즈벨트의

War, 1945-1966 (New York : John Wiley and Sons, 1967); Charles S. Maier, "Revisionism and the Interpretation of Cold War Origins," *Perspectives in American History,* IV(1970). pp. 313-50. 그리고 Adam B. Ulam, *The Rivals : America and Russia since World War II* (New York : The Viking Press, 1971).

또한 전체주의 개념에 대해서는 토마스 리프카의, 국무부와 냉전의 기원에 대해서는 마틴 웨일의 집필중인 원고를 읽도록 허가해주어 배운 바가 많았다.

1) *New York Times,* June 24. 1941. 다만 다음 저서에서 인용. Gar Alperovitz, *Atomic Diplomacy: Hiroshima and Potsdam* (New York: Simon and Schuster, 1965), p. 30.

전후계획 성공에는 그다지 강한 관심을 갖고 있지 않았다. 관심을 가지고 있던 사람들 중에서는 단 한사람 상무장관 헨리 A. 월레스가 신정부 고위관리의 지위에 남아 있었을 뿐이다.

트루먼이 선택한 고문의 대부분은 민주당 내에서도 많든 적든 우경화한 사람들이었다. 또한 번즈가 국제회의 참석으로 시간에 쫓기고 있음을 알고 있는 트루먼은 정보와 조언을 주로 국무차관을 통하여 얻으려고 했다. 그 포스트에 그는 딘 애치슨을——제1기 루즈벨트 정권 아래서 재무부에 근무했고 루즈벨트의 금융정책에 반대하여 사임한 의회문제 전문 변호사 애치슨을——기용했다.

또한 군부에는 해군장관 제임스 포레스털을 유임시키고 그에게 의존하게 되었다. 포레스털은 가톨릭교도이고, 한때 금융투자업에 종사했던 탓도 있어서 맹렬한 반공주의자였다. 1945년 5월의 시점에서 이미 그는 친구들에게, 소련공산주의는 "나치즘이나 파시즘과 마찬가지로 민주주의와 양립할 수 없다"고 언명했고, 그것을 입증할 증거를 지속적으로 찾고 있었다.2) 이리하여 트루먼과 그의 고문 대부분이 전임자들보다 소련에 비판적인 사람들로 채워지게 되었음은 거의 의문의 여지가 없다.

다만 그렇다고 해서 이 사람들이, 소련은 적이고 적으로서 소련에 접근해야 한다는 전제 아래서 행동하고 있었음이 분명히 드러나는 것은 결코 아니다. 1941년에 트루먼이 스스로 말했던 앞의 말은, 독소(獨蘇) 불가침조약이 맺어져 있는 동안에 많은 미국인들이 가지고 있던 태도이기도 했다. 실제로 그로부터 3개월도 지나지 않은 사이에 그는 러시아에 대한 무기대여원조의 확대에 찬성표를 던졌던 것

2) Walter Millis, ed., *The Forrestal Diaries* (New York: Viking Press, 1951), p.57.

이다.[3)]

루즈벨트의 사후 갑자기 대통령이 되었을 때, 그는 국제연합 헌장을 토의하기 위한 회의를 둘러싸고 워싱턴과 모스크바 사이에서 논의가 진행중임을 알았다. 그리고 그는 소련이 얄타에서 루즈벨트와 교환한 협정을 위반하고 있다고 확신하고, 소련 외무장관 비아체슬라프 몰로토프를 구두로 비난했고, 그 때문에 몰로토프를 "세상에 나와 지금까지 그런 모욕을 들은 일이 없다"고 격앙케 했을 정도였다.[4)]

그러나 그로부터 몇 주일도 지나지 않아 트루먼은 홉킨스를 모스크바로 파견하고, 그에게 루즈벨트의 약속이 모두 금후에도 계속 유지된다는 취지의 서한을 스탈린에게 재보증하는 사명을 맡겼다. 그와 동시에 트루먼은 테헤란에 체재하고 있던 친 소련파 인사 조셉 E. 데이비스에게, 처칠에의 특사로서 런던에 부임하도록 협력을 구했다. 1945년, 아니 46년의 시점에서도 트루먼이 말한 것들 대부분은 미소(美蘇)간의 의견 차이가 조정 가능하다는 그 자신의 희망과 신념을 나타내고 있었다.

트루먼이 선택한 고문 대다수는 비교적 보수적인 생각을 가진 사람들이고, 이른바 이상가형의 사람은 거의 없었다. 예컨대 번즈는 이론적 신념을 갖추지 않은, 대체로 기교가 풍부한 타협가였다. 또한 애치슨은 금융정책을 둘러싸고 루즈벨트와 결별했지만 여전히 충실한 민주당원이었다. 전시중에 그는 국무차관보로서 연방정부의 업무에 복귀하고, 그 포스트에서 국무부 내의 각파에 속하는 대부분의 사

---

3) 77 Cong., 1 sess., *Congressional Record* (Oct. 23, 1941), p. 8204.
4) Harry S. Truman, *Memoirs*, 2 vols. (Garden City, N. Y.: Doubleday, 1955-1956.) I, p. 82.

람과 친밀한 관계를 원만히 유지하고 있었다. 저널리스트는 소련 혐오자도 소련 옹호자도, 그를 편견이 없는 인물로 판단하고, 그가 국무장관으로 선발된 것에 찬사를 보냈다.[5)]

어쩌면 또 가령 포레스털이 반소적이라는 사실이 알려졌다 하더라도 그의 동료인 헨리 L. 스팀슨 육군장관은 반공주의자가 아니었다. 아니 그뿐 아니라 스팀슨은 미국과 소련의 항구적 협력의 필요성을 지속적으로 설득했던 것이다. 이리하여 트루먼과 그 고문들은 공산주의와 소련에 대하여 전임자들과 크게 다른 태도를 취했지만, 그들이 가지고 있던 편견과 경향성만 가지고는 왜 미국의 정책이 제2차 대전 후 그렇게 급격히 바뀌었는가를 설명하기는 대단히 힘들다.

실제로 그보다도 더욱 중요한 것은, 트루먼과 그 동료가 외교문제의 지도를 받고 있던 사람들이, 소련이란 악의로 가득 차 신뢰할 수 없는 나라라고 의도적으로 주입하려 했던 외교관들이었다는 사실이다. 루즈벨트의 경우, 그러한 외교관들과 거의 관계가 없었다. 국무부 내의 전문가가 실은 공화당원으로, 자기의 국내정책에 찬성하지 않고, 국제관계에 관한 자기의 전행적(專行的) 방식에 비판적이라고 루즈벨트가 판단했던 것에는 상당한 타당성이 있었다.

그리고 루즈벨트는 1930년대의 후반에 유럽의 위기에 대처하고자 했을 때, 그들을 멀리하기 시작했다. 또한 전쟁이 시작되고 나서는 거의 그들을 무시하고, 새로운 국제기구의 구축에 관한 것 이외의 모든 정보와 조언을 주로 자기의 참모와 전시를 대비하여 긴급하게 설립한 각 기관과 군부, 재무부에 요청했던 것이다.

이에 반하여 트루먼은 외교문제 처리의 중심기관은 국무부이고,

---

5) *U. S. News and World Report,* XIX(Sept. 14, 1945), p. 76; *New Republic,* CXIII(August 27, 1945), p. 254.

또한 그러해야 한다는, 전통적인 사고에 따라 직무를 수행했다. 그가 대통령직을 이어받았을 때, 국무부의 전문가들은 최근 몇 년이래 처음으로 대통령의 사고와 발언과 행동에 자기들이 중요한 영향을 미치게 될 것이라는 기대로 가슴이 부풀어 보고서와 각서 등을 제출하게 되었다.

전시중에 이들 전문가는, 그들로부터 보면 기껏해야 순진하다는 말 이외에는 표현할 방도가 없는 무리가 대 소련관계를 처리하고 있는 것을 어떻게 할 방도도 없이 바라만 보고 있었다. 홉킨스가 전하는 바에 따르면, 루즈벨트는 스탈린에 대해 이렇게 말했다. "만일 내가 내 나름으로 할 수 있는 것 모두를 그에게 주고 노블리스 오블리제(당신의 의무)로서 일체의 보답을 그에게 요구하지 않는다면, 그는 어떤 땅덩어리도 병합하려 하지 않고, 세계의 민주주의와 평화를 위해 나에게 협력해줄 것이다." 그리고 모겐소로 말하자면, 브레튼우즈에서 소련과 교섭한 것을 유일한 근거로, 소련인은 "지성적이고 물정을 잘 안다"고 말했다.[6] 국무부의 전문가가 이러한 생각을 틀려도 한참 틀렸다고 간주했음은 말할 나위도 없다.

그 외교관들은 소련의 행동을 장기에 걸쳐서 관찰함으로써 그들 나름의 의견을 가지고 있었다. 미국 외교계의 장로 조셉 L. 그루는 트루먼이 대통령이 되었을 때 국무차관이었다. 당장이라도 퇴직할 나이이고 얼마 뒤 애치슨과 교체될 예정이었으나, 그는 직업외교관

6) 루즈벨트의 말은 William C. Bullitt, "How We Won the War and Lost the Peace," *Life*, XXV(August 30, 1948), p. 94에서 인용. 국무부 내의 유럽 담당 고관들과 벌리트가 친밀한 관계에 있었던 점에서 생각하여, 이 루즈벨트의 말을 벌리트는 스스로 밝히기 훨씬 전부터 그들 고관들에게 퍼뜨리고 있었던 것으로 생각된다. 모겐소의 소견은 다음 저서에 실려있다. John M. Blum, *From the Morgenthau Diaries*, 3 vols. (Boston: Houghton Mifflin, 1959-67), III, p. 368.

으로서 정부의 조언자 역할을 수행한 자의 전형이었다고 말할 수 있을지 모른다. 제1차대전 후, 그는 러시아의 볼셰비키에 대하여 알 수 있는 것을 덴마크에서 보고하는 임무를 부과받고 있었는데, 거기서 그는 볼셰비키의 모든 것에 반발했다. 특히 외교 대신 선전과 파괴활동으로 나가는 볼셰비키의 방식에 증오를 느꼈다.

그의 의견은 1922년부터 23년까지 로잔에서 그가 소련 외무장관 보리스 치체린과 직접 교섭을 행한 것에 의해서도 변하는 일이 없었다. 그루는 그의 일기에다, 원래 학자풍으로 섬세한 신경의 소유주이고 다소 여성다운 느낌의 치체린에 대해 "악의에 찬 눈에 매부리코의 독수리 같은 볼셰비키 일당"이라고 기록했다. 루즈벨트 정권이 소련의 승인을 결정했을 때, 당시 주일대사였던 그루는 그 판단이 잘못되었다고 생각했다.

그는 또한 일본의 만주 점령을 자국정부가 비난한 것을 유감으로 생각했다. 왜냐하면 일단 그가 일본을 공산주의의 팽창을 저지하는 "견고한 완충국"으로 간주하고 있었기 때문이다. 그는 독일에서 히틀러가 정권을 장악한 것을 유감으로 생각하면서도 당초에는 독일이 공산화되는 더욱 불행한 사태까지는 적어도 이르지 않고 끝난 것을 다행으로 생각했다. 이후에 그는 나치도 (공산주의와) 똑같이 사악하다고 생각이 바뀌었지만, 그것은 독소 불가침조약과 소련·핀란드 전쟁이라는 두 가지 사실에 의해 양 체제가 동질의 것이라고 확신하기에 이르렀기 때문이다.7) 이 생각은 그 후의 (미국 소련간의) 전시

7) Joseph C. Grew, *Turbulent Era: A Diplomatic Record of Forty Years, 1904-1945*, 2 vols. (Boston: Houghton Mifflin, 1952), I, pp. 420, 506; Waldo H. Heinrichs, Jr., *American Ambassador: Joseph C. Grew and the Development of the American Diplomatic Tradition* (Boston: Little, Brown 1966.), pp. 45, 49, 186, 271, 302-3.

협력에 의해서도 흔들리는 일이 없었다.

1945년 5월에 그는 소련의 행동에 대하여 남에게 차용한 지식의 부분이 있었다고는 해도, 자기의 장년에 걸친 관찰에서도 이끌어낸 견해를 다음과 같이 기록했다. 전쟁의 결과, "전체주의 독재가 독일과 일본에서 소비에트 러시아로 옮아가고, 장래 그것이 베를린=로마 추축(樞軸)과 마찬가지로 우리에게 있어서 위험한 상태를 만들어내게 될 것이다." 게다가 러시아가 유럽과 국경을 접한 나라들을 제패하게 되는 것을 당연한 일로 생각하여 그는 이렇게 덧붙였다.

> 러시아의 힘은 이 나라들에 일정한 규제를 가하면서 착실히 증대해 나갈 것이고, 가까운 장래 소련은 자국의 지배를 전 유럽에 서서히 신장시켜갈 유리한 지위에 설 것이다…….
>
> 장래 소비에트 러시아와 전쟁하는 것만큼 확실한 것은 없을 것이다…….
>
> 우리가 범해서는 안될 가장 위험한 일은, 우리가 소련의 성실성에, 가령 약간이라도 신뢰를 기울이는 것이다. 왜냐하면, 우리가 국제관계에 대한 자기들의 도의적 원칙에 집착한다면, 소련이 탐욕스럽게 자국의 이익을 계속 확대하리라는 것을 우리는 잘 알고 있기 때문이다. 소련은 우리의 도의적 행위야말로 우리의 약점이고 소련측의 이점이라고 간주하고 금후에도 그렇게 간주할 것이다.[8)]

국무성 내의 서열에 따르면 그루의 다음에 위치하고, 번즈와 애치

8) Grew, *Turbulent Era*, II, p. 1446.

슨이 [국무장관의 포스트를] 이어받은 뒤에도 여전히 같은 자리에 계속 머문 것은 제임스 클레멘트 던이었다. 유럽·아시아·근동·아프리카 문제담당 국무차관보로서 그는 라틴 아메리카 지역에서의 보고를 제외한 모든 보고를 분류하고 있었다. 1930년대에 던은 스페인에 관하여, 이탈리아와 독일의 지원을 받은 왕당파의 승리 쪽이, 소련이 지원하는 공화파의 승리보다도 바람직하다고 분명하게 생각하고 있었다.

또한 1941년의 독일의 대 소련 공격이 아마도 독일측의 승리로 끝날 것으로 예측하고, 그 승리에 의해 미국이 소련정부의 승인에 나선 과오를 바로잡을 수 있는 호기가 도래할 것으로 기대하고 있었다.[9] 그가 그루와 같은 정도의 반감을 소련에 품고 있었음은 거의 틀림이 없다.

던의 밑에는 유럽, 극동, 그리고 근동·아프리카 3개 지역을 각각 담당하는 국장들이 있었다. 유럽국을 관리하고 있던 것은 H. 프리먼 매튜스이다. 그는 프랑스의 고등정치학원에서 배운 탓에 박사라는

---

9) Ernest O. Hauser, "Something New in Striped Pants," *Saturday Evening Post,* CCXXII(Nov. 12, 1949), pp. 47 ff.: Nation, CLXIII (Aug. 4, 1946), p. 115; *U. S. News and World Report,* XXXII(Feb. 8, 1952), p. 40; Dean G. Acheson, *Present at the Creation: My Years in the State Department* (New York: W. W. Norton, 1969), p. 90; Robert Bendiner, *The Riddle of the State Department* (New York: Farrar and Rinehart, 1942), pp. 59, 184-85; Claude G. Bowers, *My Mission to Spain: Watching the Rehearsal for World War II* (New York: Simon and Schuster, 1954), p. 414 ; F. Jay Taylor, *The United States and the Spanish Civil War* (New York: Bookman Associates, 1956), p. 185; Joseph P. Lash, *Eleanor and Franklin* (New York: W. W. Norton, 1971), pp. 713-14; U. S. Department of State, *Foreign Relations of the United State* (이하 *FRUS*로 약칭하여 기재함), *1941,* I, pp. 766-67.

별명이 붙어 있었는데, 파리에서 1937년부터 39년까지, 비아트리스 판즈워드의 표현을 빌면, "소비에트 러시아에의 강박관념"에 사로잡혀 있었다고 일컬어지는 저 윌리암 C. 벌리트 밑에서 일하고 있었다. 하지만 그럼에도 불구하고 유럽국에 그가 배속되었을 때에는, 좌익계 잡지 「PM」에서조차 "다소 보수적이지만 결코 반동적이 아니다" 라는 평을 받고 있었다. 실제로 1945년의 겨울이 되어서도 소련통인 조지 케난으로부터 소련에 대해 별로 알지 못하는 인물로 평가되고 있었을 정도이다.

하지만 만일 그러했다면 매튜스는 이해가 빠른 인물임을 스스로 증명한 셈이다. 왜냐하면 그는 그후 얼마 뒤 다음과 같은 글을 썼기 때문이다. "미국은, 자국이 팽창주의적 전체주의국가의 위협에 직면하고 있다는 사실(과)……직접적·간접적 수단에 의한 이 팽창정책이 간단없는 무제한의 것이라는 사실을, 냉정하게 받아들이지 않으면 안 된다."10)

매튜스와 같은 지위에 있었던 사람은 로이 헨더슨이고, 그는 근동·아프리카국을 관장하고, 그리스, 터키, 이란을 담당하고 있었다. 국무부의 소련문제 전문가 중에서도 가장 장로격인 그는 1941년에 홉킨스의 제자들이 소련에의 무기대여를 취급하는 임무에 지명되는 것을 저지하려 했던 관료간의 항쟁에서 벌리트 편에 섰다. 그리고 이 항쟁에서 패한 뒤에 그는 소련국을 떠나 백악관의 명에 의해 소련과 관계가 없는 부서에 배속되었다. 그러나 그 후에도 그는 국무부 내의

---

10) Beatrice Farnsworth, *William C. Bullitt and the Soviet Union* (Bloomington: Indiana University Press, 1967), p. 288; *PM* (July 14, 1943), p. 19; George F. Kennan, *Memoirs 1925-1950* (Boston: Little, Brown, 1967.), p. 288; *FRUS*, 1946, I, p. 1167.

정부 고관이 자본주의국가를 소련이 강하게 증오하고 있는 사실을 모르고, 공산주의 지도자들이 파렴치하고 신용할 수 없다는 사실을 전혀 이해하지 못한다고 확신하고 있었던 것이다.11)

그루와 던, 매튜스, 헨더슨 등의 생각과 비슷한 의견을 가진 사람들이 현지에서 보고서를 보내고, 그것을 워싱턴 본부의 관리들이 가려내고 있었다. 전쟁으로 황폐된 여러 수도에의 대사직은, 정치적 엽관(獵官)의 특별보수 대상이 될 수는 없었으므로, 국무부의 많은 직업외교관들이 중요한 대사직에 부임하게 되었다.

몇몇 예외는 있었다. 특히 모스크바의 경우, W. 애버렐 해리먼이 미국대사가 되었다. 그는 전 은행가 겸 철도회사 경영자로 뉴딜에 참가하여 루즈벨트와 홉킨스의 친구이기도 했으나 그때까지도 스스럼없는 화법과 면밀한 거래 쌍방을 필요로 하는 교섭에 자주 특사로서 등용되고 있었다. 또한 유고슬라비아대사에도 외교에 생판 무지인 전 RKO(라디오 키스 오피암)사 사장 리처드 C. 패터슨이 취임했다.

그러나 이러한 비전문가들조차 국무부 관리들의 도움을 빌고 있었다. 해리먼에게는 조지 케난이 제1의 보좌역으로 붙어 있었고, 패터슨에게는 1934년부터 36년까지 모스크바에서 벌리트 밑에서 일하고 소련·핀란드전쟁 때 핀란드에 체재하고 있던 외교관 경력 23년의 해럴드 샨츠가 붙어 있었다.

하지만 그 이외의 소련 서쪽과 남서쪽 국경의 나라들에 주재했던

---

11) *FRUS, The Soviet Union, 1933-1939,* pp. 514-18, 773-75; Robert E. Sherwood. *Roosevelt and Hopkins* (New York: Harper and Brothers, 1948), p. 395; *PM* (March 21, 1943), p. 5; Spruille Braden, *Diplomats and Demagogues* (New Rochelle, N. Y.: Arlington House, 1971), pp. 347-48; editorial, *Saturday Evening Post,* CCXXV(June 6, 1953), p. 10; *Fortune,* LV(March 1957), pp. 110-13.

미국 대사는 대부분 직업외교관이었다. 폴란드 대사 아더 블리스 레인은 1919년의 소련·폴란드전쟁 때에 바르샤바에 근무하고, 1936년부터 41년까지 발트해 연안국가와 유고슬라비아에 근무하고 있었는데, 소련을 신용하지 않는 점에서는 누구에게도 뒤지지 않았다.[12] 또한 불가리아 대사 메이나드 B. 번즈는 일등서기관으로서 벌리트와 매튜스 '박사' 밑에서 파리에 근무하고 있었고, 터키대사인 에드윈 C. 윌슨은 벌리트의 고문으로서 일한 일도 있는 인물이었다.

여기서 번즈와 윌슨, 그리고 루마니아 대사 버튼 Y. 베리, 잇따라 이란 대사를 역임한 월레스 머레이와 조지 앨런 등의 소련에 대한 태도를 밝혀주는 기록은 거의 남아있지 않지만, 그들의 지급 전문을 보면, 그들도 또한 보고의 상대방인 워싱턴 관리와 같은 생각을 공유하고 있었음을 알 수 있다. 이들 전문가들은 하나도 남김없이 소연방과 국제공산주의 운동이 적대세력이라고 하는 이해를 그들의 상사에 해당하는 정치지도자들에게 전하고 싶어했던 것이다.

직접 그것을 행한 자도 있다. 케난은 모스크바에서 그러한 것을 제시하는 전형적인 지급 전문을 보내고 있었다. 그는 러시아와 소련의 행동에 관한 장기적 추세에 대하여, 우아하고 지적인 필치로 설득력이 풍부한 독창적 판단을 명백히 밝히고 있다. 예를 들면 그는 다음과 같은 보고를 내고 있다.

"소련 정권의 역사를 보더라도 오늘날 러시아에서 권력의 자리에 있는 사람들이……국제무대에서 소련의 힘의 신장에 실질적인 형태로 유리해진다고 생각했을 때, 우리 나라에 추호라도 힘을 가하는 일을 주저할 것이라고 단정할 수 있는 보장은 아무 것도 없다. 실로 아

12) 다음의 저서를 참고함. Arthur Bliss Lane, *I Saw Poland Betrayed* (Indianapolis: Bobbs-Merrill Company, 1948).

무 것도 그런 보장은 없다."

그는 또한 이렇게 잘라 말하고 있다. "현세에서 영원한 권력을 추구하는 것이, 러시아 정치가들의 오래된 습관이고, 또한 그것이야말로 러시아 국가의 전통뿐 아니라 공산당 이데올로기 속에도 또한 깊이 뿌리박은 습관이다."[13)]

그러나 외교관의 보고 중 다수는 편견으로 차 있었다. 예를 들면 윌슨 대사는 과거에 독소(獨蘇) 불가침조약에 서명한 나라(소련)가 오늘 국제연합 헌장을 비준했다고 해서 결코 안심해서는 안 된다고 주의를 촉구했고, 소피아에서의 지급 전문 속에서 그는, 소련에는 "과거에 이중 거래를 한 나쁜 경력"이 있다고 보고했다.[14)]

또한 매튜스는 소련문제에 무지했음에도 불구하고 마치 케난 같은 전문가라도 되는 듯이 이렇게 썼다. "체험에서 얻은 바 다음과 같이 말할 수 있다. 즉 타국의 동기를 신용할 수 없다고 하는 소련정부의 주장은, 주로 국내적 이유에서 고의로 만들어내고 퍼뜨린 주장이고, 자국 및 외국에 대한 전술용의 것이라 해도, 결코 타국의 행위를 객관적이고 성실하게 평가한 끝에 내린 결론이 아니다."[15)]

소련에 관한 케난의 총괄도 이와 동일한 취지의 것으로, 더욱 힘이 들어간 말로 쓰여져 있는데, 그래도 케난의 경우에는 다른 러시아 문제의 권위자들이 이의를 제기할 만한 여지를 남기는 형태로 쓰여져 있었다. 그러나 윌슨이나 번즈, 매튜스가 제시했던 총괄은 "카크이즈베스트뉴이"——주지의 사실과 같이——로 시작되는 소련측의 성명을 연상시키는 부류의 성격을 농후하게 담고 있었다.

---

13) *FRUS, 1945,* IV, pp. 885, 901.
14) *Ibid.*, VIII, p. 1262; *ibid.*, IV, p. 352.
15) *FRUS*, 1946, I, p. 1168.

외교관 중에는 대 소련 문제의 배경을 그릇되게 전하거나 적어도 지나치게 단순화했던 사람도 있었다. 소피아에서 번즈가 보낸 보고가 그 일례이다.

이미 1923년에 알렉산드르 스탐보리스키 정권은 전복되고, 그가 살해된 뒤에는 「브리태니커 백과사전」 같은 매우 억제된 필치의 문헌에 의해서조차 "평시보다도 긴급시에 적합한 억압적 수단"이 행사된 장기간, 이라고 기술되어 있는 기간이 지속되고, 그후 세계공황 때에는 더욱 완미(頑迷)한 "권위주의적 경향"과 "반독재정권"이 출현했고, 1940년 이후에는 보그단 필로브 밑에 "친독일적 정권'이 탄생하고, 그 정권이 "러시아를 지지하는 압도적으로 다수인 대중의 반란을 두려워하면서" 중립을 유지하고 있었다. 굴지의 역사개설서인 로버트 리 월프의 「현대 발칸국가」에는, "불가리아의 정치상황은 몹시 심각했다. 불가리아는 엄격한 경찰독재 아래서 제2차세계대전의 시기를 맞았다"16)고 기록되어 있다.

확실히 번즈는 불가리아의 당시 역사에 관하여 상당한 지식을 가지고 있었다. 그는 1930년부터 34년까지 불가리아에서 근무한 일이 있고, 그 이전의 사정과 그 이후에 일어난 사정을 자세히 파악하고 있음을 나타내는 사신(私信)을, 한 차례 매튜스에게 보낸 일이 있다. 그것은 1945년 4월에 쓰여진 것으로, 그 편지에서 그는 이렇게 쓰고 있다. "오늘 현지에서 상황을 보면, 1917년 11월의 러시아 사태와 비슷한 사태가 1944년의 이 불가리아에서 일어나고 있다. 즉 1944년 9월 9일을 경계로 불가리아에서는, 과거 1923년 6월의 쿠데타로 붕괴

16) *Encyclopaedia Britannica* (1969 edition). IV, pp. 390-92; Robert L. Wolff, *The Balkans in our Time* (Cambridge: Harvard University Press, 1956), pp. 134-35.

한 저 스탐보리스키 체제에의 복귀가 보여지고 있다.[17]"

그러나 번즈는 국무장관이나 대통령까지 접하게 될 지급전문 속에는 상황을 지나치게 단순화한 형태로 압축했다. 예를 들면, 완전히 부패하고 악명이 높은 농민당에 대해, 당이 농민의 60퍼센트의 열렬한 지지를 받고 있다고 썼고, 또한 한때 불가리아에서 권위주의적 지배체제가 갖추어져 있던 시기는, 고작해야 나치와 전시협력을 했던 시기뿐이라고 외전(外電) 속에 암시했다.

그리고 그는 마치 필로브가 불가리아를 타도하고 그것을 독일에게 넘겨주었듯이, 이번에는 공산주의자가 불가리아를 타도하고 그것을 소련에게 넘겨주려 하고 있다고 주장했다. 공산주의의 적대자들에 대해 그는 "시민적·인간적 자유의 재건에 대한 희망을 여전히 사수하고 있는 사람들"[18]이라고 존칭했다. 그리고 번즈는 그 의도 여하에 관계없이 다음과 같은 그릇된 인상을――즉 과거 민주주의 국가이고 또한 그 후에도 민주주의국가로 남았던 이 나라에 대하여 소련의 지지를 받는 공산주의자가 독재정치를 강요했다는 인상을――워싱턴에 전했다.

베리도 루마니아에서 같은 취지의 글을 타전했다. 그는 외전에서, 공산주의자의 탄압이 없다면 이 나라의 민주주의 세력은 분명 재흥할 수 있을 것이라고 말했다. 켄터키의 출판업자 마크 에드릿지가 1945년에 트루먼 대통령의 특사로 동유럽을 여행했을 때, 베리는 그 에드릿지에게 농민당의 노(老)지도자 줄리어스 마니우에 대해 "루마니아의 민주정치와 루마니아인의 전통적 민주주의 감정의 분명한 상징이다" 라고 쓰도록 유도했다.[19] 번즈와 마찬가지로 베리도 발칸제

17) *FRUS, 1945,* IV, pp. 191-92.
18) Ibid., pp. 167, 212-14, 403.

국에서 민주주의 세력이 갖는 역사적 힘을 과장하는 상황보고를 하고 있었다.

이러한 보고와 모순되는 보고는 트루먼의 데스크에 거의 닿지 않았다. 제2차대전 중 전략정보국(OSS)은 명목상 통합참모본부 아래 두어지고, 해외로부터의 정보를 모으는 동시에, 워싱턴에서는 해외의 각 지역에 식견이 있는 학자를 포함한 대규모 조사분석기관을 거느리고 있었다. 그러나 종전과 동시에 전략정보국은 사실상 활동을 정지했다. 그리고 거기서 일하던 관리들 다수는 민간인으로서의 생활로 서둘러 돌아갔다.

하지만 그것은 어찌되었든, 트루먼이 회고록에서 기록하고 있듯이, 그 무렵 그가 골머리를 썩였던 것은, 자기에게 올라오는 보고가 "같은 문제를 논하고 있으면서도 다양한 부서에서 다양한 시기에 올라오고, 게다가 그 내용이 모순되고 있었던" 것이다.[20] 그래서 그는 정보에 관한 사정(査定)이 모두 국무부에 집중화되도록 지시했다. 그러나 국무부 상관들은, 과거의 전략정보국원들을 떠맡는데 난색을 표시하고, 그 때문에 트루먼은 할 수 없이 그 후 국무부와 독립된 형태로 중앙정보국(CIA)을 만들지 않을 수 없다고 생각하게 되었다.[21] 그리고 중앙정보국의 신설이 이루어지기 전까지, 정치정보에 관한 보고는 국무부를 경유한 것 이외에는 일체 받아들이려 하지 않았던 것이다.

정보와 조언에 관한 출처로서, 국무부 이외에 군부가 있었다. 하지

---

19) *Ibid.*, pp. 605, 629.

20) Truman, *Memoirs*, II, p. 56.

21) Acheson, *Present at the Creation*, pp. 157-58; Harry Howe Ransom, *The Intelligence Establishment* (Cambridge: Harvard University Press, 1970), pp. 75-81.

만 트루먼은 백악관에서 지도실(地圖室)을 폐쇄함으로써 군부의 통신망에 별로 의존하지 않았다. 즉 그는 자기자신과 국방부 사이에 일정한 거리를 두고, 루즈벨트만큼 군부에 의존하지 않는다는 것을 분명히 했던 것이다. 그러나 그럼에도 불구하고 재외사령부나 통합참모본부, 육해군 장관들이 정치문제에 참견하는 일이 관례화되어 있었기 때문에 군 관계의 각 기관으로부터의 외전(外電)이나 각서는 어쩔 수 없이 대통령 앞으로 전달될 수밖에 없었다.

게다가 군부관료기구의 고관들은 얼마 뒤 국무부의 대 소련 평가와 미소(美蘇)간의 분쟁요인에 관한 평가를 채용하고, 이번에는 그것을 앵무새처럼 반복하여 주장했다. 예를 들면 제임스 포레스털 해군장관은 케난의 분석을 널리 알리고 그것을 선전했다. 해군사관과 공군장교는 만일 원격지에 있는 광대한 소련이 적으로 간주된다면, 항공모함과 폭격기에 돈을 쏟아붓는 것이 지금보다 훨씬 공인받기가 쉬워질 것이라고 깨달았다. 육군도 서서히 해공군과 같은 태도를 취하기 시작했다. 그리고 1946년초까지 참모총장 등은 이구동성으로 이렇게 주장했던 것이다.

러시아의 힘의 강화와 발전은, 예견할 수 있는 장래에 미국에 있어서 최대의 위협이 될 것이다. 미국의 외교정책이 끊임없이 고려해야만 할 것은, 장기적 관점에서 보는 잠재적 힘이 아니라 오히려 무력에 의해 우리 나라의 정책을 금방이라도 지원할 수 있는 직접적 힘이다. 왜냐하면 국가자원의 동원에는 장기간이 소요되고, 그 때문에 설령 장기적 관점에서 보는 잠재적 힘을 강화하더라도 그것은 다음 전쟁에서의 재난을 피하는데 별로 유용하지 않기 때문이다.[22]

전반적으로 관료들은, 트루먼과 그 고문들에게 소련이라는 나라를 강대하고 야심적이고 신뢰할 수 없는 냉혹한 나라로서 묘사하고 있었다. 물론 외교관이 보고하고 있던 것 모두가 그들의 상상에 의해 창작된 것은 아니다.

동유럽국가의 공산주의자는, 현실적으로 공산주의의 적대자에 대하여 냉혹한 전술을 취하고 있었고, 소련 당국은 공산주의자에게 모든 원조를 하고 있었다. 그러나 그럼에도 불구하고 오늘날 분명하게 생각할 수 있는 것은, 외교관 중에는 과거 정치가들 사이에서 보여졌던 지나친 신뢰와 낙관주의를 어쩌면 불식시키려고 의식적으로 [소련의 위협을] 과장하는 사람이 많았다는 사실이고, 또한 개중에는 회색으로 그려져야 할 문제를 흑백 두 가지 색으로만 칠한 자도 있었다는 사실이다.

트루먼 정권의 각료들 자신이 소련에 대하여 일종의 편견을 가지고 있었으므로, 트루먼 정권 아래서는 루즈벨트와 그 측근이 정권을 잡았을 때만큼 외교관들의 보고가 회의적으로 받아들여지는 일은 없었다. 그러나 그렇다고 해서 여기서 트루먼과 그의 동료가 믿기 잘하는 인간이었다고 비난하는 것은 아니다.

대통령은 직업외교관 다수가 맹렬한 반 소련주의자라는 것을 알고 있었다. 1945년 5월에 조셉 데이비스와 이야기했을 때, 대통령은 이 사실을 시인했다. 그러나 그후 얼마 뒤 그는 전임자들과 마찬가지로 국무부의 의견을 별로 중시하지 않게 되었다.[23] 또한 번즈도 자기

---

22) *FRUS*, 1946, I, p. 1166.

23) John Lewis Gaddis, *The United States and the Origins of the Cold War, 1941-1947* (New York: Columbia University Press, 1972), pp.

주위에서 일하는 사람들을 진심으로 신용하고 있던 것은 아니다. 실제로 소련과의 화해교섭에 나섰을 때 그는, 자기의 행동 내용을 국무부에는 비밀로 붙여두려고 했다.24)

애치슨과 포레스털을 비롯한 정부부처 사람들은 남다른 지성과 세련된 감각의 소유주이고, 치우친 내용을 가진 보고에 간단히 속아넘어갈 만한 사람들이 아니었다. 그러나 그럼에도 불구하고 외교관들의 지급전문이 매일 도착하고, 또한 그것이 다른 정보에 의해 상쇄되지 않고 그 핵심적 부분이 국무부나 군부의 비망록 속에 여러 차례 반복됨으로써 외교관들이 의도한 효과가 발휘되기 시작했다고 하는 말은 일리가 있을 것이다. 즉 소련에 대한 미국의 공적 태도의 변화는, 일차적으로 미국 지도자들의 편견에도 기인하지만, 그보다는 유럽과 중동에서 일어난 여러 사건에 원인이 있고, 아마도 그 이상으로 그 사건들에 대한 미국 관료들의 파악과 해석 방식에서 기인하는 것이었다고 설명되어야 할 것이다.

그러나 이 설명으로도 아직 충분하지 않다. 왜냐하면 트루먼과 그 동료는 소련에 대하여 단순히 반감을 갖게 된 것만이 아니기 때문이다. 그들은 공산주의 러시아에 대하여, 필요하다면 전쟁의 위험을 걸고서라도 미국이 저항해야 할 위협을 체현한 나라로 파악했을 정도까지 바뀌었던 것이다. 그들은 외교관으로부터 전해오는 정세보고를 정부로서 [공산화되어 가는 나라들에 대하여] 그저 유감의 뜻을 표명하는 재료로서 쓰고 버릴 수도 있었을 것이다. 실제로 지난 10년간, 그러한 관점에서 미국정부의 고관들은 스페인, 오스트리아, 체코슬로바키아가 파시스트나 나치에게 권력을 찬탈 당하는 모습을 방관하고

230-31; Millis, *Forrestal Diaries*, p. 62.

24) Gaddis, *The United States and the Origins of the Cold War*, p. 285.

있었다. 그러나 왜 트루먼 정부의 고관들만이 과거와 다른 형태로 대응하게 된 것일까.

여기서 첫 번째로 생각할 수 있는 답은, 외교관이 그런 사건을 그들이 1930년대의 사건과 유사한 것으로 보게 되었기 때문이라고 하는 답이다. 그 때까지 이미 다음과 같은 생각이 사람들 입에 회자되고 있었다. 즉 과거에 미국정부가 파시스트나 나치의 행동을 미국의 안전보장을 위협하는 것으로 간주하지 않았던 것은 잘못이었다고 하는 생각이다. 이 사고에 따른다면, 제2차 세계대전이 불가피해진 것은 서구 민주주의국가들이 파시즘국가의 팽창주의적 공격성이 갖는 위협을 즉시 깨닫지 못하고, 또한 그 위협이 현재화하기 시작했을 때에도 그것에 저항하지 않았기 때문이라는 말이 된다.

그러므로 일단 트루먼과 측근들이 1940년대의 사태 전개를 30년대의 그것과 유사한 것으로 간주하기 시작했을 때, 그들은 그 30년대의 교훈을 40년대에 적용하고, 과거의 팽창주의 국가에 대하여 전임자들이 취했어야 한다고 자기들이 생각하는 태도를 지금이야말로 취해야 한다고 결의하기에 이른 것이다.

외교관들의 보고가 소련을 이러한 각도에서 보도록 조장했다. 바르샤바 주재의 레인은, 공산주의 폴란드가 “나치와 파시스트적 경찰지배체제로 지탱되고 있다”고 보고했다. 베리의 군사상의 협력자인 코틀란트 슈일러 장군은 루마니아의 공산주의자를 “러시아의 스파이”로 규정했고, 번즈는 과거 독일에 지배받은 국가를 부르는데 사용된 말을 전용하여, 불가리아를 러시아의 “위성국가”로 불렀다. 유고슬라비아에 대해서는, 패터슨의 지급전문 속에서도 “위성국가”라는 말이 사용되고 있었고, 샨츠는 티토의 공산주의 정부에 대해 “냉혹한 전체주의적 경찰체제”로 묘사하고, 그 국내 경비기관을 게슈타

포에 비유했다.

그리고 이 무렵 이미 레인은, 암암리에 양해되고 있던 교훈을 문자로 나타내어 이렇게 써보내기도 했다. "양보나 유화로 보여지는 것은 1940년 내지 41년의 경우와 마찬가지로, 1945년의 미국의 이익에 있어서도 또한 위험하기 짝이 없는 것이 될 것이다."[25)]

그러나 대통령과 그 동료가 이러한 외교관의 보고에 마음이 움직여 역사상의 유추를 시도하게 되었다고는 도저히 생각되지 않는다. 오히려 생각할 수 있는 것은, 그들 자신이 스스로의 판단에 촉발되어 이러한 사고의 틀에 도달했다는 것이다.

당초에 트루먼 정권의 각료들은, 목전의 문제에 대처할 때, 전쟁기간의 경험에서 유추하고 있었다. 예를 들면 그러한 대응은 전후의 원폭관리에 관한 논란에 가장 명확하게 나타나고 있다. 당시 원폭개발을 감독해온 육군장관 스팀슨은 당장이라도 원폭제조의 비밀을 소련과 공유해야 한다고 생각하고 있었다. 그는, 어차피 독자적으로 소련도 개발에 성공할 것이고, 또한 이쪽이 신뢰한다면 상대방의 신뢰를 끌어낼 수도 있을 것이라고 주장했다. 하지만 1945년 9월의 각료회의에서 포레스털은 이 스팀슨의 주장에 반대했다. 월터 밀리스는 포레스털의 반론을 다음과 같이 요약하고 있다.

> 그는 원폭과 그것을 만들어낸 지식이 "미국국민의 재산"이고, 국민감정에 의해 확인될 수 있을 때까지 그것을 [소련에] 제공할 수는 없다고 주장했다. 그는 제1차대전에서는 일본이, 제2차대전시의 소련과 마찬가지로 미국의 동맹국이었던 사실을 상기시키고,

25) *FRUS, 1945,* IV, pp. 280, 422, 553, 1260, 1292.

게다가 제1차대전 후에 미국이 일본과 해군 군축조약을 맺고, 미국이 그것을 준수하고 있었음에도 불구하고 일본이 협정을 위반했다고 하는 사실을 언급했다. 그리고 나서 다시 다음과 같이 말했다.

"일본인과 마찬가지로 러시아인은 본질적으로 동양적 사고방식을 가지고 있다. 그러므로 그들이 계약을 준수한다는 증거를 우리들과의 오랜 교섭 중에 나타내지 않는 한……그들의 이해와 동정을 믿는 것은 잘못된 일이라 생각된다. 우리는 한때 히틀러를 믿었다. 이제 또다시 유화정책을 써보더라도 얻을 것은 아무 것도 없다."26)

그러나 그럼에도 불구하고, 트루먼은 국제관리안을 추진하도록 지시했다. 애치슨이 그 임무를 부여받고, 그는 테네시유역개발공사(TVA)의 데이비드 E. 릴리엔솔의 협력을 청했다. 그러나 애치슨과 릴리엔솔도 그 동료도 서로 토론하면서 포레스털이 예로 들었던 그 선례를 잊지 않았다. 그 때의 한 회의 모습이, 원자력위원회 소속 역사가에 의해 다음과 같이 기록되어 있다.

애치슨은 1921년부터 22년의 워싱턴군축회의를 예로 들고, 다음과 같이 비교해 말했다. 당시 해군의 군비확장경쟁을 중지시키고자 하는 생각은 좋은 안이었으나, 그 조약의 내용이 잘못되어 있었다. 더욱 사정이 나쁜 것은, 미국이 조약에서 허용된 범위의 최대치까지 군비를 확장하지 않았는데, 일본은 [태평양상의] 여러

26) Millis, *Forrestal Diaries*, pp. 95-96.

섬 기지를 강화하고 있었다. 이와 완전히 동일한 상황이 오늘 전개되고 있는 것이다.[27]

이리하여 애치슨과 릴리엔솔은 제안의 마지막 단계에서 우라늄광석 매장지, 전체 원폭제조설비, 그리고 원자력의 평화적·군사적 이용의 연구에 종사하는 과학자 대부분이 국제연합의 관리기관으로 이관되어야 한다고 주장했다. 그러나 그 조건으로서, 애치슨 등은 만일 어떤 나라가 부정을 획책하여 원자력을 비밀리에 비축한 경우에는 미국이 독자적으로 이관시기를 정하고, 미국이 원자력무기를 사용할 수 있는 잠정적 권한을 보유해야 한다고 주장했던 것이다.

트루먼과 번즈는 애치슨=릴리엔솔 보고를 받은 후, 그 계획안을 국제연합에 제안하도록 버나드 M. 바루크에게 요청했다. 제1차대전 중에 내정문제에서 마음껏 힘을 떨쳤던 바루크는 이제 자부심만 강한 노인으로 변해 있었다. 그는 단순한 "잔심부름꾼" 노릇을 하는데 반발하고, 다음과 같은 두 가지 조항을 원안에 부가하여 계획안이 자기의 것임을 분명히 하려고 했다.

그 하나는, 협정을 위반한 경우에 처벌을 가한다는 것이고, 또 하나는 더욱 중요한 조항이었지만, 어떠한 대국이라 하더라도 그 처벌을 거부할 수 없다고 하는 조항이다. 바루크는 당시를 회상하면서 이렇게 기록했다. "그 때 내 마음에 강하게 남아 있던 것은, 국제연맹과 연맹 규약의 제10조를 둘러싼 분쟁의 교훈이고, 실효성이 없는

---

27) Rechard G. Hewlett and Oscar E. Anderson, *A History of the U. S. Atomic Energy Commission,* Vol. 1: *The New World, 1939-1946* (University Park, Pa.: Pennsylvania State University Press, 1962), p. 548.

군축협정과 전쟁포기에 관한 기록이다."[28]

국제연합에서 소련은 이 바루크안을 거부했다. 설령 바루크가 새로운 수정조항을 덧붙이지 않았더라도, 당시 소련이 독자로 핵무기 개발을 시작하고 미국의 로스 알라모스의 연구소나 영국, 캐나다에 스파이를 보내고 있었으므로 결국 소련도 동일한 정책을 취하게 되었을 것이다. 그러나 그 때 공산주의자 이외에도 많은 사람이 비판한 것은, 미국이 소련에 지나친 것을 요구하면서 너무 작은 것밖에 주지 않는다는 점이었다.

번즈는 그러한 비판에 답하여, 자기는 젊은 의원으로서 1920년부터 22년 당시까지 만들어진 군축안을 지지하고 있었다고 말하면서 다음과 같이 단언했다. "그러나 그후 일어난 일이 나의 오늘날의 사고에 영향을 미치고 있다. 미국이 전함(戰艦)을 폐기했을 때, 일본은 [군비를 위한] 청사진을 폐기했을 뿐이었다. 이 과오를 미국은 어떤 일이 있어도 되풀이해서는 안 된다."[29]

그러나 트루먼 정권의 각료들은 1946년까지 더 이상 역사의 유사점을 전쟁기간 초기에서 찾으려 하지 않게 되었다. 그 대신 그들의 생각은, 1931년의 만주사변 이후와 오늘과의 역사의 유사점이야말로 중요하다고 하는 생각으로 급속히 바뀌어갔다. 그 변화가 명확히 제시되는 것은 동지중해와 중동을 둘러싼 그들의 고찰의 전개과정이다.

---

28) Bernard M. Baruch, *The Public Years* (New York: Holt, Rinehart and Winston, 1960), p. 367.

29) U. S. Department of State, *State Department Bulletin*, XVI(January 19, 1947), p. 89. 바루크의 수정안이 대소련 교섭의 결과에 영향을 미쳤는가에 대한 문제에 관한 가장 탁월한 연구는, Robert Gard, "Arms Control Policy Formulation and Negotiations, 1945-1946" (Ph. D. thesis, Harvard University, 1961)이다.

당초부터 국무부의 직업외교관은, 소련이야말로 이 지역을 위협하는 존재라고 명시하고 있었다. 일찍이 1945년 3월의 시점에서 앙카라 주재 대사관원은 소련이 터키의 지배를 꾀하고 있다는 보고를 보냈다. 또한 포츠담에서 트루먼이 스탈린과 회담했을 때에도 테헤란의 대사는 젊은 이란 국왕의 말을 인용하여, 소련이 이란에 야심을 가지고 있고, 소련의 책략이 나치 독일의 그것을 상기시키는 것이라고 국왕이 말했던 것을 전하고 있다. 8월에 헨더슨의 [근동·아프리카]국은 대통령 앞으로 보내는 각서를 작성하고, 그 각서에서 미국이 소련의 행동을 적극적으로 막지 못하는, 한 소련은 중동 전역으로 침입해 올 것이라고 주장했다."[30]

트루먼은 동유럽에서 그에게 보내오는 이와 같은 보고에도 불구하고, 대 소련관계는 조정 가능한 문제라고 생각하고 있었던 것 같다. 11월로 접어들고 나서 헨더슨은 중동에서의 직무를 잠시 중단하고 휴가차 본국에 돌아와 있는 몇 사람의 외교관들과 대통령과의 회합을 준비했다. 그 석상에서 어느 외교관은 아랍 제국의 군주들에 대해 언급하고, "만일 미국이 그들을 돌보지 않으면 그들은 소련에로 기울고, 우리의 세계로부터 사라져, 우리 나라의 영향력에서 이탈해 버릴 것이다" 라고 주장했다. 헨더슨의 기록에 따르면, 이 주장에 대하여 "대통령은, 자기가 바라는 것은 이들 아랍 제국이 소련과 미국 쌍방과 가까워지는 것이라고 말했다."[31]

그 무렵 트루먼은 핵무기의 국제관리화 계획을 추진하려고 했고, 번즈는 유럽과 아시아의 화평조건을 둘러싼 소련과의 교착상태를 타개할 방책을 머리를 싸매고 찾아내려 하고 있었다. 케난의 모멸적인

30) *FRUS, 1945,* VIII, pp. 45-48, 386-88, 1225-28.
31) *Ibid.,* pp. 15-18.

관점에 따르면, 번즈의 주목적은 "어쨌든 합의에 달하는 것이고, 합의의 알맹이 같은 건 그에게는 문제가 아니었다."[32]

헨더슨의 담당국에서 제출된 보고는, 소련이 야심을 가지고 있음을 계속 경고하고 있었다. 그리스에서는 공산주의 주도하의 반대세력과 정부 사이에 당장이라도 무력분쟁이 재개될 듯한 상태였으나, 그 그리스에서 보내오는 지급전문에 따르면, 영국 점령군의 사령관은 만일 미국과 영국이 공동으로 그리스 정부를 원조하지 않으면 "붉은 물결"이 그 나라 전토를 뒤덮게 될 것이라고 기록하고 있었다. 또한 터키에서는 소련이 아마도 무력 정복에 의해서라도 이 땅의 지배권을 획득하려고 하는 것이 틀림없다고 예측하는 외전이 연달아 들어왔다.

이란에서는 소련점령군의 목적이, 전시하의 협정에 따라 아제르바이잔 북부지방을 넘겨받으려고 하는 것이 아니라, 오히려 자기들의 정권을 조직하고 이란정부의 세력이나 그 앞잡이가 접근해 오는 것을 저지하는데 있다는 보고가 들어왔다. 워싱턴에서는 이란대사가 미국의 지원을 요청하고, 아제르바이잔에서의 [소련의] 행동이 "터키를 비롯한 근동 여러 국가를 포섭하는 일련의 행동의 제1보에 불과하다"고 말하고, 덧붙여서 이렇게 단언했다. 만일 그 지방이 소련의 손에 넘어가는 것을 막지 못한다면, "만주, 아비시니아(에티오피아), 뮌헨의 역사가 되풀이되고, 아제르바이잔은 제3차세계대전의 시작을 알리게 될 것이다."[33]

헨더슨은 이와 거의 동일한 입장에 서서 다음과 같이 논했다. 이 지역에서의 미국의 가장 중요한 이익은 "국제연합에 의거하는 원칙

32) Kennan, *Memoirs*, p. 287.
33) *FRUS*, 1945, VIII, pp. 251-52, 508, 1248-49, 1260-62.

을 무시하고, 제3차세계대전을 일으키게 될 사태의 전개"를 방지하는 것이다. 게다가 그는 소연방이 "터키에서 다다넬즈 해협을 거쳐 지중해로 빠지고, 다시 이란에서 페르시아만을 거쳐 인도양으로" 팽창하려는 굳은 결의를 품고 있다고 말하고, 제3차세계대전이 불가피해지기 전에 소련의 진출을 저지해야 한다고 강조하고 있었다.[34]

대통령은 결국 이 조언을 받아들였다. 그는 1946년 초에 번즈에게 편지를 썼다. 그것을 대통령이 번즈에게 보냈는지는 알 수 없다. 하지만 어쨌든 대통령은 거기서 자기 의견을 분명히 밝혔다. 즉 그는 불가리아와 루마니아가 "경찰국가"라고 하는 에드릿지의 보고에 납득했다고 쓰고 이렇게 말했다. 폴란드에서의 소련의 행위는 "난폭하고 독단적인 것"이다. 그리고 나서 이란에 대하여 특히 상세히 설명하고, "바로 이것이야말로 내가 아는 한 가장 전형적인 포악행위이다" 라고 기술하고, 이렇게 이어나갔다. "소련이 터키를 침략하고 지중해에로 빠져나가는 흑해해협을 점령하고자 획책하고 있음에는 전혀 의문의 여지가 없다. 철권제재(鐵拳制裁)와 강력한 비난이 소련에 퍼부어지지 않은 한, 또 다른 전쟁이 초래되게 될 것이다."[35]

소련군의 이란 철수 예정일이 다가왔음에도 불구하고, 소련이 아제르바이잔에 여전히 군대를 주둔시키고 있었으므로, 트루먼은 모스크바에 항의하기로 작정하고, 또한 이 문제를 정식으로 이란이 국제연합에 제소하도록 지원하기로 했다.

그러나 실제로는 이란 수상이 소련과 협정체결을 위한 교섭에 들어가게 되었다. 소련은 아제르바이잔에 친소 정권을 남겨두고 군대를 철수시켰다. 그리고 그 보답으로 이란정부는 소련·이란 합병회

---

34) *FRUS, 1946,* VII, pp. 1-6.
35) Truman, *Memoirs,* I, p. 552.

사가 북부 이란의 석유채굴권을 갖는 것에 합의했다. 그러나 그 때에도 다음과 같은 의혹이, 즉 양자의 목적은 석유거래에 있었던 것으로, 소련이 자국군대의 철수를 유보하고 있던 것은 이란에 협정조인을 압박하기 위해서이고, 한편 이란이 미국에 원조를 요청한 것은, 소련의 강경한 요구를 누그러뜨리고자 했기 때문이 아닐까 하는 의혹이 불거져 나왔다.

또한 이란의 수상과 국왕이 모스크바 및 워싱턴과 교섭하고 있었을 때, 그들의 관심의 표적이 되어 있었던 것은, 실은 북부지방[아제르바이잔]의 영토 보전이나 석유 문제보다 오히려 테헤란 의회의 지배를 둘러싼 자기들끼리의 권력투쟁이 아니었을까 하는 의혹에도 충분한 근거가 있는 것으로 생각되었다.36) 실제로 지금 돌이켜보면, 이러한 가설 쪽에 오히려 한층 많은 신빙성이 있어 보인다. 그러나 대통령이나 국무장관을 비롯하여 정부 부처 사람은 그저 미국이 강경한 태도를 취하고 그 때문에 소련이 물러난 것이라고 생각했을 뿐이었다.

그로부터 얼마 뒤 정부는 또 하나의 더욱 중대한 시련에 직면하고 있다는 충고를 받았다. 1946년 8월초에 소련정부는 터키해협을, 터키가 단독으로 지배하는 것이 아니라 "터키를 비롯한 흑해 연안 국가들의 공동감독 아래 두는 제도"를 만들 것을 제안하고, 게다가 터키와 소련이 "해협 방위를 위한 방책을 공동으로 조직하는" 것까지 제안해온 것이다. 이 소련의 움직임을 터키 정부는 냉정하게 받아들였지만, 윌슨 대사는 그렇게 받아들이지 않았다. 그는 앙카라에서 다음과 같은 외전을 띄웠다.

---

36) *Frus, 1946,* VII, pp. 416, 536, ff., 566.

소련의 목적은 "터키 독립을 침해하기 위해 해협 문제를 이용하고, 터키에 '우호' 정권을 세워, 단 하나 남겨진 간극(間隙)을 메우고 발트해에서 흑해로 이어지는 소련위성국가의 띠를 완성시키는데 있다." 윌슨은 이에 덧붙였다. "터키의 독립은 미국의 사활적 이익이 되고 있다. 만일 터키가 소련의 지배 아래 떨어진다면, 페르시아만과 수에즈에의 소련 진출을 저지하는 최후의 요새는 제거되고, 그 유혹을 소련이 이겨내지는 못할 것이다. 일단 그러한 사태가 발생한다면, 돌이킬 수 없게 될 것이다."[37]

워싱턴에서는 군부가, 특히 헨더슨이 주도적으로 대표하고 있던 노선과 오래 전부터 보조를 맞추게 되었다. 해군 고위층은 대통령이 그 지역에 조금이라도 관심을 기울이는 낌새를 보이면, 특별편성함대를 지중해에 파견하거나 거기에 주둔시켜야 한다고 그 자리에서 제안했다.

처음에 트루먼은 그 생각에 승인을 내렸지만 그후 주저하기 시작했다. 그리고 결국 그는 전함 미주리호의 상징적 방문을 승인하는데 그쳤다. 하지만 더욱 대규모에, 상주하는 형태의 파견을 바라는 해군의 열의는 결코 약화되는 일이 없었다.[38] 육군장교 중에는 만일 대통령의 대 이란 지원이 실행된다면, 중동국가들에 대한 군사원조와 아마도 군사훈련 등도 미국의 손으로 행해지게 될 것이라고 상상하는 사람도 나왔다.

---

37) *FRUS, 1946*, VII, pp. 829, 836-38.

38) Robert Greenhalgh Albion and Robert Howe Connery, *Forrestal and the Navy* (New York: Columbia University Press, 1962), pp. 186-87; Vincent Davis, *Postwar Defense Policy and the U. S. Navy, 1943-1946* (Chapel Hill: University of North Carolina Press, 1966), pp. 224-25.

통합참모본부는 터키에 대한 소련의 요구에 대하여 공식 비판을 요구받았을 때, 장래의 일을 고려하면서 다음과 같이 답했다. 소련이 터키해협의 방위에 명목상이라도 참가하는 일이 있다면, 그것만으로도 소련은 교두보를 손에 넣게 될 것이다. 게다가 소련이 그 교두보를 즉시 견고한 것으로 바꿀 수 있음을, 터키에 있는 사람이라면 누구든 알고 있을 것이다. "일단 그러한 상황에 이르면, 러시아에 대한 터키의 태도는 회의적이 되고, 결국 터키는 소련의 위성국이 되어버릴 것이다."

이렇게 참모총장들은 예측하고, 또한 다음과 같이 말했다. 만일 이러한 사태가 발생하면, 소련은 막상 전쟁이 터지면 아마도 동지중해와 중동 전역을 지배하게 될 것이 틀림없다. 그리고 그 사이에 중동과 유럽 국가들의 자신감은 흔들리기 시작할 것이다. 참모총장들은 이러한 논리 위에 서서 급거 군사고문단의 파견을 포함하여 터키에 경제원조와 군사원조를 제공하도록 강력히 권고했던 것이다.[39)]

앙카라의 대사관도 국무부 전문가도 군부 대표도 모두 이와 동일한 것을 주장했으므로 대통령의 주요 고문들은 터키문제를 경시할 수 없게 되었다. 그 무렵 번즈는 파리의 국제회의에 참석해 있었고, 애치슨이 국무장관 대리를 맡고 있었다. 그 애치슨과 포레스털과 국방장관 로버트 패터슨이 서로 협의하고, 대통령에게 다음과 같은 문서를 제출하기로 했다.

> 만일 소련이 해협의 공동관리 강화를 표면적 이유로 삼아 터키 국내에의 군대 진입에 성공한다면, 소련은 그 군대를 터키의 지배

---

39) *FRUS, 1946*, VII, pp. 857-58.

> 권 장악을 위해 이용할 것이다.
>
> 만일 소련이 터키를 지배하는데 성공한다면, 그리스와 중근동 전역의 지배권을 소련이 장악하는 사태를 방지하는 것은 더 이상 불가능한 것은 아니라 해도 현저하게 곤란해질 것이다…….
>
> 우리가 중근동이라고 말할 때, 지중해와 인도 사이에 위치하는 광대한 지역이 염두에 있다. 만일 소련이 이 지역을 완전히 지배한다면, ……소련은 인도와 중국을 획득하는데, 지금까지보다 훨씬 유리한 입장에 서게 될 것이다.

이리하여 3인의 장관들은 전체 아시아대륙의 운명과 어쩌면 세계의 운명이 기로에 서있다고 주장하고, 다음과 같은 말을 덧붙였다. “교묘한 논리나 이성에 호소함으로서” 소련을 후퇴시키는 “일은 불가능하다. 소련의 행동을 저지하는 유일한 방법은, 미국이 필요하다면 군사력에 의해서라도 침략에 대처할 준비가 되어있음을 그들에게 확신시키는 일일 것이다.”

그리고 결론으로서 그들은 다음의 점을 강조했다. “평화유지의 최대 희망은, 미국이 주저하는 일이 없이 타국과 함께 미국 군사력에 의해 무장침략에 대처할 생각이라고 하는 신념을……소련이나 터키를 비롯한 여러 국가에 전하는 것이다.”[40)]

장관들은 백악관에 이 문서를 전하러 갈 때, 참모총장들을 동행시켰다. 그래서 트루먼은 소련이 실제로 터키를 공격한 경우에는 전쟁을 시작하는데 동의할 생각이라는 것을 밝히고, 그들이 권하는 이 노선을, 자기는 “최후까지” 유지할 생각이라고 말했던 것이다.[41)]

---

40) *Ibid.*, pp. 840-42.

41) *Ibid.*, p. 840; Acheson, *Present at the Creation*, pp. 195-96.

그 회합에서 대통령과 그의 고문은, 장관들의 말을 빌린다면 정부의 "내부 신념"이 되어야 할 것에 대하여 합의를 보았다. 대통령과 회의참석자들은 또한 공공연한 위협을 가하는 일이 아직 적당하지 않다는 점에서도 의견이 일치했다. 실제로 그들이 결정하여 취하게 된 유일한 행동은 해협에 관한 양국간 협정에 원칙적으로 반대한다고 한 외교문서를 터키정부에 보내는 것이었다. 그 후 같은 취지의 문서가 영국과 소련에도 보내지게 되었다.

이 정부의 "내부 신념"에 관한 8월의 합의는 많은 변화를 연동시켰다. 그리스에서는 미국과 영국의 감시 아래서 선거가 치러지고, 그 결과 본질적으로는 우익의 정부에 정권이 맡겨지게 되었다. 또한 국민투표가 행해진 결과, 놀랍게도 군주제가 부활하고, 그리고 공산주의자를 지도자로 하는 반정부·반군주주의자 집단이 내전을 재개했다. 아직 파리에 체재하고 있던 번즈에게 전해진 바에 따르면, 워싱턴의 전문가들은 한결같이 이 반란분자들의 무장에 대해서는 소련에 "틀림없이 책임이 있고," 반란분자의 목적은 "소련에 충실한 정부를 그리스에 수립하는 것"에 있다고 보고 있었다.[42)]

이란에서는 분리독립파가 아제르바이잔에서 세력을 유지하고 있었다. 당시의 테헤란의회는 반 소련적이었지만(실제로 의회는 소련과의 석유협정의 비준을 거부하게 되었는데), 국왕과 정부는 선거를 치러야 한다는 강한 요청에 골머리를 앓고 있었다. 왜냐하면, 만일 선거를 실시한다면 의회는 소련과 조정을 진행시키게 된다는 점에서, 이란의 미국대사관은 이란 국왕과 견해를 같이하고 있었기 때문이다. 워싱턴의 전문가가 일치하여 예상하고 있었던 것은, 그 결과

42) *FRUS, 1946,* VII. pp. 209-13.

당연히 이란이 소련의 지배 아래 놓여진다고 하는 사태이다.[43)]

그러므로 국무부 근동국과 통합참모본부는 함께 터키뿐만 아니라 그리스와 이란에도 경제원조와 군사원조를 동시에 제공하도록 강하게 요청했던 것이다.

트루먼은 신속하게 결정을 내리는 능력과 내린 뒤에 그 문제를 까맣게 잊는 능력을 자랑으로 여기고 있었지만, 이 경우에 한하여 전문가들이 권하는 정책이 옳은 것인지 다시 확인하려고 했다. 그 무렵 그는 자기와 같은 미주리주 출신의 클라크 클리포드라는 젊고 사려 깊은 변호사를 백악관의 조언자로 등용하고 있었는데, 트루먼은 그 클리포드에게 미소관계의 포괄적 조사를 실시하도록 의뢰했다. 클리포드는 정부 부처의 식견이 있는 거의 모든 사람들과 회견하고, 10만어에 이르는 보고서를 작성했다. 그것은 지금까지 트루먼이 들어왔던 모든 것을 확증하고 있었다.

즉 보고서는 소련이 침략적 팽창주의 경향을 가지고 있기 때문에 "군사력만이 권력정치의 문하생들이 이해할 수 있는 유일한 말이다," 라고 언명하고, 미국의 군사력 증강을 권고하는 동시에 "소련에서의 위협이나 위험에 조금이라도 직면하고 있는 모든 민주주의 국가"에 원조를 공여해야 한다는 것도 권고했다.[44)]

트루먼은 이 조언에 의한 뒷받침을 얻고 나서 전문가들의 권고를 원칙적으로 받아들이기로 했다. 다만 그가 의문을 제기하고 있었던 것은, 의회와 국민이 그것을 인정할 것이냐 하는 문제에 관해서 뿐이

---

43) *Ibid.*, pp. 523-25.

44) 클리포드의 메모는 다음 저서에 기록되어 있다. Arthur Krock, *Memoirs: Sixty Years on the Firing Line* (New York: Funk and Wagnalls, 1968), pp. 419-82.

었다. 이 해 초에 국민도 또한 이란의 주장을 지지하고 있는 것 같았으므로 트루먼과 고문들은 다소의 군수품이라면 직접 이란으로 수송하는 것도 허용될 것으로 생각했다. 또한 그들은 여론을 계몽할 수 있게 될 때까지 우선 영국을 통하여 그리스와 터키에 군사협력을 하기로 했다.[45]

그러나 이 편법은 제대로 기능하지 못했다. 1946년부터 47년까지 유럽을 습격한 혹독한 겨울 추위 때문에 영국경제는 취약성을 일거에 드러내고, 영국정부는 이제 더 이상 그리스와 터키의 원조국으로서 주요한 책임을 수행할 수 없다고 정식으로 경고를 보냈던 것이다. 이리하여 트루먼과 그의 측근들은 전기를 맞게 되었다. 왜냐하면 그들은 비공식적 형태로 "내부 신념"에 동의하고 있었지만, 그 신념을 공표하여 소련에 싸움을 걸거나 익숙지 않은 원격지에 대한 위험한 개입을 국민이 인정할 것인지 시험하는 일은 그때까지 전혀 없었기 때문이다.

이미 보았듯이 정부의 행동방침에는 의견의 일치가 있었으므로 사실상 결정한 것이나 다름없었다. 대통령이 의회에 나가 그리스와 터키에 원조할 예산을 요구하는 극적인 호소를 해야 한다는 점에서도 또한 쉽게 일치했다. 의견 차이가 있었던 것은 다만, 대통령 연설의 대상범위와 어디에 강조점을 두느냐에 관한 것이었다. 즉 연설의 내용을 지중해 동부에 한정하느냐 그렇지 않으면 세계적 규모의 문제로서 다루어야 할 것이냐 하는 점이고, 경제원조와 군사원조 어느 쪽의 필요성을 강조하느냐 하는 점이었다.

트루먼과 그 주요 고문은 의회 지도자들과 담합했다. 이 무렵 국

---

45) *FRUS, 1946,* VII, pp. 893-97.

무장관에는 번즈를 대신하여 전시하의 육군참모총장 조지 마샬 장군이 취임해 있었다. 마샬은 지중해 동부와 경제원조의 필요성에 초점을 압축해야 한다고 하는 소극적 제안을 냈으나 다수의 지지를 얻지 못했다. 그래서 국무장관으로서 잠정적으로 마샬 밑의 지위에 있던 애치슨이 나섰다. 이 때의 일을 애치슨은 다음과 같이 회상한다.

> 신중한 평가를 내릴 시간은 없었다. 과거 18개월 동안에 [터키] 해협, 이란, 그리스 북부에로 소련이 압력을 가하고 있었기 때문에, 소련이 감행할 것으로 보여진 돌파작전에 의해 3개 대륙이 소련세력의 침투 아래 놓여진다고 하는 위기에 발칸제국은 직면했다. 통속의 사과가 단 하나의 썩은 사과 때문에 모두 썩어버리듯이, 그리스가 붕괴되면 이란을 비롯하여 이란 동쪽의 모든 국가들이 위기에 직면할 것이다. 나아가 소아시아, 이집트를 통하여 아프리카로, 이탈리아, 프랑스를 통하여 유럽으로, 그 영향이 미치게 될 것이다. 나는 이렇게 말했던 것이다.

아더 반덴버그는 전년 11월의 선거에서 공화당이 대승한 결과, 상원외교위원회 위원장으로 취임하고, 그도 또한 만일 대통령이 그러한 형태로 연설을 행한다면 의회도 국민도 대통령을 따를 것이라고 주장했다.46)

이리하여 트루먼이 행한 연설에서는, 내용은 광범위에 걸치고 말은 전투적인 것이 되었다. 대통령은 후에 "트루먼 독트린"으로 불리

---

46) Acheson, *Present at the Creation,* p. 219; Joseph Marion Jones, *The Fifteen Weeks: An Inside Account of the Genesis of the Marshall Plan* (New York: Viking Press, 1955), pp. 139-42.

게 되는 정책방침을 피력하고 다음과 같이 선언했다. "미국은 무엇보다도 자유로운 국민을 지원하고 소수의 무장한 집단이나 외국으로부터의 압력에 의한 정복에 저항하는 국민들을 지원해야만 한다." 그리고 나서 다시 다음과 같이 설명했다.

> 미국은 각국 국민의, 강제되는 일이 없는 평화적 발전을 확보하기 위해, 지금까지 국제연합의 창설에 지도적 역할을 수행해 왔다. 국제연합 설립의 목적은 바로 가맹국의 영속적인 자유와 독립을 실현하는데 있었다. 그러나 만일 우리가 자유로운 여러 국민을 지원하지 않고, 전체주의 체제를 강제하는 침략세력으로부터 그들의 자유로운 제도와 독립을 수호하는데 원조를 주지 않는다면, 이 [국제연합 창설의] 목적을 실현할 수 없을 것이다. 만일 그러한 사태에 이른다면, 직접·간접침략에 의해 자유로운 여러 국민에 강제되는 전체주의 체제가 국제평화의 기초를 무너뜨리고 미국의 안전을 위협하는 사태가 되는 것을 용인하는 것에 다름아닌 결과가 될 것이다.

여기서 트루먼은 미국이 해야 할 원조는 주로 경제원조이어야 한다고 말했으나, 동시에 그는 군사원조와 군사고문단의 파견을 구상하고 있는 점도 분명히 했다.

이 연설에서 트루먼은 애치슨이 의회지도자들을 향해 행했던 그 논법에는 조금밖에 언급하지 않았다. 즉 그것을 그는 이렇게 말한다. "만일 우리가 이 운명적인 시기에 그리스와 터키를 원조하지 못하면, 단순히 동방세계뿐 아니라 서구에도 헤아릴 수 없는 영향을 주게 될 것이다." 그러나 원조예산안에 관한 공청회가 열렸을 때 애치슨은 주요 참고인으로서 출석하고, 그 석상에서 이와 동일한 논법을 되풀이 사용하여 말했다. 즉 만일 소련이 터키에서 성공한다면, 그 영향은 이란에도 미칠 것이라고 예측하면서 다음과 같이 이어나갔다.

> 이란은 아프가니스탄, 인도와 국경을 접하고 있다. ……인도는 버마(미얀마), 인도네시아, 말라야, 그리고 프랑스령 인도차이나에로 이어지고, ……다시 중국에로 이어진다……. 만일 우리가 이들 요충지가 되는 이 나라들을 수호할 수 없는 경우에는, 그 영향은 이 광대한 영역까지 미치게 된다는 것을 지적하지 않을 수 없다.47)

이러한 논리와 의회 내외에서의 정부측의 지지공작에 힘입어 상원에서 67대 23, 하원에서 287대 107의 다수표를 얻고, 의회는 그리스와 터키에의 원조를 승인했다.

그러나 이른바 트루먼 독트린을 발표한 이 연설은 의회의 승인을 얻긴 했지만, 냉전 시작의 최종단계를 나타내는 것은 아니었다. 1948년의 베를린, 체코슬로바키아, 이탈리아에서의 위기, 1949년의 NATO (북대서양조약기구) 성립과 중국에서의 공산당 성공이라는 일련의 사태 전개를 거쳐서 비로소, 미국과 소련의 관계는 타협할 수 없는 일종의 적대관계로 들어간다. 이러한 사태의 전개를 밝히는 문서들은 오늘날 아직 공개되지 않았다. 그러나 어쨌든 그 후의 미국정책은, 1946년에 전개하고 대통령이 그리스와 터키에의 원조를 요청

47) *Public Papers of the Presidents: Harry S. Truman, 1947,* pp. 176-80; 80 Cong., 1 sess., U. S. Senate, Committee on Foreign Relations, *Hearings on Assistance to Greece and Turkey,* p. 24.

한 이 제안 속에 표출된 정책의 연속선상에 위치하고 있었다.

물론 정부가 이러한 선택을 한 것은, 현실적으로 소련의 행동이 그 이외의 합리적 선택의 여지를 미국에게 주지 않았기 때문이라고 설명되어야 할지도 모른다. 트루먼과 애치슨이 각각의 회고록에서 그렇게 말하고 있고, 1950년대와 60년대 초기에 나온 역사서의 다수도 이러한 관점에 서있다. 그러나 오늘날 돌이켜볼 때, 정부가 소련의 현실행동을 그렇게까지 정확한 형태로 파악하고 있었다고는 도저히 생각되지 않는다.

첫째로 정부 부처내의 사람들은 소련의 행위 중 어떤 부분을 주목하고 나머지 부분은 무시하고 있었다. 핀란드에 관하여 소련 당국은 적대관계가 되지 않는다는 것을 조건으로 비공산주의 국가의 존속을 인정하고 있었다. 헝가리에 관하여 소련의 점령군 사령관들은, 선거간섭에 나서지 않았고, 그 결과 헝가리 의회는 압도적으로 비공산주의 세력에 의해 점유되고, 공산당에서 내보낸 각료는 겨우 한 사람밖에 없었다.

1947년, 즉 트루먼 독트린이 발표될 때까지는, 소련이 간섭하여 공산주의 체제를 강요하는 사태는 결코 없었다. 그때까지는 이탈리아가 영미의 위성국이 아닌 것과 마찬가지로 헝가리도 소련의 위성국이 아니었다. 동시에 체코슬로바키아에 관해서도 소련은 공산주의자를 중심세력으로 하지 않는 연립정권의 성립을 용인하고 있었다.

그러나 트루먼과 그 고문은 핀란드와 헝가리, 체코슬로바키아에서의 이상과 같은 사태에 거의 관심을 기울이는 일이 없었던 모양이다. 그 대신 그들은 폴란드와 루마니아, 불가리아에서의 소련의 행위를 보고 소련정부가 다른 모든 지역에서 행하려 하는 행동을 상징하는 것으로 파악하고 있었다.

둘째로 트루먼과 측근들은 그밖에 다른 방식으로 설명할 수 있는 사건의 전개를 모두 소련의 모략 탓으로 삼았다. 나중에 생각해 보면, 유고슬라비아에 관하여 얻어진 정보의 대부분은 티토가 항상 어느 정도의 독립성을 가지고 행동하고 있었던 것을 분명히 나타내고 있었다. ——게다가 그것은 설사 프랑스의 드골 정도는 아니었다 하더라도 아마 루마니아의 그로자나 불가리아의 디미트로프보다 많은 독립성을 가진 행동에 다름 아니었다.

그렇지만 1948년에 접어들어 소련·유고슬라비아 관계가 단절될 때까지 트루먼도 고문들도 티토는 단지 모스크바의 괴뢰에 불과하다고 생각하고 있었고, 유고슬라비아가 트리에스테의 침략을 시사하고, 비행중인 미국기를 향해 발포하여 미국인들을 괴롭힌 것도 모두 스탈린의 소행이라고 비난하고 있었다.

미국정부의 지도자들은 그리스 왕실정부의 기반이 약하고 그것이 반동적 정부임을 알고 있었다. 따라서 미국측의 원조 제안에는 동시에 국내개혁을 실시해야 한다는 권고가 들어있었다. 또한 미국의 지도자들은 그리스와 발칸 인접국가들이 역사적으로 적대관계에 있다는 것도 알고 있었다. 하지만 그럼에도 불구하고 그들은 소련이 그리스 정부에 대한 반란을 선동하고, 실제로는 유고슬라비아 국경을 거쳐 반란군측으로 흘러 들어가는 무기와 식량이 유고슬라비아 정부로부터가 아니라 소련에서 나오고 있다고 믿고 있었다. 또한 마찬가지로 그들은 아제르바이잔 문제가 소련이 아니라 오히려 이란측에서 날조된 부분이 있다고 하는 가능성을 전혀 고려대상으로 삼는 일이 없었다.

입수할 수 있는 증거가 제시하는 범위에서, 트루먼과 그 고문들의 이해는, 시간이 흐르는데 따라 한층 거칠게 변해갔다. 과거 1945년 4

월, 티토가 처음으로 트리에스테 탈취 의도를 나타내고 위협했을 때, 트루먼과 고문들은 티토가 독자적으로 행동하고 있다는 가설 위에 서서 생각하고 있었다. 또한 1945년 11월, 비로소 그리스에의 원조를 고려하기 시작했을 때, 트루먼과 번즈는 그리스가 무정부상태에 가까워질 가능성이 있다고 하면, 그것은 주로 국내적 이유 때문이라고 생각하고 있었고, 또한 외적 위협이 있다고 하면, 그것은 "완전히 적대적인 북방의 인접국가"[48]에서 온 것이라고 말하고 있었다. 하지만 1946년말까지 동유럽과 지중해, 중동의 국가들은 더 이상 그들의 눈에 들어오지 않았고, 단지 소련의 존재만이 불쾌하고 두려운 것으로 비치기 시작했던 것이다.

게다가 그리스, 터키, 이란에 가해졌다고 상정된 소련의 위협에 대한 그들의 대응은, 결코 그들이 취할 수 있는 유일한 대응책도, 하물며 고문들 사이에서 요청되고 있던 유일한 대응책도 아니었다. 예컨대 해리먼은, 트루먼을 비롯한 사람들로부터 소련문제에 관한 가장 우수한 전문가의 한사람으로 지목되고 있었지만, 바로 그는 1946년 가을에 포레스털과 해군장교들과 만난 뒤에, 소련은 적어도 가까운 장래 전쟁을 할 생각은 없는 것 같다고 말하고, 또한 워싱턴의 정부 소식통은, 강경한 표현을 사용한 외교상의 각서를 보내면 모스크바 당국이 꺾일 가능성이 있다는 것을 충분히 이해하고 있지 못하다고 말했다.

또한 케난은 정치가들에게, 소련은 친구가 아니고, 권력과 영향력을 확대하기 위해서는 어떤 기회이든 놓치지 않는 나라라는 것을 가르치려고 했지만, 동시에 확고한 외교수단에 의한 해결을 꾀하는 것

48) *FRUS, 1945*, VIII, pp. 266-67.

의 중요성을 강조하고 있었다. 실제로 그는 소련이 동지중해와 중동에서 영국과의 관계에 파탄을 초래하는 행동은 취하지 않을 것이라고 예측하고 있었고, 또한 트루먼 독트린의 연설초고를 보고, 너무나도 포괄적이고 강경하여 지나치게 도전적이라고 말하고, 그것에 반대했다.[49] 이러한 것들을 생각한다면 트루먼과 고문들은, 그리스와 터키, 이란의 상황을 좀더 경계심을 갖지 않고 볼 수 있었을 것이고, 보다 다른 비군사적 행동을 선택할 수 있었을 것이다.

만일 동지중해와 중동의 사태에 대하여 트루먼 정권이 현실과 매우 동떨어진 인식이나 대응을 했다는 것을 여기서 인정한다면, 논란은 다시 거기서 발전하여, [트루먼 정권이] 그러한 방책밖에 취할 수 없었던 것은 국내적 배려 때문이 아니었을까 하고 추론할 수 있을지 모른다. 정치가들은 제2차대전 중에도 로마 가톨릭교도가 강경한 반소감정을 가지고 있었음을 잘 알고 있었다. 또한 대부분이 가톨릭교도인 폴란드계 미국인들은, 1944년에 폴란드의 영토문제와 정치문제에 대하여 소련에 양보하는 것에 항의하는 격렬한 반대운동을 전개하고 있었다.

민주당이 이러한 집단의 지지를 얻고 있다는 것을 알고, 루즈벨트 정권의 선거참모들은 소련에 대한 대통령의 화해적 태도가 대통령 지지표를 줄이고, 상하 양원에서의 민주당 의석을 잠식하게 될 것을 우려하고 있었다. 하지만 그해의 선거에 한해 말하면, 이러한 우려가 근거가 없는 것임은 이미 증명되어 있었다.[50]

---

49) Millis, *Forrestal Diaries*, p. 212; *FRUS*, 1946, VII, pp. 362-64; Kennan, *Memoirs*, pp. 313-21.

50) Gaddis, *The United States and the Origins of the Cold War*, pp. 139-49.

종전(終戰)에 의해 또다시 폴란드에 대하여 소련이 비타협적 태도를 보이고, 소련 점령하의 독일, 프랑스, 이탈리아에서 공산당이 세력을 만회하는데 따라 이들 신앙심이 깊은 이민 집단은 외교문제에 지속적인 관심을 나타내고, 소련에 대한 반감을 강화하게 되었다. 그와 더불어 캐나다 원자력연구소에서 소련스파이단이 발각된 것과 1946년 2월에 행해진 스탈린의 위협적 연설, 미주리주 풀톤에서 영국 전 수상 처칠이 행한, 저 동유럽에서의 "철의 장막"을 비난하는 연설 등이 여론의 다른 부분에 있어서도 비슷한 감정을 야기하고 있었다.

저널리스트와 정치가는 만일 공화당이 정부의 "유화정책"에 반대하는 운동을 펼친다면 많은 표를 모을 수 있을 것이라고 예측하고 있었다. 실제로 1945년부터 46년까지의 겨울에, 이러한 노선을 따른 정부공격이 다음과 같은 사람들에 의해 시작되고 있었다. 즉 일리노이주지사 드와이트 그린, 인디애나주 선출 상원의원 호머 케이프하트, 매사추세츠주 선출 하원 원내 소수당지도자 조셉 W. 마틴, 국제연합 창설 때에 초당파적 협력의 상징이 되었던 두 사람, 존 포스터 덜레스와 아더 반덴버그 들이다. 그 사이에 그러한 예측이 옳음을 여론조사가 증명하고 있었다. 예를 들면 1946년 3월의 어느 조사에 따르면, 71퍼센트의 사람들이 소련의 정책에 반대하고, 60퍼센트의 사람들이 정부의 소련에 대한 방침은 "지나치게 관대하다"고 판단하고 있었다.[51]

1946년 2월에 번즈가 대 소련 비난연설을 했을 때, 신문과 의회의 반응은 그 연설에 압도적으로 호의를 나타냈다. 국제연합에서 그가

---

51) *Ibid.*, pp. 290-96, 315.

아제르바이잔으로부터의 소련군의 철수에 관한 이란의 요구를 지지했을 때에도 사람들의 반응은 호의적이었다.[52] 그래도 그 가을의 의회선거에서 공화당은 민주당 의석의 4분의 1을 상원에서, 5분의 1을 하원에서 빼앗았다. 공화당은 대공황 이래 처음으로 상하 양원에서 지배권을 장악하게 된 것이다. 그리고 뉴욕, 뉴저지, 펜실베이니아, 오하이오, 미시간, 위스콘신, 캘리포니아 등 가톨릭교도가 많은 주에서도 공화당은 눈부신 약진을 보이고 있었다.

그러므로 이러한 자료를 토대로 다음과 같은 추론을 내리는 일도 가능할 것이다. 즉, 트루먼 정권이 소련에 대하여 호의적 자세를 취하지 않았던 것은 가톨릭 세력이나 이민 집단의 표를 확보하고, 여론조사의 결과를 유리한 것으로 하여, 1948년의 [대통령 선거에 대비하여] 민주당의 입장을 강화하고 싶다고 생각했기 때문이라고.

그러나 정부부처 내의 심의기록에서 알 수 있듯이, 트루먼과 그 고문은, 자기들의 결정이 국민의 충분한 지지를 얻을 것으로는 생각하고 있지 않았다. 번즈는 아제르바이잔 문제에 관하여 국제연합에 제출한 동의(動議)가 광범한 국민의 지지를 얻은 것에 놀라고 있었다. 해협문제에 관하여 장관과 참모총장 등이, 정부는 필요하다면 전쟁도 불사해야 한다고 논란을 벌이고 있을 때, 그들이 의식하고 있었던 것은 다만, 의회와 국민이 전쟁의 필요성을 이해해줄 것이냐 하는 한가지 문제였다. 또한 트루먼과 마샬, 애치슨도 의회지도자들과 만나 지지를 얻을 때까지 그리스와 터키에 대한 원조가 양원에서 지지를 받을 것인지 불안을 품고 있었다.

아마도 가장 경험이 풍부한 정치가도 포함하여 정부부처의 지도자

52) *Ibid.*, pp. 306-7, 312.

들이 항상 놀라 마지않은 것은, 가톨릭교도나 이민집단이 외교문제에 그토록 강한 관심을 언제까지고 품고 있다는 사태였을 것이다. 왜냐하면, 이러한 집단에 속하는 사람들은, 적어도 1939년까지는, 국제문제에 관심을 나타낸 대중 속에서도 그다지 눈에 띄는 존재가 아니었기 때문이다. 정부부처 사람들이 당시 미국 여론의 기본동향이 평화주의와 고립주의에 있다고 상기하고 있었다는 것은 거의 틀림이 없다. 그러한 것을 생각한다면, 그들의 행동이 선거나 여론조사의 결과를 유리하게 이끌고자 하여 취해진 행동이었다고는 도저히 생각되지 않는다. 오히려 그들이 놀란 것은, 그들이 여론의 동향을 무시하고, 자기들이 옳다고 생각하는 정책을 취했음에도 불구하고 의회와 여론이 그 정책에 반대하지 않았던 것이다.

이러한 사실과 앞에서 강조한 사실을 결부시켜야 비로소 트루먼 정권의 정책이 대체로 다음과 같은 형태로 정연히 설명될 수 있을지 모른다. 트루먼과 그가 선택한 고문은, 원래 반공주의적이고 반소련적이었다. 그리고 국무부 관료도 소련을 악의에 찬 적대세력으로 간주하기 시작했다. 군부는 군 특유의 논리에 따라 이 국무부의 견해에 즉시 동조했다. 그리고 전문가들이 정치가들의 생각을 애써 전환시키려고 했다. 그리고 정치가들은 가령 전투적인 반 소련적 태도를 취하더라도 정치적으로 위험이 없고 오히려 이익이 되기도 한다고 판단하고, 단순히 자기들의 생각의 전환을 꾀했을 뿐 아니라, 저 차가운 전쟁을 선언하는 데까지 이른 것이라고.

그러나 이와 같이 설명하더라도 여전히 설명이 닿지 않는 구석이 남는다. 실제로, 이 설명을 완전히 타당한 것으로 인정하기 위해서는 다음과 같은 사실이 없어서는 안되기 때문이다. 즉 트루먼과 그 측근이 많은 인명을 감히 도박에 걸 용의가 있었던 것은, 그들이 편견을 믿기 쉬웠거나 아니면 선거에 대비하여 냉철한 계산을 하고 있었기 때문이 아니었는가 하는 사실이다. 하지만 그들은 결코 그러한 부류의 사람들이 아니었다.

대체로 트루먼은 신속하고 단호한 행동을 취하기 좋아했지만, 가장 현명하고 최선이 될 결정을 내리고 있다는 명확한 자신이 없으면, 굳이 터키를 "끝까지" 지원하거나 "트루먼 독트린"을 선언하거나 할 수 있는 인물이 아니었다. 게다가 번즈와 애치슨, 포레스털을 비롯한 트루먼의 측근들은, 대통령과 함께 국민에게 신탁되어 있다는 엄숙한 책임감을 공유하고 있었다. 그러므로 이러한 유능하고 강한 양심의 소유주들이 대체 왜 관료가 끌어모은 증거에 따라 그들이 직면한 위험이 전쟁에의 돌입을 정당화할 만큼 중대한 위험이라고 판단한 것인가 하는 점이 해명되지 않는 한, 결코 충분한 설명이라고 할 수 없다.

그것을 해명하는 것으로서, 내 생각에는 다음과 같은 가설을 대신할 것은 없을 것 같다. 즉 애치슨의 전기작가의 표현에 따르면, 그들이 그러한 위험을 느끼고 있었던 것은, 분명 "히틀러의 이미지가 그와 싸운 모든 사람들의 눈에 강렬하게 새겨져 있었기"[53] 때문이라고 하는 가설이다.

트루먼을 에워싼 사람들은 단순히 공산주의를 싫어했거나, 집산주의(集散主義)와 숙청, 전전(戰前)의 소련의 기회주의 외교를 꺼림칙하게 상기하고 있었을 뿐 아니라 "전체주의" 소련이 과거의 "전체주의" 추축국가와 유사한 행동을 하는 것을, 은밀히 우려하기 시작했던 것이다. 이 우려는 예컨대, 핵무기 관리의 토의 때에 언급되었던

---

53) Gaddis Smith, *Dean Acheson* (New York: Cooper Square Publishers, 1972), p. 424.

그 유추 속에 명확히 나타나 있었을 뿐 아니라, 1946년 1월의 포레스털의 다음과 같은 견해 속에도——즉 공산주의 이데올로기 분석을 조소하는 것은 용이하지만, "그리고 웃고 있는 동안에도 우리는 자기들이 과거에 히틀러를 조소하고 있었던 것을 항상 상기해야만 한다"[54]고 하는 생각 속에도——또한 분명하게 표현되어 있었던 것이다.

폴란드와 루마니아, 불가리아에는 상당한 주의가 쏠리고 있었지만 핀란드나 체코슬로바키아, 헝가리에는 거의 주의가 돌려지지 않았다. 왜냐하면 미국의 정치가들이 당시 우려하고 있던 문제는, 대체 스탈린의 러시아가 과거의 일본, 이탈리아, 독일과 마찬가지로 냉혹할 정도로 영토를 팽창시켜 나갈 것인가 하는 한가지에 주안점을 두고 있었기 때문이다. 게다가 특히 국무부의 전문가가 제시한 사실들이, 이 물음에 긍정적인 답을 암시하고 있었다.

또한 동유럽 여러 나라의 토착 공산주의자의 역할을 보았을 때 [파시즘과 공산주의와의] 유사성은, 한층 강한 것처럼 생각되었다. 그것은 (오늘날은 잘못된 것임을 알고 있음에도 불구하고) 당시 파시스트와 나치의 정복에 협조한 것은 동유럽의 토착 "제5열"이라고 하는 생각이 미국인의 머리에 새겨져 있었기 때문이다. 게다가 트루먼도 측근 고문들도 아직 이러한 역사적 선례에서 확고한 결론을 끌어내는 데까지는 이르지 못했었다.

그후 아제르바이잔과 터키에 대한 소련의 압력이나 그리스의 내전에 대한 외부로부터의 원조 등에 관한 보고가 들어오자, 미국 지도자들은 과거 자기들이 반대하고 있던 의견 쪽으로 서서히 기울어져 갔

54) Millis, *Forrestal Diaries*, p. 128.

다. 그들은 만주사변에 저항하지 못했기 때문에 일본의 중국 침략을 초래하고, 이탈리아·에티오피아 전쟁을 간과했기 때문에 스페인 내전을 낳고, 독일-오스트리아 합병을 용인한 탓에 체코슬로바키아의 위기가 초래되었다고 생각했다.

트루먼과 그 고문은 1930년대의 "전체주의" 국가에 대한 "유화정책"이 단지 침략을 조장하는 역할밖에 수행하지 못했다고 확신하고, 소련이 자국의 영토에 만족하지 못하고 그 힘을 팽창시키려고 하기 이전에――아니 미국을 비롯한 많은 나라의 국민이 극히 최근에 수많은 인명을 희생으로 바친, 저 파시즘의 마귀보다도 더욱 끔찍한 마귀를 만나기 이전에――[전체주의] 소련에 지금 저항해 두지 않으면 안 된다고 생각했던 것이다.

[제2차대전 후 초기의] 미국정부의 견해가 단일의 역사적 대비 속에서 만들어져 있었음을 나타내는 증거는, 대전 중의 전후계획의 경우만큼 명확하게는 나타나지 않는다. 또한 설령 그것이 단일의 역사적 대비 속에 만들어져 있다 하더라도 [그 정책의] 결과가 비판을 받을 만하다고 쉽게 단정할 수는 없다.

소련정부가 관심을 가지고 있었던 것은 단지 잃어버린 자국 영토의 회복과 자국의 안전보장뿐이었다고 주장하는 "수정론자"의 해석은, 스탈린이 의도하고 있던 것이 제3차세계대전에 자국을 끌어들이지 않고 공산주의를 위해 탈취할 수 있는 한의 영토를 정복하는 것이었다고 주장하는 전통적 해석과 마찬가지로, 충분한 증거로 뒷받침된 것이 아니다.

어쨌든 만일 소련에 우호적인 세력이 그리스와 이란에서 권력을 장악하고 있었다면, 소련의 팽창주의가 조장되고, 트루먼이나 그 고문이 이미 상정하고 있던 바와 같은 확장주의적 경향이 만들어지고,

미국의 회피할 수 없는 뜨거운 전쟁이 초래되었을 것이라는 가설을, 우리는 아무래도 반박할 수가 없다.

나아가 차가운 전쟁이 설령 아무리 무서운 것이라 하더라도, 진정한 전쟁보다는 낫다고 하는 것도 이해해 두어야 한다. 실제로 진정한 전쟁은 일어나지 않았던 것이므로.

이미 전장에서 밝힌 바와 같이, 여기서 내가 의도하고 있는 것은, 미국정부가 실행했던 정책을 비판하는 것이 아니다. 내가 지적하고 싶은 것은 다만, 트루먼 정부 부처내의 사람들이, 역사로부터 유추하고, 역사 속에서 유사성을 발견하고, 역사의 추세를 예측하고 구축한 준거 틀에 의존하면서, 목전의 문제를 생각하고 있었던 것 같다는 것이고, 또한 그것을 위해 사용된 역사 자체가 실은 편협한 눈으로 선별된 것이지, 결코 신중한 조사나 분석을 받은 역사가 아니었다고 하는 사실이다.

제3장 한국 · 1950년

——역사와 압도적 계산——

1950년 한국전쟁 개입의 정부결정에 나타나고 있는 바와 같이, 30년대의 기억이 트루먼과 동료들의 마음을 붙잡고 놓아주지 않았다. 1947년부터 50년 사이에 행해진 다른 중요한 결정에 관해서도 그들이 마찬가지로 30년대와의 대비를 행동의 기본 준칙으로 삼고 있었는지, 오늘의 시점에서 판단할 수는 없다.

이 책을 집필하고 있는 현 단계에서도 비교적 오래된 과거가 된 당시의 정부 부처내의 논쟁의 기록은 여전히 기밀로 분류된 상태이다. 그 때문에 지금도 그 기록에는 정부부처 이외의 학자가 접근할 수는 없다. 그러나 그럼에도 불구하고 오늘날 우리가 한국전쟁에의 개입 결정에 관한 정보를 이용할 수 있는 것은, 1951년의 의회의 전면조사에 의해 문제점이 폭로되고, 정부의 일원이었던 사람들이 회고록 속에서 그 문제를 언급하지 않을 수 없게 되고, 저널리스트와 학자가 인터뷰를 통해 그 문제점을 끈질기게 추적했기 때문이다.

충분한 자료상의 뒷받침이 있는 이 문제의 경우, 자료가 나타내는 바에 따르면, 그 때까지 정부는 한반도에서의 어떠한 군사개입도 신중하게 회피하는 정책을 취해왔다. 위기의 순간에 그것이 역전되었고, 그 역전의 주요인은 바로, 북한의 남한 침략을 제2차대전 전야의 일본, 이탈리아, 독일의 침략 선례와 유사한 것으로 파악하는, 대통령과 고문들의 사고방식에 있었던 것이다.

대전 종료시에 미국인들은 한반도 남쪽을 점령하지 않을 수 없는 상황에 빠졌다. 그들에게 점령의 의도는 없었다. 1943년의 카이로에서 루즈벨트는 한국의 독립을 "시기가 도래하면" 인정하겠다고 약속했다. 그러나 백악관의 기록이 나타내는 한, 그후 그는, 이 약속의 실행방법에 관하여 전혀 생각하고 있지 않았다. 얄타에서 그는 한국을 국제연합 신탁통치 아래 둘 것을 제안했다. 그러나 그 신탁통치도 한국인이 스스로의 정부를 조직할 때까지 지속하는 것일 뿐, 외국의 군대가 한국을 점령한다는 사태는 결코 예정되어 있지 않았다.

아마도 루즈벨트는 러시아 황제가 반도에 지속적 관심을 가지고 있었음을 알고 있었으므로, 소련이 반도를 통치 하에 두는 사태를 회피하면서, 전후에도 반도를 소련의 영향 아래 둘 수 있는 보증을 스탈린에게 주려고 생각했음에 틀림없다. 이 시점에서는 아직, 신탁통치가 현실적으로 원만히 기능할 것인지, 그로서는 전혀 짐작이 가지 않았던 모양이다.[1]

이 장의 논의는 최초에 졸고 "The Nature of Foreign Policy : The Calculated versus the Axiomatic," *Daedalus* (Fall 1962), pp. 653-67 안에서 가설로서 제시된 것이다. 이 원고에 대한 비판을 해주신 스티븐 R. 그로버드와 리차드 N. 바크맨에게 감사드린다. 주(注)에 인용된 것 이외에 이 장은 다음 저작에서 힘입었다. Ronald J. Caridi, *The Korean War and American Politics: The Republican Party as a Case Study* (Philadelphia: University of Pennsylvania Press, 1968) 및 David

1945년 7월의 포츠담 회담에 이르기까지, 미국정부는 한반도에 군대를 주둔시키는 계획은 전혀 없었다.[2] 이 때에 일본의 항복이라는 예기치 못한 사태가 발생했다.

당시 적군은 겨우 행동을 시작했을 뿐이고, 한국은 일본의 완전 지배하에 놓여있는 상태였다. 국무부 관리들은, 한반도가 나중에 모스크바와의 거래 재료가 될지도 모른다고 생각하고, 반도의 일부를 점령해야 한다고 급거 주장하기 시작했다. 신임 국무장관 제임스 R. 번즈는 이 생각에 찬성하고, 육군의 반대를 물리쳤다. 그리고 펜타곤에서 철야회의를 한 결과, 서울의 약간 북방, 북위 38도선까지 맥아더 장군이 점령해야 한다는 지령이 내려졌던 것이다. (이 선이 도달할 수 있는 마지노선이라는 결론은, 두 사람의 참모장교에 의해 제기되었는데, 그 한 사람이 딘 러스크 대령이었다.)[3]

미국의 2개사단이 소련의 항의를 전혀 받지 않고 오키나와에서 북을 향해 출항하고, 남한을 지배했다. 당시 존 R. 하지장군이 지휘관 겸 군정관의 임무를 맡았다. 하지는 거친 전투병이었으므로, 섬세한 지성을 갖춘 장교라면 분명 당황했을 상황 속으로 자진해서 들어갔다. 거기서 그가 깨달은 것은, 대부분의 한국인이 카이로선언에서 한국의 즉시 독립이 약속되어 있다고 굳게 믿고 있었던 것이다. 그들의

Rees, *Korea: The Limited War* (London: Macmillan, 1964).

1) 대통령 해군부관보(副官補)의 날짜 없는 메모가 백악관의 문서철 내용을 요약하고 있다. U. S. Department of State, *Foreign Relations of the United States* [이하 *FRUS*로 약칭 기재함], *1945: The Conference of Berlin(Potsdam)*, !, pp. 309-10.

2) *Ibid.*, II, pp. 351-52.

3) *FRUS*, 1945. VI, pp. 1037-39; J. Lawton Collins, *War in Peacetime: The History and Lessons of Korea* (Boston: Houghton Mifflin, 1969), pp. 25-26, footnote; Gregory Henderson, *Korea: The Politics of the Vortex* (Cambridge: Harvard University Press, 1968.), pp. 121-22.

말에는 "시기가 도래하면" 따위의 말은 없었다.

수백 명이 넘는 정치가와 정치단체가 각기 자기들끼리 정부를 만들기를 자원하고 있었다. 그러나 육군에도 국무부에도 한국에 대해 알고 있는 조언자가 전혀 없었기 때문에, 하지는 그러한 정치가나 정치단체 중에서 적당한 정권 담당자를 찾아내려고 했다. 더구나 그 사이에 그는 육군부에서 위임받은 그 목표——즉 한반도에 통일정부를 만들고 점령군을 즉시 철수시킨다고 하는 목표——를 달성하는데 필요한 협력을, 38도선 이북에 주둔하는 소련으로부터 전혀 얻는 일이 없었다.[4)]

오늘의 시점에서 보아 그 당위성이 의문시됨에도 불구하고, 당시 하지는 자기가 제휴하고 있는 한국인이 공산주의자가 아닐까 의심하기 시작했다. 그는 소련이 북한의 공산주의자를 지원하고 있음을 깨닫고, 자기가 관리하고 있는 나라가 공산주의국이 되는 것을 우려하게 되었다. 그래서 하지는 다소의 불안을 남기면서도 우익의 한국인을 지원하기 시작했다. 그러나 그래도 시종일관 그의 목표는, 단지 스스로의 책임을 안전하게 떠맡을 수 있는 한국정부를 만드는 것밖에 없었다. 그의 목적은 당초부터 미국군을 가능한대로 빠른 시기에 한반도에서 철수시키는데 있었던 것이다.[5)]

국무부 관리는 그와 다른 견해를 가지고 있었다. 국무부 내에서는 점령지역 담당 국무차관보와 극동국 쌍방이 한반도에 깊은 관심을 기울이고 있었다. 전자의 경우, 과거 통합참모본부의 점령계획을 도

---

4) 특별히 주기(注記)가 없는 한, 아래의 절은 Henderson, *Korea*, pp. 116-47에 의거한다.
5) *FRUS, 1945*, VI, pp. 1144-88; Harry S. Truman, *Memoirs*, 2 vols. (Garden City, N. Y.: Doubleday, 1955-56), II, pp. 317-18.

맡았던, 그 비쩍 마른 두꺼운 목의 장군 존 H. 힐드링이 담당 국무차관보였던 탓에, 후자 즉 극동국보다 하지의 생각을 깊이 이해하고, 그에 상당한 공감을 기울이고 있었다.

그러나 그 힐드링조차, 한반도에서의 조기 철군에는 주저하고 있었다. 직무상, 의회에 점령경비를 청구해야만 했던 그는 보수적인 예산위원회를 설득하고, 한반도에 돈을 쏟아붓는 것은 궁극적으로 소련의 위성국을 만들어내게 된다고는 할 수 없다는 것을, 위원들에게 납득시켜야만 하는 입장에 있었다. 힐드링은 한반도가 소련의 위성국이 되는 사태가 발생하는 것은, 오히려 미국군이 철수한 경우가 아닐까 생각하고 있었기 때문에, 군대의 계속 주둔을 주장했던 것이다.6)

철군에 대한 극동국의 반대는 더욱 격렬했다. 뒤이어 국장이 된 존 카터 빈센트와 W. 월튼 버터워드는 중국에, 그리고 그 정도는 아니지만 일본에도 강한 관심을 기울이고 있었다. 그들은 중국에서 장개석과 공산주의자들 사이에 일종의 타협이 이루어지고, 평화롭고 독립된 우호적 통일중국이 탄생하기를 기대하고 있었다. 이를 위해 그들은 소련의 협조를 구하고 중국 공산주의자들을 타협시키려고 했다. 또한 일본에 관하여 그들은 점령군 정부의 전권을 맥아더에게 주는 결정을 소련이 묵인하고, 결국은 대일 강화조약에 소련이 동의하기를 바라고 있었다.

극동국의 대부분의 관리들은, 한반도에 대하여 전혀라고 해도 좋

---

6) *Current Biography, 1947,* pp. 305-8; Dean G. Acheson, *Present at the Creation: My Years in the State Department* (New York: W. W. Norton, 1969), p. 144; 80 Cong., 1 sess., U. S. Senate, Committee on Appropriations, *Hearings on First Deficiency Appropriation Bill for 1947,* pp. 128-32.

을 정도로 알지 못했고, 또한 의식하고 있지도 않았지만, 소련이 미국의 철군을 바라고 있기 때문에 철군 자체가 대 소련 교섭에서의 거래 재료가 된다고 보고 있었던 것이다.7)

국무부 고관들도 이와 동일한 생각을 가지고 있었다. 전시중의 기록문서에서 밝혀지듯이, 번즈 장관은 스탈린이 아시아보다 유럽에 흥미를 가졌고, 또한 아시아 문제를 영국 프랑스 양국을 제외하고 미소 양국만으로 토의할 수 있다고 생각하고 있었다. 그를 위해 그는 1945년 12월에 모스크바 외무장관 회의를 열고, 그 첫머리에서 극동에 관한 결정을 제안했다. 번즈는 만일 이 제안이 원만히 합의된다면, 그것은 다른 지역에서의 더욱 곤란한 문제에 관한 합의를 만들어내는 계기가 된다고 생각했다.

거기서 그는, 소련측에 대하여 중국에서 진행하고 있는 미국의 [국공(國共)] 조정공작을 지지하고, 일본에서의 맥아더의 권한을 승인하도록 요구했다. 또한 그 보답으로 번즈는 맥아더에게 권고를 하는 위원회를 설치하고, 거기에 소련도 대표를 보내도록 제안하고, 그 미국 소련 합동위원회 손으로, 전체 한반도 임시정부를 발족시키고 5년 이내에 한반도의 완전독립을 꾀하는 계획을 세우도록 제안했던 것이다. 소련은 이 번즈의 조건을 자구에 약간의 변경을 가하는 것만으로 수락했다. 번즈는 주로 이 소련측의 수락을 이유로, 모스크바회의가 성공했다고 생각하면서 귀국했다.8)

---

7) *FRUS, 1945,* VI, pp. 113-14, 1127-28; *FRUS, 1946,* VIII, pp. 645-46; George M. McCune "The Occupation of Korea," *Foreign Policy Reports,* XXIII(Oct. 15, 1947), pp. 186-95.

8) *FRUS, 1945,* VI, pp. 1137-38, 1150-51; *FRUS, 1946,* VIII, pp. 623-27, 653-56; James F. Byrnes, *Speaking Frankly* (New York: Harper and Brothers, 1947), pp. 221-23.

그러나 미국정부는 이러한 낙관주의를 그 후 오래 지속할 수 없었다. 부서 내의 소련전문가들은, 한반도를 공산화하지 않는 한 소련은 결코 만족하지 않을 것이라고 경고하고 있었고, 미소 합동위원회에서의 소련측 위원들의 행동이 그 경고의 정당성을 뒷받침하고 있는 듯이 보였던 것이다.

모스크바 회의에서 도달한 합의에 따르면, 미소 양국은 모든 [민주주의적] 분자와 협의하게 되어 있었다. 그러나 동유럽의 경우와 마찬가지로 소련은 [민주주의적] 분자라고 하는 말을 공산주의자와 그 맹우만을 지칭하는 것으로 해석하고 있었다. 이리하여 미소간에 협력이 실현될 가능성은 전혀 없다는 것이, 1946년 5월까지 명백히 드러난 것 같았다. 그 때문에 유감이지만 번즈는 미국군 사령부가 솔선하여 미국 관할지역 내에 임시정부를 수립하는 방향으로 움직이는데 동의했다.[9)]

국무부 내의 극동전문가들은 이러한 행동을 시인하면서, 미국 점령군의 조기철수에 반대했다. 하지와 육군이 여전히 열렬하게 철수하고 싶어하는 것은 잘 알고 있지만, 그들은 어떻게 해서든 한국을 빤히 보면서 공산주의자의 손에 넘기는 사태를 막고, 또한 우익분자의 손에 넘겨 내전을 야기하는 사태도 함께 막아야만 한다고 생각하고 있었다.

입수할 수 있는 기록에서는 알 수 없는 어떤 수단을 사용하여, 국무부는 대통령의 지지를 얻었다. 우연히 캘리포니아의 석유왕으로 과거 배상문제의 대통령 고문이었던 에드윈 W. 폴레이가 1946년 6월에 한국을 방문했다. 폴레이는 귀국하자 즉시 트루먼 앞으로 한반

---

9) *FRUS, 1946*, VIII, pp. 619-21, 661, 681-82.

도에 보다 깊은 주의를 기울여야 한다고 주장하고, 대규모 원조계획을 권하는 편지를 썼던 것이다. 그 편지에 대한 회답은, 빈센트가 쓰게 되었다. 거기서 그는, 자기의 국이 정부 부처내에서 옹호해왔던 입장을 강조한 편지를 완성했다. 그리고 거기에 대통령이 서명했다.

이 편지에서 대통령은 그 폴레이의 주장을——즉 한반도에 대해 "아시아에 있어서의 우리의 성공이 걸려있는 이데올로기상의 전장(戰場)"이라고 규정한 주장을——전면적으로 지지했다. 그리고 다시 이렇게 이어나갔던 것이다.

한국은 수십 년 동안 국제항쟁의 중심으로서, 그 땅이 장래 두 번 다시 분쟁의 원천이 되지 않도록 하는 것이야말로, 우리 나라의 한반도정책의 주요 목표의 하나로 놓여야 한다고 생각한다. ……내가 보는 바, 한반도의 현상에 대처하는 가장 유효한 방법이란, 어떤 나라에도 아첨하지 않고 어떤 나라도 위협하지 않는 자치 독립의 민주주의국 한국의 건설을 지향하는, 우리 나라의 현재 노력을 강화하고 지속하는 것이다. ……

우리 나라는 독립 한국의 건설을 약속하고 있는 것이므로, 그 일을 완수하는데 필요한 기간만큼 오래 한반도에 주둔해야만 하고, 그 일을 성공시키는데 적절한 인원과 충분한 자금을 확보해야만 한다.[10)]

이 편지에는 마찬가지로 빈센트의 국에서 초안이 만들어진 육해군 양 장관 앞으로의 편지가 첨부되고, 그 안에는 대 한반도 원조에 가

10) *Ibid.*, pp. 706-9, 713-14; Truman, *Memoirs*, II, pp. 321-22.

장 많은 돈을 사용해야 한다는 제안에 지지를 보내고 있었다. 게다가 거기에는 "우리는 한국에 꽤 장기간 주둔해야만 할지도 모른다고 확신한다"11)고 쓰여 있었던 것이다.

트루먼이 이러한 편지에 곧바로 서명하지 않았음은 확실하다. 특히 자금문제가 연루되어 있으므로, 그는 이러한 서신에 대하여 단지 국무부의 대표들만이 아니고 예산국 직원이나 그 자신의 참모들과도 토의하고 있었음에 틀림이 없다. 하지만 그럼에도 불구하고, 그가 주의를 기울이고 있던 논란이, 직접 한반도와 별로 관계가 없는 입장에서 보는, 다음과 같은 경고를 포함하는 논란이었던 것은 크게 있을 법한 일이다. 즉――만일 극동에서 강한 태도를 취한다면 특사로서 중국과의 조정을 추진하고 있는 마샬 장군의 힘을 강화하게 될 것이고, 동시에 중국의 공산주의자와의 화해를 추진하는 정부의 방침에 반대하는 의회 내외의 비판에 대한, 한가지 회답이 될 것이다,

또한 정부는 마침 영국에 사실상의 차관을 공여하기 위해 [의회에서] 일전에 나선 참이고, 여기서 대 한반도 원조안을 낸다면, 아시아를 희생으로 삼아 유럽에만 눈을 돌리고 있다는 비난을 피하는 일도 가능하고, 아울러 만일 그 돈이 결국 미국의 제품을 사는데 사용되게 된다면 그만큼 미국의 국내경제에 이익을 주게 될 것이다――라고. 이러한 논란에 대하여 반대가 거의 나오지 않았던 것은, 하지도 육군도 조기철수 문제를 아직 충분히 검토하지 않았기 때문이다. 또한 대통령의 경우, 이 문제를 숙고할 필요가 거의 없을 만큼, 곧바로 명확한 판단을 내렸음에 틀림없다.

그러나 이러한 국무부 측의 승리는 한 순간의 일에 불과했다. 극

11) *Frus, 1946,* VIII, pp. 721-22.

동 전문가들이 아직 중국문제에 몰두하고 있었으므로, 대 한반도 원조계획을 현실적으로 추진하기 위해서는 여전히 시간이 필요했다. 그들이 한반도 원조로 1948년, 49년, 50년의 각 회계연도에 현물·금전 쌍방에서 합계 6억 달러의 지출을 제안하기로 결정한 것은, 1947년도 2월이 지나고 나서의 일이다. 그때까지 이미 마샬 사절단은 사명을 마치고, 장군은 대통령에게 중국에서의 평화를 기대해서는 안 된다는 취지의 충고를 하기에 이르렀다.

또한 대 소련 위기가 터키와 이란에서 진전되고, 정부는 터키와 그리스에 대한 원조를 영국으로부터 떠맡기로 결정하고 있었다. 그리고 워싱턴은 경제원조계획안의 초점을, 얼마 뒤 마샬 플랜으로서 구체화되는 계획으로 돌리기 시작했다. 그 때문에, 한국에 대규모 원조를 하는 것 자체는 분명 부차적인 일이 되어버렸다.[12] 이리하여 1946년 여름에 국무부가 획득한 것 중에서는, 단지 미국이 반도를 끝까지 사수한다고 하는 대통령의 서면에 의한 약속만이 남았던 것이다.

그러나 육군의 생각에서 보면, 이 약속은 현명한 것이 아니었다. 예를 들면, 1947년 4월에, 육군장관 로버트 패터슨은 당시의 국무장관 마샬에게 경고하고, 한반도의 미국 점령지역은 금방이라도 무정부상태가 될 우려가 있다. 만일 그렇게 되면, 미국은 앞다투어 철수해야만 할 것이다. 그러므로 "미국은 한반도에서 조기 철수할 수 있는 행동방침을 지금 강력하게 추진해야 한다고 확신한다"고 말했다.[13]

또한 군의 장교들은 한국이 미국에 있어서 전략적 가치를 갖지 않

12) *New York Times,* Jan. 30, 1957. 타임지에 실린 존 카터 빈센트의 편지.
13) *FRUS, 1947,* VI, p. 626.

음을 강조하고 있었다. 통합참모본부는 마샬로부터의 질문에 답하여, 시베리아나 중국에서의 작전을 지휘하는 경우에는 한반도를 우회할 생각이고, 시베리아나 중국에 공중폭탄을 투하한다면 적군이 한반도에 대하여 갖는 가치도 무효로 할 수 있을 것이다, 라고 설명하고 있었다.[14)]

국무부 내에서조차 극동전문가들은 자기들에 대한 지지가 줄고 있음을 깨닫고 있었다. 조셉 E. 제이콥스는 하지의 상담역으로 파견된 고참 외교관이었으나, 그가 본국에 보내는 보고는, 서서히 비관적으로 기울고 있었다. 7월에 그는 다음과 같은 전문을 보냈다. "주위의 여건 때문에 우리는, (소련에 반대한다고 하는) 편의적 이유에 의해, 이(승만) 같은 극우 지도자를 지지하지 않을 수 없게 되는 상황에 몰려 있다."

9월에는 또한 다음과 같은 조언을 보냈다. 만일 남한이 군사적으로 중요하다고 판단한 경우에는, 더욱 적극적으로 남한의 국가 형성을 위해 힘을 쏟아야만 한다. 하지만 만일 중요하지 않다고 판단한 경우에는, 미국은 "가능한대로 빨리, 또한 우아하게 철수"해야 한다. 당시 국무성 정책실장이었던 조지 케넌은 이 권고를 지지했다. 한 관리에 따르면, "한반도를 포기하고 그 운명을 한국인에게 맡긴다고 하는 점에 관하여 거의 일치된 합의"가 보여진 것이고, 그 합의의 근거는 다음의 점에, 즉 "남한이 우리에게 있어서 아무런 전략적 가치도 없고, 설령 있다 하더라도 그것은 전략적 책무일 뿐이고, ……따라서 우리가 한반도에 머물러 있어야 할 (단기적 의미에서의) 정치적 이유는 전혀 없다"[15)]고 하는 점에 있었다.

---

14) *Ibid.*, pp. 817-18.
15) *Ibid.*, pp. 711, 803-7, 874.

그럭저럭 하는 사이에 소련정부는 모든 외국군이 한반도에서 즉시 철군해야 한다는 제안을 냈다. 하지만 극동전문가들이, 만일 즉시 철군을 한다면 결국 소련이나 북한 어느 한쪽이 한반도 전체를 점령하게 될 것이라고 주장했으므로, 마샬 장관은 이 소련안에 대처하기 위해 [남북] 양쪽 점령지역에서 국제연합 감시 아래 선거를 실시하도록 제안하기로 결정했다. 이 결의안은 국제연합 총회에서 채택되었다. 소련 점령당국은 이에 협력하기를 거부했지만, 미국군 사령부는 워싱턴으로부터 미국의 점령지역만으로 선거를 실시해도 좋다는 허가를 받았다. 그 결과, 이승만을 대표로 추대하는 대한민국 임시정부가 탄생한 것이다.

선거를 통하여 사태의 진전을 꾀한다고 하는 이 결정은, 미국의 군사점령을 종결짓는 취지의 결정까지도 동시에 의미하는 것이었다. 대통령은 새롭게 설치한 국가안전보장회의 (National Security Council)에서 이 문제를 특별히 채택하여 검토하기로 했다. 거기서 철군을 주장하는 통합참모본부의 서면에 의한 권고가, 국무·국방 두 장관 및 차관을 비롯한 많은 사람들에 의해 토의되었다. 회의 의장은 대통령이 맡았으나, 결국 회의는 이 권고안에 정식의 동의를 부여했다.

그 때의 문서 전문은 아직 입수할 수 없으나, 거기서는 한국의 신정권이 방위력을 강화하여 국내의 안전보장을 확보할 수 있게 되는 시점에서 미국이 군대를 철수해야 한다는 것이 결정되어 있었던 것 같다. 즉 충분한 방위력만 갖추면 미국은 한반도를 한국인의 손에 맡길 예정으로 계획되어 있었던 것이다. 국가안전보장회의(NSC) 문서의 한 문장은 다음과 같이 쓰여져 있다. "미국은 수습할 수 없게 될 정도로 한반도 문제에 개입해서는 안되며, 한반도내의 어떠한 당파이든 세력이든, 그들의 행동이 미국의 '전쟁원인'으로 생각될 만한 사태에 빠지는 일이 있어서는 안 된다."16)

1948년 4월의 NSC 문서에는, 그해 연말까지 미군의 철군계획이 상정되어 있었다. 그러나 그럼에도 불구하고, 국무부 극동전문가들은 한국에 군대를 주둔시키도록 지속적으로 활동했다. 그들은 중국정세의 악화에 의해 의회와 신문의 공격대상이 되고, 그 입장이 약화되고 있었다. 하지만 그래도 그들은 철군 연기공작을 교묘하게 준비하기 시작했다. 실제로 1948년 9월에 소련이 자국의 점령군을 12월까지 철수시킨다고 발표했을 때, 미국정부는 그 예에 따르려고 하지 않았다. 그 이유를, 한 육군 소속 역사가는 이렇게 요약하고 있다.

"소련이 너무나 열렬히 한반도에서 모든 외국군을 철수시키려고 했으므로, 오히려 미국의 철군계획이 과연 현명한 것인가 하는 의문이 제기되었다. 그리고 한국정부가 취약하여 상황이 불분명한 사이에 공산주의자가 무력으로 통일에 나설 가능성이 있다고 하는 점이, 남한에서의 조기 철군에 대한 반대론의 근거로서 제기되고 있었다."

10월에는 남한의 경찰과 군대가 일련의 대규모 지방 폭동을 간신히 진압할 수 있었다. 이 사건은 NSC 문서 속에 상정되어 있던 종류의 사태에 대한 경고로서 파악할 수 있는 것이었음에도 불구하고, 앞의 육군 소속 역사가에 따르면, 국무부 전문가들은 다음과 같이 주장했던 것이다. "한국의 방위력은 아직 침략에 저항할 수 있을 만큼 정비되어 있지 않으므로……미국군이 계속 주둔하면 모든 국면을 안정시키는 효과를 거둘 수 있을 것이다."17) 이리하여 1948년도 저물

---

16) Robert K. Sawyer, *Military Advisors in Korea: KMAG in Peace and War* (Washington, D. C.: Office of the Chief of Military History, U. S. Army, 1962), p. 30; Collins, *War in Peacetime*, p. 29.

어가고 있는데 하지의 군대는 여전히 한국에 주둔하고 있었다.

미국군의 철군과 한반도 개입 회피라는 정책이, 가령 북한이 남한을 정복하는 결과를 초래하게 되었더라도 바람직한 정책이었는가 하는 문제는, 4월의 NSC문서 속에서는 논란의 대상이 되어 있지 않았던 것 같다. 하지만 현실적으로는 이미 대통령으로부터 "미국이 대규모 원조를 지속하는 한 [남한은] 위기를 헤쳐나갈 수 있다고 생각해도 좋다"[18]고 하는 보증에 대하여 승인이 내려져 있었다. 요컨대 국무부 관리들은 이 무렵 한반도 문제의 재고를 주장하고 있었다고 말할 수 있다.

그후 1948년 12월의 유엔총회에서 모든 점령군의 한반도에서의 철수결의안이 채택되었다. 당시 미국은 유엔에서 과반수를 좌우할 수 있는 힘을 가지고 있었으므로, 극동전문가들이 마샬 장관을 설득하여 이 결의안을 부결시키는 운동을 펼쳤다면 결의안이 채택되는 일은 없었을 것이다. 하지만 그들이 마샬 장관의 설득을 시도했다 하더라도 설득에는 성공하지 못했을 것이다. 그리고 결국 미국은 국제연합의 명령에 따라야 할 것인가 하는 새로운 문제에 직면하게 된 것이다.

육군은 다시 재연된 논쟁에 대처하고자, 극동 주재 사령관들의 의견을 청했다. 맥아더 장군에게서는 남한군을 훈련하고 정비하는 것으로는 북한측의 침략을 저지할 수 없다고 하는 명확한 회답이 돌아왔다. 게다가 그는 거기에 다음과 같이 덧붙였다. "전략적·군사적

---

17) 80 Cong., 2 sess., U. S. Senate, Committee on Appropriations, *Hearings……on Economic Cooperation Administration*, p. 487; Sawyer, *Military Advisors in Korea*, p. 36.

18) Truman, *Memoirs*, II, p. 328.

관점에서 말해서 한반도의 안전을 위협하는 중대한 위협이 발생했을 경우에, 어떠한 것이든 [한반도에의] 군사적 지원은, 포기하지 않을 수 없을 것이다."

그리고 맥아더는 1949년 5월까지 하지의 군대 철수가 완료되도록 권고하고 있었다. 육군장관 케네스 로열이 도쿄로 맥아더를 방문했을 때, 맥아더는 같은 주장을 되풀이하고, 로열은 그것을 대통령에게 전했다.[19]

[1949년] 3월에 국가안전보장회의가 열리고, 거기서 또다시 한반도 문제가 논의되었다. 이미 맥아더의 소견이 제출되고, 그것이 초기의 각서로 나타나 있던 주장을 강화하는 것이었으므로, 회의는 1948년의 결정을 재차 확인하는 것이 되었다. 하지만 국무부의 철군 반대파에게 단 한가지 위안이 되는 것으로, 이 회의에서는 철군시기가 5월에서 6월로 연기되고, 5백 명의 군사고문단의 잔류에 대한 동의가 성립되었다.[20]

하지만 최종단계에 들어서고 나서 육군참모총장 오마 브래들레이 장군이 불안을 드러냈다. 이미 이승만으로부터는 북한의 침입에 대한 미국의 대처방법에 관한 질문이 공식으로 제기되었다. 이 질문에 대하여 서울 주재 미국군사령부의 신임 사령부장 존 J. 무치오가, 남한의 우수한 군사력이 있는 한 그러한 우발사태는 생각할 수 없다고 회답하여 이승만의 질문을 얼버무리고 있었음에도 불구하고, 이승만은 "우리가 알고 싶은 것은 미국이 남한을 자국의 방위선 내에 들어 있는 것으로 생각하느냐 하는 점이다" 라고 반문해 왔다.

아마도 이승만의 집요한 질문공세에 촉구되었기 때문일 것이다.

---

19) Collins, War in Peacetime, p. 28; Truman, Memoirs, II, p. 329.
20) *Ibid.*, pp. 328-29; Sawyer, *Military Advisors in Korea*, pp. 38, 43.

브래들레이는 "미군의 한반도 철군 결과 일어날 수 있는 북한에서의 대규모 침입이 의미하는 것"이라는 제하의 각서를 동료 참모총장들에게 회람했다. 그 브래들레이의 각서 내용은 육군 동료 중 한 사람에 의해 다음과 같이 요약되었다.

"그가 권하는 바에 따르면, 그러한 경우에 미국 동포는 철수하고, 그 침략을 국제평화에의 위협으로 보아 국제연합안전보장이사회에 보고해야 한다. 그리고 안전보장이사회의 행동에 따라 침략을 저지하기 위한 혼성유엔군이 도입되게 될 것이다." 즉 브래들레이가 시사하고 있었던 것은, 그러한 사태에 이른 경우에는, 미군의 일부가 한국으로 되돌아가게 된다는 것이었다.21)

그러나 다른 참모총장들은 이 브래들레이의 주장을 물리쳤다. 그리고 그들 사이에서는 1947년에 제출된 의견이 재차 강조되고, 다음과 같은 합의에 달했다.

> 전략적 관점에서 본다면, 한반도에 관한 통합참모본부의 입장은, 간단히 이렇게 요약할 수 있다. 한국은 미국에 있어서 거의 전략적 가치가 없고, 한국에서 미국이 군사력 행사를 약속하는 것은, 금후의 세계정세 전반의 전개에 비추어보고, 또한 우리 나라가 현재 보유한 군사력에 적합하지 않을 만큼 과중한 국제적 책무임을 감안하여 결코 권할 수도 실행할 수도 없는 것이다.22)

이리하여 6월말까지 미국 점령군의 한국에서의 철수가 완료되었

---

21) *New York Times,* May 7-8, 1949; Collins, *War in the Peacetime,* p. 29; Sawyer, *Military Advisors in Korea,* p. 105, footnote.
22) Collins, *War in Peacetime,* p. 30.

다.

모택동이 장개석에게 승리하고, "중국을 상실한" 책임자들이 의회로부터 강한 비난을 뒤집어쓰게 된 탓에, 국무부 극동전문가들은 과거에 향수했던 힘을 잃게 되었다. 1949년 1월, 트루먼은 연임으로 대통령에 취임하여 내각의 개각을 단행했지만, 그 때 그는, 마샬의 은퇴를 인정하고 딘 애치슨을 다시 불러 국무장관으로 임명했다. 애치슨은 국무부를 재조직하고 지리상의 각 지역마다 각기 독립된 차관보 직을 만들었다.

그는 버터워드를 초대 극동담당 차관보로 지명하고, 그를 도의적으로 지지하는 자세를 취했으나, 바로 그 직후에 버터워드를 딘 러스크로 교체했다. 러스크는 육군에서 사직하고 국무부로 들어온 뒤에 주로 국제연합 관계의 일에 종사했고, 아직 의회 내에 그다지 많은 적을 만들지 않았다. 한반도 문제에 관하여 애치슨이 조언을 구한 것은, 주로 이 러스크, 필립 J. 제사프 무임소대사, 그리고 지금까지 아시아 문제를 별로 다룬 일이 없는 다른 몇몇 사람이었다.[23]

대체 그 조언자들이 애치슨에게 무엇을 진언하고 있었는지 아직 밝혀진 것이 없으나, 제사프가, 미국은 "남한의 분규에서 가능한 한 빨리 빠져나와야 한다"고 하는 (존즈 홉킨스대학의 오웬 래티모어 교수가 작성한) 적어도 한 통의 각서를 회람했던 것은 잘 알려져 있다. 또한 1950년 초에 서울을 방문했을 때 제사프가 이 나라의 국회의원들에 대하여, 한국은 미국의 원조에 너무 의존하지 말고 자력건설에 힘써야만 한다고 강한 어조로 말했던 것도 알려져 있다.[24]

아마도 국무장관이 귀를 기울이고 있던 사람들은, 대통령이 승인

---

23) Acheson, *Present at the Creation*, pp. 303, 431-32.
24) *New York Times*, April 5, 1950; *Ibid.*, Jan. 14, 1950.

을 부여한 1948년과 49년의 국가안전보장회의 문서 속에 나타나 있던 입장을, 미국의 공적 입장으로 간주하고 있었음에 틀림없다. 확실히 국무부 소식통은 미국군의 철수에 따라 북한의 공격에서 남한을 수호할 책임을 미국이 더 이상 지지 않게 된다고 기술한 신문과 잡지 기사에 대하여 반론을 가하려고도 하지 않았던 것이다.[25)]

그러나 이 정부의 입장이 부동의 것이었음을 너무 강조해서는 안된다. 대체로 통합참모본부가 브래들레이의 각서를 부내에서 신중하게 검토하고 있었음을 제외한다면, 북한의 남한 공격이라는 우발사태에는 거의 주의가 기울여지지 않았던 것 같다. 애치슨 장관이 후에 증언한 바에 따르면, 위기발생 가능성이 있는 지역을 조사한 문서에서는, 한반도에 대하여 언급되어 있기는 하나, 결코 주목의 대상이 되지 않았다.

애치슨 장관은 그것을 이렇게 회상한다. "당시 공산주의자가 그 목적을 실현하기 위하여 게릴라전이나 심리전, 정치적 압력, 도전 등의 수단을 사용하여 나설 여지가 아직 충분히 남아 있는 것으로 생각되었으므로, 아마 금후에도 군사적 침략보다는 오히려 그러한 수단을 사용한 행동으로 나설 가능성은 있다고, 일반적으로 상정되어 있었다."[26)]

서울의 미국인들이 한국정부와 군대가 약체라는 것을 되풀이 경고하고 있었음에도 불구하고, 워싱턴 관리들은 한국에 관한 한 걱정할 필요가 전혀 없다는 취지의 뜻을 시사하는 정보에만 마음을 두고 있

---

25) 예컨대 *New York Times*, June 11, 1949 및 "Korea Heads for the Shoals," *Business Week* (Sept. 12, 1949), pp. 116-17.

26) 82 Cong., 2 sess., U. S. Senate, Committees on Armed Services and Foreign Relations, *The Military Situation in the Far East* [이하 *MacArthur Hearing*으로 약칭하여 기재함], part 3, p. 1991.

었던 것 같다. 애치슨이 후에 당황했듯이, 대외원조계획 담당국장은, 1950년 6월초의 한 상원위원회에서 남한에는 "10만명의 병사로 구성된 잘 훈련된 군대가 있고, 이것은 북한군의 어떠한 도발에도 대처할 수 있도록 준비되어 있다"고 증언하여, 그들을 안심시켰던 것이다. 27)

트루먼 정권의 문관들에 관한 한, 그들이 우려하고 있던 것은, 오히려 남한이 북한을 공격할 가능성이었다. 애초부터 이승만은 러시아인들과 평양의 공산주의자들에 대한 증오를 노골적으로 드러내고 있었다. 그러므로 과거 육군부가 처음 남한군의 장비를 인가했을 때 그 남한군이 "공격적으로" 행동하는 것을 극력 억제해야 한다는 지령을 내리고 있었다. 로열은 남한의 북진을 또다시 우려해야 할 이유가 있다고 생각했던 모양이고, 실제로 장교들은 1950회계연도와 51회계연도의 대 한국용 원조물자를 준비할 때에, 군수품목을 주의 깊게 경차량과 소형무기로 한정하고 있었다.28)

애치슨은 1950년 1월의 유명한 내셔널 프레스클럽 연설에서, 미국은 일본, 오키나와, 필리핀을 경계선으로 하는 방위선 이외의 지역에 대한 방위에는 나설 수 없다고 경고했는데, 이 연설의 목적의 절반이, 설령 이승만이 행동을 일으켜 곤경에 빠지더라도 미국군의 지원을 기대할 수 없다는 것을 그에게 깨닫게 하고, 그 행동을 저지하는데 있었을지 모른다.29)

---

27) 81 Cong., 2 sess., U. S. Senate, Committee on Appropriations, *Hearings on Foreign Aid Appropriations for 1951*, pp. 305-6.

28) Sawyer, Military Advisors in Korea, pp. 30, 100-1.

29) Dean G. Acheson, "Crisis in Asia--An Examination of U. S. Policy," *State Department Bulletin*, XXII(Jan. 23, 1950), pp. 111-18. 또한 Glenn D. Paige, *The Korean Decision* (New York: Free Press, 1968.), p. 69, footnote는 1955년에 행해진 러스크와의 인터뷰 내용을 전

설령 미국장교들이 북한에 의한 남침 가능성을 생각하고 있었다 하더라도 미국이 그것에 무력으로 대항하는 일은 바람직하지도 않고 가능하지도 않다는 점을 그들은 이미 결론지은 것으로 파악하고 있었던 것 같다. 애치슨이 프레스클럽 연설에서 분명히 밝히려고 했던 것은 바로, 통합참모본부가 군사이론에 기초하여 창도하고 있던 노선을, 충분히 검토된 정치적 논리에 따라 정당화하는 것에 다름 아니었다.

당시 한국보다는 대만 쪽이 훨씬 주목받고 있었다. 대만에는 장개석의 패잔병들이 도망쳐 진을 치고 있었고, 승리한 공산주의자가 그들을 공격해올 것으로 예상되어, 미국정부가 그 섬을 방위해 줄 것을, 의회와 언론계에 파고든 장개석 지지자가 요구하고 있었다. 다만 통합참모본부는 한반도의 경우와 거의 같은 이유에 근거하여, "미국군은 공산주의자에 의한 대만 지배를 방지하는 군사행동을, 공공연히 취해서는 안 된다"[30]고 권고하고 있었다.

1950년 1월 5일에 대통령은, 장개석에 대하여 군사적인 원조와 조언을 주는 것을 포함하여 일체 미국정부는 대만에 간섭하지 않는다는 성명을 냈다. 이 성명이 물의를 일으키고, 그 일주일 후에 애치슨이 예의 연설을 행하고, 태평양과 동아시아에서의 현재의 미국의 전체 노선을 정당화하게 되었던 것이다.

그 연설에서 애치슨은 아시아의 장래는 아시아인의 손으로 결정되어야 한다고 주장했다. 소련이 자국의 주의와 체제를 중국과 그 주변지역에 강요하려 한다면, 그것은 "중국민중의 정당한 분노와 울분과

하고 있는데, 예상되었던 이승만의 침략행동에 대하여 당시 강한 불안을 품고 있었음은 무시되고 있다.

30) *MacArthur Hearings*, part 3, p. 2371.

증오"를 환기시키게 될 것이다. 그는 이렇게 예언했다. 그러나 다른 한편으로, 미국정부가 소련에 대항하기 위해 개입한다면, 이 분노를 이번에는 미국이 끌어내게 될 것이다. 미국은 오히려 자기들의 원조가 극히 미미한 효과밖에 갖지 못함을 충분히 알면서도, 자기들이 가진 부와 지식, 경험을 그들에게 제공하여 공유할 수 있을 것이다. 하지만 그 이외에 미국은 민족자결과 자력발전의 과정에 개입하는 행동을 일체 삼가야 한다.

즉 이것은 미국 방위선이 공격받아 행동을 일으키지 않을 수 없는 사태가 되지 않는 한, 미국은 전투를 회피해야 한다는 말이 된다.

애치슨은 대만이나 한국을 비롯하여 아시아 대륙 내의 지점은 어디든 미국의 방위선 내에 들어있지 않다고 말하고, 그 뒤에 다음과 같이 주장했다. "태평양의 그 이외 지역의 군사적 안전보장에 관하여 명확히 해두어야만 하는 것은, 그러한 지역들을 타국의 군사공격에서 지키는 것을, 어느 나라도 보장할 수 없다는 점이다."

그러나 이렇게 말하고 나서, 그는 다음과 같이 덧붙였다. "하지만 만일 현실적으로 공격받은 경우……공격을 받은 국민이 우선 그에 저항하고, 그 뒤에 유엔헌장에 기초하는 전체 문명국의 지원에 의지해야 한다. 국제연합은 타국의 공격에서 자국의 독립을 지키려고 하는 국민이 의지할 수 없을 만큼 약한 갈대로 머물러 있는 것은 아니기 때문이다."

후에 애치슨은 남한에 대한 북의 침략이라는 사태를 초래했다는 이유로 비난받았을 때, 이 후반의 일절을 인용함으로써 자기 몸을 보호했다. 그러나 이 프레스클럽 연설의 진의는, 아마도 미국은 남한의 붕괴를 막기 위해 전쟁을 하지 않으며, 해서도 안 된다는 생각을 분명히 밝히는데 있었음에 틀림이 없다.

예상했던 대로, 프레스클럽 연설 뒤에 정부는, 대한(對韓) 원조예산을 획득하려고 했고, 그를 위해 부득이 정부는 남한이 미국에 있어서 중요하다는 것을 의회에 납득시키려고 했다. 하지만 현실적으로는 대한 원조법안이 하원에 상정되었을 때, 그 법안에 정부는 그다지 적극적 태도를 보이지 않았다. 게다가 의회에서는 그 법안에 반대하는 다음과 같은 사람들——즉, 원조라고 명명된 것은 전혀 인정하지 않는 의원, 정부의 대 중국·대만정책에 비판적인 장개석 지지파, 이승만 정권을 사회주의로 간주하는 초보수주의자들, 반대로 이승만을 독재자로 간주하는 소수 좌파세력과 같은 사람들——로 구성되는 연합전선이 만들어졌다.

그들 반대파는 결속하고 한때 다수를 차지하여 그 법안을 193대 191로 부결시켰다. 그러자 대통령과 국무장관은 한국을 원조하지 않는다면 "불행한" 사태가 초래될 것이라는 성명을 내고, 법안을 되살리는 반격에 나섰다. 경제협력국장은 "우리는 공산주의에 저항하고 있다"고 증언에 나섰고, 한국계획부 부장은 "2천만 민중이 공산권에로 들어가는 것을 방지하는 것은 바로 미국의 국익이기도 하다"라고 증언하게 되고, 그 뒤에 다시 법안이 제출되어 양원을 통과하게 된 것이다.[31)]

그러나 정부 지도자들이 의원들과 사적으로 이야기했을 때 그다지 명확한 견해를 밝힌 것이 아니었음은, 1950년 5월의 코널리 상원외교위원회 위원장의 우연한 담화 속에 제시되어 있다. 그는 한국의 포

---

31) *New York Times*, Jan. 22, 1950; 81 Cong., 2 sess., U. S. Senate, Committee on Appropriations, *Hearings……on Foreign Aid Appropriations for 1951*, pp 334, 339; Truman, *Memoirs*, II, p. 329; Acheson, *Present at the Creation*, p. 358.

기를 생각하고 있느냐는 물음에 다음과 같이 답했던 것이다.

그것은 진지하게 생각할 필요도 없다. 유감이지만 바라든 바라지 않든 상관없이, 그러한 사태가 일어날 것 같기 때문이다……. 남한은 마침 적당한 선에서 나뉘어 있지만——그 북쪽에는 대륙과 육지로 연결된 수많은 공산주의자가 대치하고——대륙의 그 너머에는 소련이 버티고 있다. 그러므로 소련은 아마도 준비만 갖추어지면 당장이라도 대만을 침략할 수 있듯이, 그럴 마음만 있으면 언제든 한국을 침략할 수 있다.[32)]

한반도에서 미국의 군사력 사용을 회피하는 것이 1950년 6월의 미국 정책이었다. 그 정책은 일관하여 통합참모본부의 입장이었고, 두 번씩이나 국가안전보장회의에서 검토되고, 그 때마다 대통령이 승인해온 것이기도 했다. 프레스클럽의 연설에서 국무장관은 이 취지에 따라 언명하고 있었고, 상원 중요위원회의 위원장들도 같은 견해를 표명하고 있었다. 복잡한 관료기구에 으레 뒤따르는 애매한 태도도 때로 보여지긴 했지만, 정부는 국익을 냉정하게 검토하고 있고, 일어날 것 같지도 않은 만일의 우발사태가 발생했을 때 어떠한 결정을 내려야 할 것인가에 대하여 사전에 결정을 내리고 있었다고 말할 수 있다.

1950년 6월 24일 토요일, 뜻밖의 사건은 현실화되었다. 하지만 현실의 결정은 사전에 예측되어 있던 것과 정반대의 것임이 판명되었다.[33)]

---

32) Paige, *Korean Decision*, p. 68.
33) 특별한 주기(注記)가 없는 한, 6월 24일부터 30일까지의 사태의 설명은

침략에 관한 신뢰할 수 있는 보고는 오후 9시경에 들어왔다. 국무부 당직직원은, 평론가 조셉 올소프의 집에서 열린 만찬회에 참석중인 러스크 국무차관보를 호출했다. 러스크는 같은 만찬회에 초대되어 있던 프랭크 페이스 육군장관을 데리고 본부로 서둘렀다. 그는 국제연합 담당 차관보 존 D. 히커슨을 호출했다. 히커슨과 의논하고 나서 러스크는 애치슨에게 전화를 넣었다.

그리고 애치슨이 도착할 때까지 러스크와 히커슨은 유엔안전보장이사회에의 제소를 권고해야 한다고 생각하기 시작했다. 그 의견에 애치슨이 동의하고, 애치슨은 미주리주 인디펜던스에 체재중인 대통령에게 전화를 걸었고, 그날밤 11시 30분까지 트루먼의 합의를 끌어냈다. 소련대표가 회의에 불참하고, 소련이 거부권을 행사할 수 없는 상태 아래서 다음날 유엔 주재 미국대사는 북한에 대하여 적대행위를 즉시 중단하고 철수하도록 요청하는 안전보장이사회의 결의를 얻어냈다.

그 사이에도 국무·국방 두 부서의 관리들은, 한반도의 실제 사태의 전개상황을 알기 위해 백방으로 애썼다. 애치슨은 전화로 트루먼과 계속 연락을 취했다. 일요일 오후 이른 시간에 트루먼은 비행기로 워싱턴으로 돌아가기로 결정했다. 그리고 그날 밤 그는 애치슨, 제임스 웹 국무차관, 히커슨, 러스크, 제사프 무임소대사, 루이스 존슨 국방장관, 3군부의 장관들, 오마 브래들리 통합참모본부장, 그리고 육해공군의 참모총장과 회합을 가졌다.

트루먼은 백악관 중앙부가 수선중이었기 때문에 통상 공식 손님의 숙소로 사용하게 되어 있는 맞은편에 있는 블레어하우스(영빈관)에

Paige, *Korean Decision*, pp. 79-272에 수록된 시간별의 훌륭한 기록에 의존했다.

서 회의를 열었다. 토의는 약 3시간에 걸치고, 마지막으로 남한에 대한 군사장비의 수송을 강화해야 한다는 대통령의 결정이 내려졌다.

6월 26일 월요일에는, 북한이 예상했던 대로 유엔의 호소를 무시했다는 보고뿐 아니라 마치 활짝 펼쳐진 범포(帆布)에 칼을 찔러대듯이 북한군이 남한의 저지선을 돌파하고 있다는 보고도 도착하기 시작했다. 그날 밤, 트루먼은 다시 블레어하우스에서 애치슨, 러스크, 히커슨, 제사프, 존슨, 페이스, 토마스 K. 핀레터 공군장관, 브래들리, 그리고 육공군의 참모총장 등과 만났다. 대통령은 그들과 1시간에 걸쳐서 의논한 끝에, 남한을 지원하는 권한을 미국 공군과 해군에게 부여했다.

공군과 항공모함으로부터 북한의 전차와 보병부대를 공격했음에도 불구하고, 북한군의 위치를 나타내는 핀은 워싱턴의 전황지도 위를 착실히 남하하고 있었다. 6월 29일 목요일 오후, 대통령은 다음과 같은 군부의 권고에, 즉, 38도선 이북의 폭격을 인정하고 소규모 육군 파견대를 상륙시켜 한반도 동남부에 있는 주둔지 부산을 확보해야 한다는 권고에 동의했다. 이 사이에 맥아더는 트루먼의 승인을 얻고 위험을 무릅쓴 채 전선을 정찰하고 있었다.

금요일 아침까지 트루먼에게는 맥아더로부터, 연대 단위의 전투부대를 부산에 상륙시키고, 주일 미국군 2개 사단이 즉시 전투에 참가할 수 있도록 준비되어야 한다는 권고가 도착해 있었다. 그리고 트루먼은 오전 5시에 육군장관과 전화로 이야기하고, 최초의 1연대를 파견하는데 동의했다. 몇 시간 후에 백악관에서 그는, 애치슨, 존슨, 스티븐 얼리 국방차관, 그리고 참모총장들과 만났다. 또한 그는 자청해서 파리에서 돌아온 애버렐 해리먼 무임소대사도 불렀다.

그로부터 약 반시간 후에 트루먼은 맥아더의 권고에 전면적으로 따를 것을 결정했다. 그는 이용할 수 있는 모든 군대의 투입에 승인을 내리고, 예비군을 소집하고, 기타 모든 수단을 동원하여 남한이 정복되지 않도록 한다는 것을 보증했던 것이다. 이리하여 과거 3년간의 계획에서 당연히 예지되어 있던 행동방침과 전혀 반대의 방침에 따라, 대통령은 인명의 희생과 다액의 금전적 소비와 전면전쟁에로 돌진하는 위험을 정당화할 만큼의 국익이 걸려있는 것으로서, 남한의 방위에 대처하기로 한 것이다.

왜 그는 그렇게 했는가?

지금까지 묘사해온 사건의 줄거리를 조사해 보면, 트루먼이 실제로는 일련의 작은 결정을 순차적으로 내렸음을 알 수 있다. 첫째로 그는, 유엔결의를 요구하고, 둘째로 이승만의 군대에 군수품을 공급하고, 셋째로 미국의 해공군을 간여시키고, 넷째로 부산에 1연대를 파견하고, 그리고 마지막 단계에 이르러 비로소 모든 희생을 무시하고 남한의 방위에 나서는 결정을 내렸다.

전화에 의한 연이은 회화와 블레어하우스와 백악관에서의 회합에서 행해진 것을 관계자들은 그렇게 양해하고 있었다. 트루먼 자신도 그러하다. 그는 해공군이 군사행동을 일으키는 취지를 의회의 지도자들에게 보고했을 때, 지상군을 투입하는 일은 일단 없을 것으로 생각하고 있었다. 목요일 오후의 국가안전보장회의 특별회의에서 육군을 파견할 가능성이 논제로 올랐을 때, 몇 사람의 위원이 대통령이 곤혹스러워 주저하고 있음을 눈치채고 있었다.[34] 부산에의 1연대 파견을 승인한 뒤에도, 트루먼은 여전히 몇 시간 동안 사단규모의 군대를 파견하는 최종결정을 미루고 있었다. 분명히 그는, 최후의 일순까

---

34) *New York Times,* June. 28, 1950; Paige, *Korean Decision,* pp. 248-50.

지 선택의 자유를 남겨둘 생각이었다.

그러나 지금 돌이켜 보면, 대통령이 최초의 24시간에 기본적 결정을 내리고 있었음이 분명해 보인다. 인디펜던스를 출발하기 전에 트루먼은 참모총장들을 블레어하우스의 야간 회합에 모이도록 애치슨에게 지령을 내렸다.[35] 어떤 결정을 내린다 하더라도 아마 트루먼이 눈에 보이는 형태로 군부로부터의 강한 지지를 얻고 싶어했음을 생각하면, 이 사실은 그다지 중요한 것이 아니라고 말할 수 있을지 모른다. 그러나 아마도 이 무렵 이미 그의 염두에, 미국군을 파견하려는 생각이 싹트고 있었던 것은 아닐까.

캔자스시티 공항에서 트루먼은 기자단을 향해, "위험한 상황이 될지도 모른다. 나는 그렇게 되지 않기를 바라고 있지만," 이라고 말했다. 하지만 그의 참모 중 한 사람은 한 신문기자에게 이렇게 말했다. "보스는 놈들에게 뜨거운 맛을 보여주려 하고 있다"고. 그와 비슷한 말을 트루먼은 워싱턴에 도착하고 나서도 했다. 내셔널 공항에서 백악관으로 향하는 차안에서 그는 루이스 존슨에게 "놈들에게 뜨거운 맛을 보여줄"[36] 생각이라고 말했다.

그날 밤 블레어하우스의 회합에서 트루먼은 마찬가지로 자기의 속내를 밝히고 있다. 저녁식사가 시작되기 전에 식전의 음료를 마시면서 그는, "유엔의 권위를 실추시킬 수는 없다"고 애치슨을 향해 말했다. 그리고 참석자들이 식후의 디저트를 끝내고 나자 그는, 자기는 정말 "어떤 의견이라도 들을 생각이다(open mind)" 라고 말하고 전반적 의제의 토의에 들어간 것인데, 참석자 거의 전원은 그가 무엇을

35) Truman, *Memoirs*, II, p. 332; Acheson, *Present at the Creation*, p. 404.

36) Paige, *Korean Decision*, pp. 114, 124.

바라고 있는지 눈치채고 있었다.

그가 낸 질문은 아시아에 주둔하는 미국군의 준비태세에 관한 것이고, 지상군의 원조를 받지 않고 해공군은 어디까지 북한을 억제할 수 있는가 하는 것이었고, 또한 주일 미군의 몇 개 사단을 한국으로 이동하는데 어느 정도 시간이 걸리는가 하는 부류의 것이었다. 이 회합을 요약하여 제사프는, "결의의 핵심"이 피력되고, 자진해서 새로운 세계대전의 위험을 용인하려고 하는 태도가 분명히 보여졌다, 고 회고하고 있다.[37)]

월요일 아침, 애치슨이 남한을 지원하도록 해공군에 권고하기 훨씬 전에, 트루먼은 코널리 상원의원과 이야기하고, 의회의 동의를 청하지 않고 미국군을 참가시킬 의향이 있음을 암시했다. 코널리는 "그런 일을 하면 귀찮은 논쟁에 휘말려들고…… 그로 인해 당신의 손발이 묶여버릴 것이다" 라고 말하면서도, 트루먼에게 그 행동을 취하도록 권고하고 있었다.

같은 날 아침 트루먼은, 지도상의 한반도를 가리키고, 참모 중 한 사람을 향해 "이건 극동의 그리스다. 지금 단호한 태도를 취하면 다음 수단을 강구할 필요는 없을 것이다" 라고 설명했다. 그날 오후 트루먼은, 남한의 대사로부터, 면회한 이승만과 그 사령관들이 절망에 빠져있다는 말을 듣고, 과거 영국과 프랑스도 1917년 미국이 참전하기 직전에는 같은 궁상에 빠져있었다고 말하여 그를 위로했다.

그후 트루먼은 공군과 해군의 출동에 승인을 내리게 되는데, 그 때에는 이미 미국의 개입이 한정적인 것이라고는 말할 수 없게 되어 있었다. 그리고 과거 5년간에 자기가 행해온 모든 것은, "오늘밤 내

---

37) Ibid., pp. 125-43.

가 내린 바와 같은 결정을 피하기 위한 것에 다름 아니었다"고 말했다.[38] 전면적 지상전쟁에의 최종명령이 내려지기까지는 다시 4일이 걸렸지만, 만일 육군이 그러한 [전면 지상전을 위한] 행동을 취하도록 권고했다면, 대통령은 당장이라도 그렇게 하기 위한 명령을 내릴 것이 틀림없다고 그의 고문들은 생각하고 있었고, 실전에 배치되어 있던 장교들도 마찬가지로 생각하고 있었던 것이다.

물론 트루먼은 한번에 하나의 행동밖에 실행하지 않았다. 그는 추세를 지켜보고 있었다. 남한이 자력으로 침략을 저지할 수 없다고 분명하게 알 때까지 그는 미군의 개입을 보류하고, 해공군의 지원만으로는 충분하지 못하다는 취지의 권고를 받기 전까지 육군의 파견을 자제하고 있었다. 그 주 내내 그는 한국 이외의 지역에서 무력공격이 발발할 징후가 없는지 되풀이해서 묻고 있었다.

그는 북한의 행동을 계획한 것이 소련임을 한시도 의심하지 않았지만, 왜 소련이 하필이면 그러한 행동을 취했는지 의심스럽게 생각하고 있었다. 트루먼은 그것이 어딘가 다른 곳에 돌파구를 열기 위해 그다지 중요하지 않은 지역에로 미국군을 끌어들이기 위한 후림수가 아닐까 경계하고, 가능한대로 오래 손을 대지 않고 놓아두는 편이 현명하다고 생각하고 있었다. 그러나 그는 한국에서 사태가 유리하게 전개되거나 어딘가 다른 지역에서 위기가 발생하거나 하지 않는 한, 한국의 방위를 미국의 사활적 이익으로서 다룰 것을 결의하고, [북한의] 침입 하룻만에 정책의 전환을 감행했던 것이다.

트루먼이 적어도 인디펜던스를 출발하여 워싱턴으로 향할 때까지 이미 마음을 정하고 있었던 것 같다는 가정에 선다면, 그 후 그에게

---

38) *Ibid.*, pp. 148-49, 158, 180.

는, 사실상 다른 선택의 여지가 없었다는 견해도 성립된다. 그는 결정 작성과정의 복잡성과 곤란을 크게 강조하고 있었지만, 자기가 취한 행동에 대해서는, 일단 피하는 일이 거의 불가능했다는 설명을 했다. 실제로 후에 고관들은 모두 일치하여, 그때의 무력개입 결정은 통상의 사려분별을 갖춘 인간이라면, 그러한 상황 아래 놓였을 때 반드시 행하는 부류의 결정이었음을 시사하고 있다.[39)]

그러나 아마도 대통령은, 그나 그 동료들이 돌이켜보았을 때 깨달았던 것보다 훨씬 넓은 선택의 폭을 사실은 가지고 있었던 것은 아닐까. 예를 들면, 유엔안전보장이사회의 행동을 요구한 그의 최초의 결단조차, 반드시 그러한 결단이 아니더라도 좋았을 것이다. 그 때 딘 러스크는 국무차관보로서 우연히 그 문제에 관계하는 중심인물이었다. 그는 그 이전에 국제기구의 일을 담당했던 일이 있었으므로, 유엔헌장과 국제연합이 갖는 장기적 중요성을 광신적으로까지 믿고 있었다. 그리고 그 최초의 밤의 내부 모임에 유엔담당 차관보를 데리고 온 것도, 다른 사람이 아닌 러스크였다. 그러한 사람들로 구성되는 모임이었으므로, 의견이 중심은 저절로 어떤 하나의 방향으로 모아졌던 것이다.

웹 차관이나 조지 케넌이 참석해 있었다면 저울은 반대방향으로 기울었을지도 모른다. 케넌은 부서 내에서 세 번째로 중요한 인물이었고, 그 때문에 사실, 당직직원은 그에게 연락을 취하려고 했다. 하지만 그때 그는, 전화가 없는 농장에서 주말을 우아하게 보내고 있었다. 그리고 후에 논평할 수 있게 되었을 때 그는, 국제연합이 "형식

39) Joseph de Rivera, *The Psychological Dimension of Foreign Policy* (Columbus, Ohio: Charles E. Merrill, 1968), p. 125는 다른 상황 아래서도 흔히 보여지는 심리과정의 한 예로서 이것을 인용하고 있다.

적으로는 내전이었던 것을 [유엔의 관할 사항으로서] 승인한 것"[40]에 놀라움을 나타냈던 것이다.

아무래도 미국정부는, 유엔안전보장이사회가 취해야 할 행동을 거기서 제안할 필요까지는 없었다. 미국은 이미 점령 통치국이 아니었으므로, 한국을 수호할 특별한 책임을 가지고 있지 않았다. 만일 국무장관과 대통령이 각도가 다른 조언을 받고 있었다거나 더욱 주의깊은 자세를 취하고 있었다면, 그들은 처음부터 북한의 침략을 국제기관 앞에 낱낱이 밝히고, 유엔감시군을 38도선에 주둔시킬 수도 있었을 것이다.

또한 그들은 미국이 헌장 서명국으로서 또한 안전보장이사회의 이사국으로서 이 문제에 갖는 관심이 같은 상황 아래 놓여진다면 어떤 나라도 갖지 않을 수 없는 관심에 불과하다고 하는 자세를, 취할 수도 있었을 것이다. 하지만 실제로는 양자 모두 북한의 침략을 유엔의 시금석으로서뿐 아니라 무엇보다도 유엔에 대한 미국의 영향력과 관심의 강도를 시험하는 시금석으로서 이용해야 한다는 조언을 그대로 받아들였던 것이다.

미국대표가 유엔안전보장이사회의 결의를 손에 넣고 나서도, 대통령은 반드시 미국의 군사행동을 요청해야만 할 이유는 없었다. 적은 인원으로 구성된 서울 주재 군사고문단은 신중하게 계획을 세우고, 고문단을 비롯한 한국 주재의 미국인들을 철수시키려 하고 있었다. 실제로 미국의 정책으로 이해되고 있는 것에 따른다면, 이 계획이야말로 미국군 사령부에서 작성된 유일한 작전계획에 다름 아니었

40) *Paige,* Korean Decision, p. 132; George F. Kennan, *Memoirs, 1925-1950* (Boston: Little Brown, 1967), pp. 485-87. 웹의 유보에 대해서는 Paige, *op. cit.,* p. 141을 보라.

다.[41]

그리고 만일 북한이 안전보장이사회의 권고에 따르기를 거부했다면, 트루먼은 아마도 경제제재의 실행을 수반한 형태에서의 비난결의야말로 유엔이 취해야 할 행동이라고 하는 입장에 설 수도 있었고, 공습을 비롯한 군사적 수단에 의해 북한측을 응징하거나, 해상봉쇄 등을 생각하기 전에 바로 이러한 행동으로 나서야만 한다고 생각할 수도 있었을 것이다. 설령 유엔군이 한국에 상륙 거점을 갖지 못하고 행동을 시작하게 되었다 하더라도, 즉석에서 군사행동을 일으킨 편이 나중에 준비가 완료된 행동을 취하는 것보다 희생이 적었다는 식으로는 도저히 말할 수 없다. 사실, 가령 육해공 3군에 의한 인천 상륙을, 북한이 반도 전체를 점령해 버리고 나서 감행하게 되었다 하더라도 9월에 거행된 만큼의 성공을 거두는 일이 꼭 불가능했던 것은 아니기 때문이다.

즉 트루먼은 무력행사에 호소하기 전에 좀더 신중하게 대처하고 다른 수단을 강구할 수도 있었을 것이다. 그러나 그는 그렇게 하지 않았다.

그러므로 이상의 사항에서 알 수 있듯이, 왜 대통령이 그와 같은 결정을 내렸는가 하는 의문이야말로 여기서 제기되어야 할 문제라고 말할 수 있다. 물론 이 의문에 우리는, 결정은 정부가 내린 것이고, 대통령은 정부의 선두에 서 있었던데 불과하다고 답할 수도 있을 것이다. 확실히 트루먼은 북한의 공격을 미국의 문제이기보다 유엔의 문제로서 처리해야 한다는 조언도, 군사행동은 최후의 수단으로서 생각해야 한다는 조언도 전혀 라고 해도 좋을 만큼 받지 않았다.

41) Sawyer, *Military Advisors in Korea*, pp. 57, 111; *MacArthur Hearings*, part 2, p. 1019.

그러나 사실에 의해 밝혀지고 있듯이, 결국 대통령은 선도받고 있었던 것이 아니라 선도하고 있었던 것이다. 워싱턴에서 인디펜던스에 전화했을 때, 아무래도 애치슨은 이 사건을 유엔으로 가져간다는 이상의 것은 아무 것도 권하지 않았던 모양이다. 루이스 존슨이 내셔널 공항에서의 차안에서, 미국은 즉시 강경한 반격으로 나서야 할 것으로 생각한다고 트루먼에게 주장했던 것도, 트루먼이 놈들을 혼내줄 생각이라고 말한 것을 듣고 나서의 일이다.

제1회 블레어하우스 회의에서 미국의 군사작전을 토론하는 계기를 만든 것은 대통령이지, 그의 조언자들이 아니었다. 실제로 브래들레이에 따르면, 통합참모본부는 한국에 관한 의견을 전혀 바꾸지 않았고, 참석자 몇 사람은 지상군의 간여에 반대하는 의견을 냈다. 제2회 회의에서는 브래들레이를 비롯한 군부 대표자들은, 한국에서 싸우는 일이 얼마나 곤란한가를 강조했다. 그러나 트루먼 본인은, 자기가 즉석에 제시한 기본적 결단의 정당성이 의문시되는 논란이 제기되는 것을 어디까지나 피하려고 했다.

제2회 블레어하우스 회의의 다음날 아침에 나온 워싱턴의 정보통 신문기자들의 기사에 따르면, 고관들 대부분이 한반도의 중요성을 거의 인정하지 않고, 또한 한국에서의 군사행동이 너무나 위험이 많아 군사개입을 정당화하는 것이 아니라고 생각하고 있었던 모양이다.[42] 또한 의회의 민주당원들 대부분은 가령 어떠한 결정이든, 대통령의 결정이라면 자진해서 받아들일 의향을 밝히고 있었다.

---

42) *Ibid.*, pp. 159-60. 워싱턴 주재 신문기자 중에는 가장 정보통으로 날카로운 관찰안을 가지고 있던 한 사람, 제임스 레스턴은, 미국이 중개자의 역할을 하고, 적극적 개입을 피하려 함에 틀림없다고 상정하고, 그렇게 보도했다. *New York Times*, June 27, 1950.

공화당원 중에는, 북한의 행동을 루즈벨트와 트루먼의 그릇된 외교정책에서 만들어진 새로운 결과라고 비난한 자도 있었고, 상원 공화당정책위원회에서는 남한에 대한 미국의 "도의적 의무"를 인정하면서도, 다만 그것은 전쟁을 시작해야만 할 의무를 수반하는 것은 아니라고 하는 공식 결의를 밝히고 있었다.[43] 그러므로 가령 대통령이 다른 방침을 취했다 하더라도, 그러한 대통령에게 아마도 관료도 국민도 뒤따랐을 것은 의심할 여지가 없다.

이리하여 미국의 한반도 개입의 원인을 설명하고 분석하기 위해서는, 무엇보다도 트루먼 대통령 개인에 초점을 맞추어야 한다는 것이 명백해진다. 왜 그는 그러한 행동으로 나섰는가? 반도가 전략적으로 무가치하고 전투지역으로서도 불리하다고 그때까지 그가 듣고 있었던 것을, 왜 그는 거의 마음에 두지 않았는가. 왜 전투적인 행동방침을 거의 자동적으로 선택하고 있었는가?

이 답의 얼마간은 트루먼 자신의 행동양식과 기질이나 정신구조 속에서 찾을 수 있다. 그의 개성은 미주리주의 벽촌을 전전했던 소년시대에 육성되었다. 그는 제1차대전 당시 포병중대에서 병역을 마치고 그후 실업계에 들어갔다. 실업계에서는 별로 성공하지 못했지만, 프리메이슨 클럽지부나 재향군인회, 시민단체에서 유력자가 됨으로써 실업계에서의 실패를 충분히 만회하고 있었다. 그후 그는 정치에서 천직을 발견했으나 부패한 정치머신으로 은혜를 입은 정직한 남자로서 세상에 나가지 않으면 안되었다.

그는 키가 작고 지독한 근시라고 하는 불리한 조건을 가지고 있었으나, 천부적인 붙임성과 유머와 한눈에 알아보는 민첩성과 강인한

43) Paige, *Korean Decision*, pp. 45-47.

자신감, 결단력이 뒤섞인 특이한 행동양식을 만들어 내기에 이르렀다. 그 행동양식을 그는 상원의원이 되고 나서도, 대통령이 되고 나서도 견지했다. 한때 그의 참모로 일했던 사람에 의해 그는 다음과 같이 묘사되고 있다. "대통령이란 통치를 위임받은 자라고 그는 생각하고 있었다……. 그가 가진 자신은 스스로 결정하거나 일을 시작하거나 할 때 최고조에 이르렀다……. '만일에' 라든가 '그렇지만' 하고 생각에 잠겨 있을 뿐 결단을 내리지 않는 것만큼 싫어하는 일은 없었다."44)

여기서 심리분석으로 깊이 들어가지 않더라도 우리는 다음과 같은 가설을 제시할 수 있다. 만일 트루먼이 스스로 자기 행동을 표현하기 위해 적당한 형용사를 선택해야 한다면, "유연한"이라기보다 "견고한"을, "신중한" 보다는 "대담한"이라는 형용사를 아마 좋아했을 것이 틀림없다, 라고. 분명 이러한 취향이 1950년의 그의 행동에 영향을 주고 있었다.

앞에 제시한 물음에 대한 답의 나머지 부분은, 냉전의 논리에 의해 주어진다. 트루먼에게는, 자유세계와 공산세계가 전투에 대비하여 서로 대치하고 있는 것처럼 생각되었다. 이미 자유세계는 봉쇄와 억지의 이중전략을 취하고 있었지만, 그 전략목적은 소비에트 체제가 성숙해져서 상호의 공존을 양해할 수 있게 될 때까지 공산주의의 확대를 막는데 있고, 또한 공산주의자들이 포위된 비상선을 돌파해 오는 것을 막기 위해서, 공산주의자들에게 자기 붕괴에의 공포를 조금

---

44) Richard E. Neustadt, *Presidential Power* (New York: John Wiley and Sons, 1960), p. 175. 또한 다음 저술도 참고. Cabell Phillips, *The Truman Presidency: The History of a Triumphant Succession* (New York: Macmillan, 1966), pp. 10-29.

씩 불어넣는데 있었다.

남한의 침략은 바로 이 전략의 성공을 위태롭게 하는 것으로 간주할 수 있었다. 그것은 한편으로는 공산권을 확대시키는 것이었고, 또 한편으로는 무력에는 무력으로 대항한다는 자유세계의 위협이 단순한 엄포가 아니라는 것을 공산측에게 품게 하는 것이었기 때문이다.

트루먼은 이 침략을 그러한 관점에서 보고 있었다. 아시아의 봉쇄선은 아직 유럽이나 중동만큼 명확한 형태로 그어져 있지 않았으므로, 설령 약간은 공산측이 팽창할 기미가 있었다 하더라도, 그다지 그가 놀라는 일은 없었을 것이다.[45] 대체로 러시아측이 원자폭탄을 가지고 있다고 하는 첩보기관의 제보에 트루먼이 놀라움을 보인지 아직 1년도 지나지 않았다. 그는 1949년부터 50년 사이의 겨울에, 수소폭탄 제조를 서두르기로 결정했는데, 그 때의 결정적 이유는, 러시아측도 같은 무기를 이미 개발하기 시작한 것이 아닐까 우려했던 데에 있다.

트루먼은 전체적인 군사력의 면에서는 미국과 동맹국에 아직 여유가 있다고 믿고 있었지만, 쌍방의 군사력에 대한 크레믈린측의 평가가 이런 그의 평가와 일치하고 있는지, 짐작할 수 없었다. 그는 만일 소련이 미국측의 우유부단을 눈치채기라도 한다면, 유럽이나 중동에로 군사공격의 도박에 나서는 사태의 발생을 우려하지 않을 수 없었다. 소련 전문가들은 한국전쟁이 그 자체 한정적인 움직임으로서, 그

---

45) 정부는 당시에 이승만이 비민주주의적이라고 하여 공식적으로 비난하고 있었다. 그후 남한의 자유를 지켜야 한다는 것을 주장하게 되는데, 그러나 남한의 정치제도나 국민의 자유에 대한 관심이 6월의 개입 결정의 주요 동기였다고는 생각되지 않는다. *New York Times*, Jan. 14, 1950; *State Department Bulletin*, XXII(April 17, 1950), p. 602; *ibid*. (April 24, 1966), pp. 10-29를 참고하라.

이외의 장소에서 당장 행동에 나설 가능성은 어디에도 없다고 그에게 충고하고 있었다. 그럼에도 불구하고 트루먼은 안심하지 않았다. 그리고 그는 동맹국 정부에게 제시한 자기의 행동논리를 이렇게 요약했다.

> 자유주의국가에 대한 이 군사침략에 단호하게 대처하는 것이 평화 유지에 있어서 필요불가결한 일이다……. 지금 확고한 태도를 취하는 것이야말로, [소련이] 세계의 다른 지역에서 새로운 행동으로 나오는 것을 저지하는 유일한 방법일 것이다. 만일 우리나라가 우리 나라의 보호 아래 만들어지고, 유엔의 행동에 의해 자유를 추인받은 나라를 지키기 위해 행동으로 나서지 않는다면…… 아시아뿐만 아니라 유럽이나 중동을 비롯한 다른 지역에서도 소련과 인접한 각국 국민의 우리 나라에 대한 신뢰가, 부당할 정도까지 훼손당하게 될 것이다.[46]

트루먼이 이러한 생각을 갖기에 이른 것은, 첫째 그의 최근의 경험에 의한 것이다. 트루먼의 회고록은 그것을 다음과 같이 기술하고 있다.

"만일……한국에 가해진 위협에 강한 태도로 맞서고, 그에 성공한다면 공산주의자의 침략적 움직임에 우리 나라가 반대한 저 이란과 베를린과 그리스에서의 성공에 제4의 성공이 부가될 것이다. 그리고 우리가 그러한 성공을 거둘 때마다……소련은 같은 종류의 행동에 또다시 나선다 하더라도 지금까지보다 조심성이 많아질 것이 틀림없

---

46) Truman, *Memoirs,* II, p. 339.

다."

그러나 이 논리에 따르지 않고 가령 그가 봉쇄와 억지의 추상적이고 거의 수학적이라고도 할 수 있는 논리에만 따르고 있었다 하더라도 현실적으로 취하게 된 이와 동일한 노선을 취하지 않을 수 없었을 것이다.

더구나 미국이 동맹국에 대하여 일종의 우려를 품고 있었기 때문에, 이 논리의 정당성은 한층 강화되었다. 1949년에 트루먼 정권은 북대서양조약을 위한 교섭을 하고 있었지만, 서유럽 국가들은 한 나라든 집단으로든 소련보다 약체였기 때문에, 자기들이 소련의 공격에 저항하는 것을 미국이 원조해 준다는 보증을, 그 교섭 석상에서 받아내고 싶어했다. 그리고 만일 그것이 주어지지 않는다면, 대소(對蘇) 항복 이외에 길은 없다고까지 주장하고 있었다. 이러한 새로운 동맹국가들이 미국을 신뢰하지 않게 되는 사태가 오는 것을 트루먼이 우려하고 있었음은 당연한 일이다. 「뉴욕타임스」에서 글렌 페이지는 그 때의 교섭 모습을 짧게 보고하고 있다.

> 국가의 수뇌들은 의심스러운 눈길로 워싱턴을 노려보고 있었다. 인도차이나를 걱정하고 있는 프랑스는 미국이 스스로 "보호하고 있는 한국"을 정말로 파멸에서 구할 생각인가 아닌가를 확인하려고 했다. 네덜란드의 각료들은 전원 같은 눈길로 회의에서 나왔는데, 그것은 마치 "……한국에 발을 들여놓는 것이야말로 미국의 의무이고, 그것을 게을리하면 서방측의 위신은 전세계에서 실추될 것이다"라고 말할 듯한 기세였다.[47]

47) Paige, *Korean Decision*, p. 159.

워싱턴에 도착하자 해리먼은 대통령에게 이렇게 보고했다. 유럽 사람들은 "한반도에서의 도전에 우리가 대처할 수 없는 것이 아닐까 진지하게 염려하고," 미국이 "대처할 수 없는 경우에는 확실히 자기들에게 재난이 닥쳐온다"고 생각하고 있다, 라고.[48] 그리고 트루먼은 만일 미국이 한국전쟁에 참가하지 않는 경우에는, 단지 소련을 대담하게 만들뿐만 아니라 유럽에 소련이 진출해 오는 것을 그토록 곤란하게 했던 장벽도 붕괴시키게 될 것이 틀림없다고 우려하고 있었다. 실로 후자의 이 의혹이 그의 마음을 무겁게 내리눌렀을 것이다.

게다가 내정에 대한 배려도 대통령의 생각에 그림자를 드리우고 있었을 것이다. 확실히 그는 외교문제가 내정에 좌우되는 일이 없도록 처리해 왔음을 자랑으로 여겼고, 한번은 블레어하우스 회의에서 내정상의 배려를 너무 문제삼는다 하여 웹 차관을 비난했던 일도 있었다. 하지만 테오도어 C. 소렌슨이 기록하고 있듯이, "자기는 '내정으로 번민하는 일은 없다'고 주장하는 대통령도 있을지 모르지만, 그러나 가장 넓고 가장 진실에 가까운 의미에서의 내정상의 배려는 (비정치적으로 보이는 결정도 포함하여) 대통령의 모든 결정에 영향을 주고 있는 것이다."[49]

1950년 6월의 시점에서 트루먼은 중국을 "상실"한 탓에 고조되고 있던 비난에 직면하고 있었다. 조셉 R. 매카시 상원의원은 이 문제[중국 상실]를 비롯한 불행한 사태 전개의 근원이 국무부 내에 205번

---

48) Truman, *Memoirs,* II, p. 340.

49) Paige, *Korean Decision,* p. 141; Theodore C. Sorenson, *Decision-Making in the White House* (New York: Columbia University Press, 1963.), pp. 43-44.

이나 81번, 57번의 [당적] 증명서를 가진 공산주의자가 있기 때문이라고 비난했다. 그리고 매우 많은 시민들이 이 매카시의 비난에 강한 인상을 받았다. 실제로, 86퍼센트의 시민이 그 비난을 알고 있었고, 그에 비해 대만 방위문제에 대해 알고 있던 시민은 49퍼센트에 불과했다.[50)]

상원 공화당정책위원회가 남한을 위해 싸울 의무는 미국에 전혀 없다고 하는 결의를 냈음에도 불구하고, 대통령은 남한이 정복된 경우에는 그 정복되었다고 하는 사실이 또한, 그의 정권을 공격하는 비난의 그물 속에 빠져들리라는 것을 쉽게 상정할 수 있었다. 대중이 그의 정치지도력을 지지하고 있는지를 묻는 여론조사에 따르면, 지지한다고 한 비율은 1949년 1월의 69퍼센트에서 1950년 1월의 45퍼센트로, 다시 한반도 위기 전야에는 37퍼센트로 하강선을 그리고 있었다. 이리하여 그의 인기는 1946년 10월(의 32퍼센트)이나 1948년 4월(의 36퍼센트)이라는 초기에 보여진 낮은 지지율에 접근하고 있었던 것이다.

과거 그가 이 낮은 지지율에서 인기를 회복할 수 있었던 것은, 첫 번째(46년) 경우에는 트루먼 독트린을, 두 번째(48년) 경우에는 베를린 공수를 단행한 것에 의한다.[51)] 트루먼은 공화당의 주도권이 애치슨에 의해 "초보수주의자"로 명명된 사람들의 손으로 급속하게 옮겨갔기 때문에, 또한 의회선거가 불과 4개월 정도 앞으로 다가왔기 때문에, 뭔가 극적인 일을 하여 전쟁에 따르기 마련인 거국 일치의 감정을 이용하려고 마음먹고 있었을지 모른다.

만일 그렇다고 한다면, 의심할 여지없이 그는 다음과 같은 애치슨

---

50) Paige, *Korean Decision*, pp. 45-47.
51) *Ibid.*, p. 45.

의 조언의 정당함을 이해할 수 있었을 것이다. 즉, "한국에서 우리가 견고한 태도를 취한 탓에 생겨난 국민의 열렬한 지원이 앞으로도 영속할 것으로 기대할 수는 없을 것이다……. 설령 강력한 외교지도력을 보이더라도 그것이 사상자와 무거운 세금을 수반하는 것이라면, 오히려 인기 하락을 빚어낼 것이다."[52] 그러나 그럼에도 불구하고 트루먼은 자기의 직감에 따라 그 국민의 열렬한 지원이 적어도 11월 말까지는 유지될 것이라고 느끼고 있었을지 모른다.

하지만 이와 같이 트루먼 자신의 개인적 행동양식이나, 봉쇄와 억지의 논리나, 유럽에서의 요청이나, 내정에의 배려와 같은 것을 고려에 넣더라도 왜 그가 그와 같은 행동을 취하기에 이르렀는가 하는 물음에 대하여 아직 충분히 납득할 수 있는 설명을 끌어낼 수가 없다. 그의 결단 자체에 대해서는 보다 자세한 설명이 가능할지 모르지만, 결단을 내린 방법에 대해서는 아무래도 설명이 되지 않는다. 아니 그뿐 아니라 지금까지 언급해온 요인을 보면, 갈수록 당혹스러울 뿐이다. 왜냐하면 그는 결정하는 것 자체를 특히 즐겨했을 뿐만 아니라, 동시에, 정책결정자는 어떤 결단을 내리기 전에 사실을 알고 모든 당사자의 의견을 들어야만 한다는 생각까지도 강하게 가지고 있었기 때문이다.[53]

제1회 블레어하우스 회의에서 자기는 "어떤 의견이라도 들을 생각이다" 라고 주장하거나 즉시 행동으로는 나서지 않는다고 웹에게 약속하거나 한 것은, 대통령이 어떻게 행동해야 할 것인가에 관한 스스로의 생각을 나타낸 것이었다. 특히 이전에 두 번씩이나 한국은 미국에 있어서 하찮은 가치밖에 지니지 않는다는 결정을 내렸기 때문

52) Acheson, *Present at the Creation,* p. 411.

53) Truman, *Memoirs,* II, p. 1; Neustadt, *Presidential Power,* pp. 172-73.

에, 그는 그 성격에서 말하더라도 초기의 입장이 잘못되어 있었음을 증명할 설득력 있는 논제를 제시해야만 한다고 생각했을 것이다.

가령 트루먼이 봉쇄와 억지의 논리에만 따랐다 하더라도, 그는 도달한 결론과는 정반대의 결론에 매우 용이하게 도달할 수도 있었고, 또한 교활한 크레믈린의 전략가들이 미국을 함정에 빠뜨리려 하고 있다고 억측할 수도 있었을 것이다. 또한 소련의 전략가들이 미국에 불리해질 만한, 그것도 소련 스스로는 아시아의 무한의 인력을 이용하여 최소한도의 비용과 위험을 부담하는 것만으로 싸울 수 있는 전장을 선택했다고 추찰하는 일도, 또한 그 전장이 소련에 있어서 잃을 것은 거의 없는 전장이라고 추론할 수도 있었을 것이다.

그러므로 아마도 설령 미국이 싸움에 이겼다 하더라도 미국은 단지 가치가 거의 없다고 인정되고 있는 토지를 되찾게 되는데 불과할 것이고, 북한을 패배시킬 수 있더라도 미국의 위신을 높일 수는 없을 것이다. 하지만 만일 소련이 아시아의 멀리 떨어진 한 모퉁이에 미국군을 붙박아 놓을 수 있다면, 소련이 유럽이나 중동의 봉쇄선을 살피다가 거기서 전투를 시작할 가능성이 높아지는 일은 있어도 낮아지는 일은 없을 것이다.

유럽의 동맹국에 관해서 말한다면, 미국이 [한국과 같은] 별로 중요하지 않은 지역에서 보유 전력이나 잠재 전력을 낭비하지 않는 현명함을 갖추고 있음을 동맹국들이 확신하게 되면, 그 동맹국들은 그만큼 우려를 하게 되는 것이 아니라, 심정적으로도 사실상으로도 오히려 안심하게 될 것이라고 하는 논리를 트루먼은 주장할 것이 틀림없다. 그러한 논리가 트루먼의 가슴을 스치고 있었던 것은, 한국 이외의 지역에서의 소련의 활동에 대해 그가 집요하게 묻고 있었던 것에서도 분명해진다. 하지만 그럼에도 불구하고 트루먼은 “놈들에게 뜨거운 맛을 보여주겠다"고 하는 최초의 충동을 뒤집을 논리나 증거에 진심으로 귀를 기울이지는 않았던 것 같다.

트루먼이 귀를 기울이지 않았던 것은, 다만 그가 그렇게 함으로서 국민의 인기를 단기간에 모을 수 있다고 직감적으로 깨달았기 때문에 다름 아니라고 주장하는 자도 있으나, 그것은 거의 신빙성이 없는 주장이다. 또한 그의 성격 자체도 그가 참가하고 있던 무서운 국제정치의 논리도, 그 이유를 설명하는데 충분한 것이 아님을 아울러 생각한다면, 더욱 결정적인 이유가 달리 있었음에 틀림이 없다.

내가 기록을 읽은 범위에서, 그 이유란 가까운 과거에 대하여 그가 가지고 있던 일련의 신념에 틀림없을 것이다.

트루먼은 1930년대가 평이하고 틀림없는 교훈을 가르쳐주는 것으로 보고 있었다. 그는 옛날의 일을 숙지하고, 자주 그것을 언급하고 있었다. 남한대사를 격려했을 때 그는, 단순히 1917년에 미국이 동맹국을 구원했던 사실뿐만 아니라 밸리=퍼즈 전투 후에 워싱턴이 다시 일어섰던 이야기도 꺼냈다. 1949년에 한국에서 철군하는데 찬성했을 때 그는 남북전쟁 후의 이른바 재건을 진지하게 달성하려고 했던 남부의 선조들에 대해 생각하고 있었다——아니, 적어도 회상하고 있었다.[54)]

그러나 이와 같은 유비(類比)도, 제2차대전 전의 10년간을 회상하여 그 안에서 그가 끌어낸 유비에 비한다면, 거의 힘을 갖지 않았던 것 같다.

트루먼은 1934년에 신참 상원의원이 되고 나서, 대다수 의원들과 함께 중립법안에 찬성했다. 회고록에 따르면, 그는 미국을 제1차대전

54) Paige, *Korean Decision*, p. 158; Truman, *Memoirs*, II, p. 328.

에 참전시키는 오류를 범하게 한 장본인이 군수산업가와 은행가라고 하는 설을 당시 굳게 믿고 있었다.[55] 하지만 트루먼은 다른 많은 사람들과 마찬가지로 진주만 공격 이후에 일종의 전향을 경험하고, 과거의 자기가 취한 입장에 수치와 죄의식을 느끼기 시작했다. 그 무렵부터 그는 일본과 이탈리아와 독일이 최초에 국제연맹 규약에 도전해왔을 때에 연맹이 결속하여 싸우지 않았던 것이야말로 오류였다고 확신하게 되었다. 또한 미국이 군비를 강화하지 않고, 침략에 힘으로 반격하는 것을 지지도 지도도 하지 않았던 것이야말로 잘못이었다는 것도 확신하게 되었다.

이러한 확신이 국제정치에 대한 이후의 그의 사고의 기초가 되었다. 핵무기의 국제관리를 생각했을 때에도 아직 그는 해군군축조약의 선례에 생각이 미치지 않았다. 그때의 일을 바루크는 이렇게 회상한다.

> 결국 조약위반의 죄를 범한 나라에게 우리가 줄 수 있는 벌은 전쟁밖에 없다, 고 나는 지적했다. 트루먼 씨는 이 점을 확신하고 있었다. "나는 당신과 완전히 같은 의견이다" 라고 그는 말했다. 일본이 만주에 침입했을 때, 만일 일본에 제재를 가해야 한다고 한 헨리 스팀슨의 요구에 세계가 따르고 있었다면, 제2차대전은 발발하지 않았을 것이라고까지 그는 언명했던 것이다.[56]

북한의 [남한에 대한] 공격 소식을 불안에 떨면서 처음 들었을 때,

---

55) *Ibid.*, I. pp. 153, 189-90.
56) Bernard M. Baruch, *The Public Years* (New York: Holt, Rinehart and Winston, 1960), p. 368.

트루먼은 가령 표면상의 유사성이라 해도, 1930년대와의 유사성을 생각하고 있었다. 당시를 회상하여 그는 인디펜던스에서 워싱턴에의 비행기로 향했을 때의 일을 다음과 같이 기록하고 있다.

> 기내에서 나에게는 생각할 여유가 생겼다. 나와 같은 세대의 인간에게 있어서 이 사건은, 강자가 약자를 공격한 최초의 사건이 아니었다. 나는 만주, 에티오피아, 오스트리아 같은 사건을 회상하고 있었다. 민주주의국가가 행동을 게을리했을 때마다 침략자들을 전진시키게 되었음을 상기했다. 10년 전, 15년 전, 20년 전에 히틀러와 무솔리니, 일본이 활동했던 것과 마찬가지로, 그 때 공산주의자가 한국에서 활동하고 있었다……. 만일 그것이 어디서나 도전을 받지 않고 그대로 활동하도록 내버려두었다면, 마치 같은 종류의 사건이 과거 제2차세계대전을 야기했듯이 제3차세계대전을 야기하게 될 것이다.[57]

회고록의 다른 부분에서 트루먼은 "나는 역사를 돌이켜보며 선례를 찾도록 자신을 훈련해왔다"고 주장하고 있다. 1957년에 글렌 페이지의 질문을 받았을 때에도 그는 "「올바른 행동원리」에 대한 명확한 지침이 「역사의 교훈」에 의해 주어졌다고 하는 신념"을 자기는 가지고 있다고 단언하고, "북한의 침략이 갖는 중요성도 과거 경험의 저울에 올려 측정했다"고 말하고 있다.[58]

조언자들과 이야기를 하면서도 트루먼은, 자기가 역사가 가르치는 교훈에 신뢰를 두고 있음을 밝히고 있었다. 그의 분석에 의문을 던지

---

57) Truman, *Memoirs,* II, PP. 332-33.

58) *Ibid.,* p. 1; Paige, *Korean Decision,* p. 114.

는 조언자는 한 사람도 없었다. 실제로 그들은 거기에 찬성을 나타내고 있었다. 제1회 블레어하우스 회의에서는 적어도 출석자 중 한 사람이 1930년대의 일본이나 이탈리아, 독일의 침략과의 역사적 유사성을 예로 인용하고 있었다.

게다가 페이지에 따르면, 제2회 회의에서는 출석자 전원이 다음과 같은 주장에――즉 "침략에 대한 격퇴를 거부하는 것은 「유화정책」에 다름 아니고, 또한 유화정책은 역사가 가르쳐주듯이 결국 전쟁을 초래하는 것이다" 라는 주장에――찬성했다. 러스크의 회고에 따르면, 정부의 결정은 한국과 거의 아무런 관계도 없었다―― 결정은 "만주사변 이래의 세대 전체를 위해 행해지려 하고 있었던 것이다."[59)]

신문이나 특히 의회 소식통으로부터의 반향은, 단지 그러한 트루먼 자신의 확신을 강화하는 것일 뿐이었다. 그가 항상 구독하고 있던 신문――<워싱턴포스트>, <볼티모어선>, <뉴욕 헤럴드트리뷴>, 그리고 <뉴욕타임스>는 그 사설에서 1930년대와의 유사성을 언급하고 있었다. 상원의 토의에서는, 뉴햄프셔주 선출의 스타일즈 브릿지스, 캘리포니아주 선출의 윌리엄 F. 노랜드, 위스콘신주 선출의 알렉산더 L. 윌리 등의 공화당 의원이 각기 비슷한 언급을 했다. 하원에서는 뉴욕주 선출 제이콥 자비츠 공화당의원이 국제연합과 연맹과의 차이를 "한국과 에티오피아"의 차이로서 특징짓고, 코네티컷주 선출의 에이브라함 리비코프 민주당의원은 "오늘의 북한측 군사행동과 제2차대전을 야기한 군사행동 사이에 거의 차이는 없다. 양자는 실로 흡사하다!"고까지 주장했다.[60)]

---

59) *Ibid.*, pp. 178, 331.
60) *Ibid.*, pp.151-53, 199, 220.

즉 트루먼 한 사람만이 가까운 역사의 교훈을 이해하고 있다고 확신했던 것은 아니었다. 하지만 조급하게 전쟁의 결단을 내리도록 촉구한 것은 바로 트루먼 자신의 그 확신이었던 것은 의심할 여지가 없다.

당초에 행해진 토의와 결정에서는, 한반도는 하찮은 가치밖에 갖지 않는다고 평가되고, 따라서 한국에서 전쟁을 하는 것은 피해야 한다고 결론이 내려져 있었기 때문에, 특히 1950년의 결정은, 역사를 믿는 것의 유효성을 선명하게 묘사해 보여주고 있다. 한반도에서의 사건을 가까운 과거의 한 사건과 유사한 것으로 파악했을 때, 그 유사성에서 끌어낸 원리가 기능을 시작하고, 그 이전에 행해졌던 모든 계산이 효력을 잃었다.

대통령이 역사의 교훈을, 또는 그 교훈을 한국의 경우에 적용할 수 있음을, 그렇게까지 강하게 믿지 않았다면, 그는 더욱 많은 불안에 시달리고 있었을 것이다. 그리고 조언자들이 대통령이 가지고 있던 확신에 승인을 주고 그에 찬성하지 않았다면, 그들은 다른 방책을 짜내고 그 방책의 유리성과 불리성을 더욱 신중하게 계산하고 있었을 것이다.

하지만 가령 트루먼이 다른 결정을 내렸다 하더라도 그것이 더 좋은 결과를 가져왔다고 단언할 수는 없다. 소비에트의 외교정책에 관하여 서구에서 가장 냉정한 분석자라고 할 수 있는 애덤 울람은, 스탈린이 북한의 공격에 승인을 내린 것은 유럽과 중동을 방위하는 미국의 의지를 시험하기 위해서였다고 하는 설을 의문시하고, 그 설 대신에, 다음과 같은 추정을 하고 있다. 즉, 스탈린은 중국에서의 미국의 행동을, 이미 미국이 아시아 대륙을 포기했음을 나타내는 것으로 해석하고, 그 때문에 "간단한 일소작전"을 실행할 호기가 도래한 것

으로 판단했던 것이라고.[61)]

하지만 가령 그러했다 하더라도 만일 한국에서 공산측이 신속한 승리를 거두었다면 크레믈린 내의 "매파"는 더욱 대담해졌을 것이고, 또한 만일 미국이 반격하지 않았다면, 일본이나 동남아시아를 비롯한 나라 사람들은 공산주의자와 타협해 나가는 것이 더욱 안전하다고 결론을 내렸을 것이다. 또한 그러한 일련의 사태가 발생한다면, 소비에트와 미국 사이에 불가피한 전쟁상황이 초래되었을지도 모른다. 20년의 세월을 거친 오늘날에도 트루먼의 결정에 단정적 평가를 내릴 수는 없는 것이다.

또한 트루먼과 측근이 역사를 원용할 때 보다 사려분별을 가지고 있었다면, 다른 결정이 내려졌을 것이라고 하는 주장에도 하등 확신할 것이 없다. 1930년대의 상황과 1950년의 상황이 많은 점에서 다르다는 것을 깨닫기 위해서는, 거의 분석을 가할 필요도 없었을 것이고, 한반도를 지배하는 것이 제정 러시아의 목적이고, 스탈린이 끊임없이 황제들의 야망을 성취시키려 하고 있었음을 상기하기 위해서도 그 이상의 분석은 거의 가할 필요도 없었을 것이다.

그리고 만일 이 러시아의 역사를 마음에 담고 있다면, 트루먼과 조언자들은 공산주의자의 행동을 세계 제패를 위한 새로운 작전의 제1보로서가 아니라 옛 작전의 마지막 행동으로서 파악할 수 있음을 깨달았을 것이다. 또한 만일 그들이 한 걸음 더 나가, 자기들이 원용하고 있는 유비(類比)의 타당성에 대하여 더욱 적당한 역사사실을 생각해 냈다면, 자기들의 추론에 있어서의 중요한 요소가 잘못되어 있

61) Adam B. Ulam, *Expansion and Coexistence: The History of Soviet Foreign Policy, 1917-67* (New York: Frederick A, Praeger, 1968), p. 519.

음을 깨달았을 것이다.

하지만 그럼에도 불구하고 그들은 결국 자기들의 추론에 이끌려 같은 결론에 도달했을지도 모른다. 그리고 그렇게 된 경우, 즉 과거의 역사적 사실에서 끌어낸 교훈으로 생각되는 것이 결정적 영향력을 가지고 있었던 듯이 생각되는 경우에도 역시, 역사를 예로 삼는 것은 [그들의 행동의] 정당화 과정의 일부에 불과했을지도 모른다. 즉 트루먼을 비롯한 사람들이 역사의 선례가 갖는 중요성을 강조한 것은, 선례 자체가 하나의 확신을 가져다주고 있었기 때문이 아니라, 뭔가 더욱 깊은, 어쩌면 무의식적인 정신과정 속에서 품게 된 확신 자체가, 역사적 선례에 의해 강화되고 있었기 때문일지도 모른다.

트루먼과 그토록 많은 측근이, 1950년의 미국 상황을 1930년대의 서구민주주의 국가 상황과 유사한 것으로 생각한 것은 무슨 이유인가? 이 의문이 여기서 제기되어야만 한다.

첫째로 생각할 수 있는 답은, 실제로 양자가 흡사했기 때문에 양자를 비교하지 않을 수 없었다고 하는 것이다. 둘째는 그들이 그 시기에 청년기를 보냈기 때문에 30년대의 사건에서 특별히 깊은 인상을 받았다고 하는 답이다. 그리고 세 번째는, 공산주의를 나치와 동일시하고, 30년대에 관한 친숙한 지혜를 원용함으로써 평소에 실행하고 싶다고 생각했던 것을——즉 그들이 갖는 자본주의적 제국주의 이데올로기라든가, 본능적 공격충동이라든가, 마음속 깊이 묻어두고 싶은 또 다른 어떤 것 등에 마음이 움직여 자기들이 실행하고 싶다고 생각했던 것을——행동으로 옮기기 위한 도의적 정당화가 이루어졌다고 하는 답이다.

예상되는 이러한 세 가지 답은, 서로 모순하는 것이 아니다. 확실히 트루먼과 고문들이 1930년대에서 유사성을 찾은 것은 쉽게 이해할 수 있는 일이었고, 북한의 공격을 소련이 적어도 승인했던 것은 전혀 의심할 여지가 없을 것으로 생각되었다. 심지어 이 사건을 대국에 의한 소국의 군사침략의 사례로서 규정한 것도, 사리에 닿는 것이었다. 또한 트루먼이 든 30년대의 선례는 분명 같은 범주에 속하는 역사적 선례의 주요 사례였다. 가령 대통령과 그 조언자를, 자기들이 경험한 범주 속에서만 일을 생각했다고 해서 비난할 수는 있더라도, 30년대의 선례와 한반도의 사례 사이에는 비교하지 않을 수 없을 만큼 유사한 요소가 충분히 있었음도 부정할 수 없는 사실이다.

분명히 1930년대의 사건은, 트루먼과 대부분의 동료들 기억에 특별히 깊은 흔적을 남기고 있었다. 1950년에 62세였던 대통령은, 루즈벨트가 살아있었다면 같은 나이가 될 정도의 연령이었다. 당연한 일이지만, 그는 연맹 가맹을 둘러싼 논쟁을 기억하고 있었다. 하지만 당시의 문제는 그에게 있어서 루즈벨트가 느끼고 있었던 만큼 중요한 문제가 아니었다. 제2차대전 중에 그가 말했던 것은, 자기가 속한 당의 지도자들이 말했던 것의 반복에 불과했다.

예컨대 1942년의 선거에서 트루먼은 다음과 같이 단언했다. "우리는 1919년부터 20년까지 한줌의 고집스런 사람들 때문에 세계에 대한 우리의 의무를 떠맡을 수 없게 되었던 것이고, 오늘 또한 이와 동일한 일이 일어나고 있다. 이번 세계대전은 1919년부터 20년 사이에 고립주의자가 취한 태도의 결과라고 나는 진심으로 확신하는 바이다."[62]

그러나 후에 그가 대통령으로서 직무를 수행하게 되자, 그의 마음은 자기가 국정에 직접 간여하게 되고부터 발생한 역사적 사건으로

---

62) 78 Cong., 1 sess., *Congressional Record* (Nov. 2, 1943), p. 8993.

향하기 시작했다. 그리고 애치슨, 루이스 존슨, 러스크, 제사프를 비롯한 트루먼의 측근이 국제관계의 여러 문제에 지적으로도 감정적으로도 흥미를 갖게 된 것은, 1931년에 시작되는 일련의 위기의 결과이다. 그들 모두에게 있어서 실로 30년대는 역사상 가장 생생한 시대에 다름 아니었다.

바로 그것 때문에 그들의 마음속에서 어떤 숨겨진 힘이 움직이고, 그 힘이 반은 잊혀졌던 과거를 전면으로 밀어냈을 것이다. 그리고 그 과거야말로 그들이 힘을 이용하고, 또한 큰 힘을 획득하고 자기들의 신조를 부정하는 자들을 그 힘으로 배격하려고 하는, 그 억제하기 힘든 충동을 최대로 강화하는 것에 다름 아니었다. 토마스 리프카가 밝히고 있듯이, 이 무렵 이미 미국의 관료 사이에서는, 소련을 파시스트 이탈리아나 나치 독일과 동등하게 취급하는 어휘가 만들어지고 있었다.

"전체주의"라는 말은 전에는 후자에만 적용된 것이었는데, 이제 그 의미가 확대되어 러시아를 포함하게 되었다.[63] 어떤 말을 이렇게 거의 무자각적으로 어떤 사실에 적용해 가는 것 자체, 개개인의 무의식적인 숨은 심리과정을, 역으로 밝혀주는 것일지도 모른다. 이것은 입증도 반증도 할 수 없는 가설이다. 하지만 그럼에도 불구하고 이상의 것을 우리는 아무래도 고려하지 않을 수 없다.

그 한국전 개입 결정에 관해서조차――미국의 정치가가 역사에서 추측한 교훈 때문에 지금까지 행해온 계산을 일체 무시해 버린 것처

---

63) Thomas E. Lifka, "The Concept of Totalitarianism for the Making of American Foreign Policy with Respect to the Soviet Union, 1933-1953," Ph, D. thesis in progress, Harvard University.

럼 생각되는 그 결정에 관해서조차——, 가령 역사를 더욱 비판적, 체계적으로 이용하고 있었다 하더라도, 결과는 아마도 마찬가지였을지 모른다. 하지만 가령 그것을 인정한다 하더라도, 트루먼과 조언자들이 역사적 증거가 자기들의 추론 속에서 중요한 역할을 하고 있었음을 인정했어야 한다고 오늘 주장할 수는 있다.

그들이 고집을 부리려고 했던 것이, 역사의 한 조각에 불과했다고 하는 사실——또한 아직 충분히 냉정하게 검증된 일도 없는 역사의 한 조각이었다고 하는 사실——도 인정했어야 할 것이다. 만일 그들이 자기들의 생각 속에 잠재한 이러한 특질을 깨닫고 더욱 신중한 고찰을 가하면서 역사를 원용하려고 했다면, 아마도 많은 인명을 낭비하거나 파괴를 일삼거나 하는 방책을 선택하기 전에 그와는 다른 방책을 진지하게 분석해 보았다고 하는 사실이, 적어도 그들의 토의를 기록하는 기록 속에나마 남아있을 것이다. 하지만 그들은 그렇게 하지 않았다.

제4장 베트남

——프로크루스테스의 침대——

한국전쟁 발발 2년이 지난 이후의 미국 외교정책의 실태는, 별로 소상히 밝혀진 것이 없다. 1951년의 의회조사에서 한국전쟁에의 개입과 수행에 대하여 많은 증거가 밝혀졌지만, 그후 같은 조사가 실행된 일은 없었다. 아이젠하워 정권 시대의 사건에 대하여 몇 가지 연구가 이루어졌으나, 그것은 모두 인터뷰를 토대로 한 것으로 동시대 정부문서의 뒷받침을 얻는 것은 거의 없다.[1)]

아래의 주에 인용된 업적 이외에 이 장의 주제의 고찰에 있어서, 특히 다음과 같은 것이 필자에게 유익했다. Chester Cooper, *The Last Crusade: America in Vietnam* (New York: Dodd, Mead, 1970); Daniel Ellsberg, "Escalating in a Quagmire," *Public Policy* (Spring 1971), pp. 217-74; Leslie Gelb, "Vietnam: The System Worked," *Foreign Policy,* II (Summer 1971), pp. 140-67, and "The Essential Domino: American Politics and Vietnam," *Foreign Affairs,* L (April 1972), pp. 459-75; Arthur M. Schlesinger, Jr., *The Bitter Heritage: Vietnam and American Democracy 1941-1965* (Boston: Houghton Mifflin, 1967). 그리고, James C. Thomson, Jr., "How Could Vietnam Happen?" in Robert

사람들은 아마도 아이젠하워나 존 포스터 덜레스 국무장관을 비롯한 각료들도 전임자인 민주당 각료들과 마찬가지로, 유추나 역사의 예측을 단지 무비판적으로 행하고 있었음에 틀림없다고 상정할지도 모른다. 그러나 실제로 그러했는지 어떤지를 확인할 수 있는 자료는 오늘날 여전히 극비 취급이 되어있는 상태이다.

그후의 케네디 정권의 실태가 아이젠하워 시대의 그것보다 조금은 더 세상에 드러나고 있는 것은, 이 대통령이 비극적인 죽음을 맞고, 아더 M. 슐레진저 주니어나 테오도어 C. 소렌슨이 방대한 자료를 토대로 전기를 저술했기 때문이다. 또한 쿠바 미사일위기에 관한 매우 귀중한 연구가 인터뷰를 중심자료로 하여 몇 가지 출판되어 있다.[2] 하지만 그럼에도 불구하고 역사의 교훈이 정책 속에 채용되고 있었다면, 대체 그것이 어떠한 형태로 채용되었는지, 그 의문을 상세히 검토할 수 있는 기록은 아직 공개되지 않았다.

Manning and Michael Janeway, eds., *Who We Are: An ATLANTIC Chronicle of the United States and Vietnam* (Boston: Little, Brown, 1969), pp. 196-212. 또한 1960년대의 미국과 아시아에 관한 미완결 원고를 읽어보게 해주신 윌리엄 p. 번디와 베트남에 관한 전문지식을 가르쳐 주신 알렉산더 B. 우드사이드에게 감사 드린다.

1) Harman Finer, *Dulles over Suez* (Chicago: Quadrangle Books, 1964)는 방대한 인터뷰자료를 정성들여 모은 것이다. Richard E. Neustadt, *Alliance Politics* (New York: Columbia University Press, 1970)는 그보다 더욱 통찰력이 풍부한 인터뷰를 기초로 한 간명한 연구이다.

2) Arthur M. Schlesinger, Jr., *A Thousand Days: John F. Kennedy in the White House* (Boston: Houghton Mifflin, 1965); Theodore C. Sorenson, *Kennedy* (New York: Harper and Row, 1965.), 쿠바 미사일위기에 대해서는, Elie Abel, *The Missile Crisis* (New York: J. B. Lippincott, 1966)와 특히 Graham T. Allison, *Essence of Decision: Explaining the Cuban Missile Crisis* (Boston: Little, Brown, 1971.)를 참고.

충분한 자료에 의해 오늘날에도 분명히 밝힐 수 있는 결정이라고 하면, 베트남에 관한 케네디, 존슨, 두 정권의 결정뿐이다. 그것은 로버트 맥나마라 국무장관이 베트남의 결정에 관한 기록을 정리해 두도록 명하고, 그 극비취급의 기록 집필자 중 한사람 다니엘 엘스버그가 그 대부분을 신문사에 건네주기로 작심하고, 그것이 이윽고 활자화되었기 때문이다. 이 출판물이나 관계자들의 회상록을 기초로 하여, 1960년대 초기와 중기의 미국의 베트남 정책 배후에 있던 논리는 오늘날 불완전한 형태이긴 하나 재현할 수 있다.

당시 이미 미국의 통치기구는 변화하고 있었다. 국가안전보장을 다루는 기관이나 개인의 숫자는 대폭으로 늘어났다. 정보 수집이나 외교교섭, 외교·군사에 관한 행동과 첩보활동에 대한 입안과정 등, 모두가 이전보다 훨씬 신중해지고 공을 들이고 있었다. 사람들은 바로 그 때문에 아마도 정책 입안과정에서, 단순한 역사적 추론이 이전만큼 중요한 역할을 하지 않게 된 것이 아닐까 상상할지도 모른다. 하지만 사실은 그렇지 않다.

1961년에 케네디가 대통령이 되었을 때, 그는 해외의 많은 지역에서 일어나는 다양한 문제에 직면하게 되었는데, 베트남은 그 문제의 첫 번째에 위치한 것은 아니었다. 1954년에 프랑스가 그 땅에서 패배한 후 제네바 회의에서 국토가 분단되고, 북위 17도선 이북에 호치민이 공산주의자가 지배하는 국가를 만들고, 그 남쪽 영역을 비공산주의자들이 통치하게 되었다. 그리고 당시 거의 모든 사람들은 공산주의자가 이윽고 전 국토를 제패하게 될 것이라고 생각하고 있었다. 하지만 놀랍게도 그러한 사태는 일어나지 않았다. 남베트남이 고딘디엠 대통령 아래서 독립을 유지했던 것이다.

디엠 정권은 미국에서 대규모 원조를 받고, 당초에는 영속적이고

안정된 정권이 될 것으로 생각되고 있었다. 사이공의 미국인들은 공산주의자가 이끄는 민족해방전선의 게릴라활동이 날이 갈수록 증대하고 있음에도 불구하고, 디엠이 정권을 유지하기 위해서는 미국의 원조를 약간 더 늘리면 그것으로 충분하다고 판단했다. 따라서 케네디는 미국이 남베트남에 어느 정도를 무엇을 위해 원조하는지 결정해야만 한다고 걱정하고 있었으나 그것은 어디까지나 예산상의 문제를 중심으로 한 것에 불과하고, 그의 앞에는 그밖에도 비슷하게 중요한 문제가 산적해 있었던 것이다.

오히려 신임 대통령의 관심의 표적이 된 것은 베트남의 이웃 라오스 문제였다. 거기서는 북베트남이 오랫동안 파테트 라오를 지원하고, 파테트 라오는 여러 차례 승리의 문턱까지 갔었다. 이미 비밀리에 미국 첩보기관은 반공주의자들에게 원조하고 있었다. 한편 소련 정부도 케네디 대통령 취임 직전에 북베트남과 함께 공공연히 파테트 라오에게 원조하기 시작했다. 소련의 항공연대가 인가가 드문 라오스 고원의 착륙장에 내려서 무기와 장비를 내려놓고 갔다. 라오스는 베를린과 마찬가지로 두 초대국이 힘으로 대결하는 장소로 변해갔던 것이다.

그런데 케네디 신임 정권이 발족한지 얼마 되지 않았을 무렵, 한때 이 라오스보다 쿠바 쪽이 문제가 되었던 때가 있다. 이미 1959년에 쿠바는 게릴라에 의해 권력이 찬탈되었으나, 그 지도자 피델 카스트로는 당시부터 자기를 공산주의자라고 선언하고 소련과 동맹관계를 수립하고 있었다. 한편 쿠바의 반공주의적 망명자들은 CIA로부터 쿠바정부 전복을 위한 지원을 확보하고, 또한 이 망명자 군단을 쿠바에 상륙시킨다는 CIA의 계획에 케네디는 승인을 내렸다. 그러나 피그스만에서 감행된 작전은 완전한 실패로 끝났다. 케네디는 그 실패에 대한 비난을 공적으로 감수하지 않을 수 없었다. 그리고 내심 그는 이후 관료기구로부터의 조언이나 권고를 그다지 신용해서는 안 된다고 다짐했던 것이다.

그후 케네디는 또다시 라오스 문제로 돌아가, 곤경을 타개하기 위한 방책을 진지하게 토의케 했다. 측근 중에는 미국군을 파견하자고 제안하는 자도 있었다. 그러나 대통령은 피그스만에서 발생한 사태를 통합참모본부가 그에게 경고할 수 없었던 것을 씁쓸한 기분으로 상기하고, 참모총장들을 향해 그러한 정책을 취하면 어떠한 결과가 되는지, 우선 성공 가능성을 분명히 해두고 싶다고 말했다. 이에 대하여 그들은 다만 대량의 지상군을 투입하지 않는 한, 그리고 경우에 따라서는 핵무기를 사용하는 일이 인정되지 않는 한, 성공을 보증할 수 없다고 주장할 뿐이었다.[3)]

이 회의를 계기로 케네디는 과거 대통령 취임에 앞서서 아이젠하워와 회담했을 때 스스로 시사한 행동방침을, 전에 없이 분명한 형태로 취하기로 했다. 그는 라오스에 군대를 파견하는 문제를 보류하고 화평교섭의 진전에 노력했다. 만일 라오스 지도자들을 제휴시킬 수 있고, 미국과 소련이 손을 뗀다면, 라오스는 더 이상 냉전의 무대가 되지 않으며 오히려 세계적 규모에서의 평화 실현에의 제1보가 될 것이다, 케네디는 그렇게 추론하고 라오스 중립화의 성공을 최우선 목표의 하나로 삼았던 것이다.

케네디 정권이 베트남 문제를 검토한 배후에는, 이러한 라오스를 둘러싼 화평교섭이 있었다. 베트남에서의 보고에 따르면, 게릴라 활

---

3) Schlesinger, *A Thousand Days*, pp. 323-38; Roger Hilsman, *To Move a Nation: The Politics of Foreign Policy in the Administration of John F. Kennedy* (Garden City, N. Y. : Doubleday, 1967.), pp. 91-134.

동은 눈에 띄게 늘고 있었다. 그리고 현지 미국인들은 단지 북베트남이 게릴라에게 무기를 주고 지휘하고 있다는 사실을 자신 있게 지적하고 있었을 뿐 아니라, 하노이가 디엠을 타도하고 공산주의 정권 내지 공산주의 주도하의 정권을 사이공에 수립하겠다고 명확한 형태로 결정했기 때문에, 전투가 격화되기 시작했다는 확신도 전해왔다. 이리하여 케네디는 북베트남이 이 작전에 성공할지 모른다는 경고를 받고, 디엠의 실각을 막기 위하여 미국이 개입해야 할 것인가 하는 새로운 문제에 직면하게 되었다.

대통령과 조언자들은 사태의 중대성을 이해했다. 이미 미국의 군사고문단이 사이공에 파견되어 있고, 1954년이래 남베트남에는 40억 달러의 경제·군사원조가 투하되고 있었지만, 남베트남의 운명은 당시에도 거의 남베트남인 자신의 어깨에 걸려 있었다. 이 상태로 만일 공산주의자가 승리하면, 미국정부는 먼 우방으로서 가능한 한의 일을 한 셈이 되고, 다만 디엠에게 국민의 충성을 얻는 능력이 없었을 뿐이라고 변명할 수 있었다. 그러나 역으로 게릴라와의 전투에 미국인이 직접 가담하게 된다면, 그리고 이번에 공산주의자가 이기면, 그것은 미국의 뼈아픈 패배로 비칠 것이었다.

1961년 초가을 케네디는 백악관에서 두 명의 각료를 베트남에 파견했다. 맥스웰 테일러 장군과 전 매사추세츠공과대학 교수 월트 로스토이다. 과거에 육군참모총장이었던 테일러는 피그스만 사건이래 군사문제 특별고문으로 케네디 측근에 참여하게 되었다. 그리고 이 두 사람은 귀국 후 다음과 같은 권고를 했다.

1, 미국은 현재의 위기에 신속하게 대처해야 할 것이다. 그것도 미국에 매우 사정이 편한 방식으로 손을 빼는 것이 아니라 미국이

베트남 구조를 위해 진지하게 원조를 한다는 약속을 단지 말뿐이 아니라 행동으로 나타내야 한다. 이 약속에 설득력을 갖게 하기 위해 미국은 상당한 규모의 군대를 베트남에 파견해야 한다.

2, 베트남의 노력에 대한 미국의 관계를 단순한 조언에서 한정적 협력관계로 바꾸어야 한다.[4)]

이 권고안의 찬반을 묻기 위하여 아시아 주재 외교사절과 군사사절에게 전문을 보내고, 워싱턴에서는 각서가 교환되고, 국방부와 국무부, CIA, 백악관에서 여러 차례 토의가 이루어졌다.

그리고 전 포드자동차회사 사장의 직함을 가진 정력적이고 분석력이 뛰어난 명석한 자신가 맥나마라 국방장관은, 대통령에게 다음과 같은 조언을 했던 것이다. 만일 테일러-로스토 권고안이 채용되고, 가령 북베트남이나 아마도 중국이 같은 종류의 대응을 해온다면, 미국은 20만5천에 이르는 군대를 파견해야만 할 것이다. 실제로 맥나마라는 "만일 [권고안에서] 제시된 목표가 채택된다면……그것은 매우 심각한 결정을 내리게 된다"고 보고 있었다.[5)]

당시 케네디의 국무장관은 딘 러스크였다. 그는 제2차대전 중 병역의 일부를 중국, 버마, 인도의 전장에서 보내고, 트루먼 정권 말기에는 극동문제 담당 국무차관보로 근무한 관계로, 아시아 정보에 정통한 인물이었다. 대부분의 동료들보다 분명하게, 아니 아시아문제에 대해서는 대부분의 외교관들보다 명확하게, 그는 디엠정권의 외견상

---

4) *The Pentagon Paper: The Defense Department History of United States Decisionmaking on Vietnam,* 4 vols.(The Senator Gravel edition; Boston: Beacon Press, 1971), II, pp. 93-94 [이하 *Pentagon Papers*로 약칭 기재함].

5) *Ibid.*, pp. 108-109

의 견고성이 환영에 불과한 것이 아닐까 생각하고 있었다. 그래서 테일러와 로스토가 보고를 행했던 당시 출장을 나가있던 그는 대통령에게 다음과 같이 전보를 쳤다.

"나는 동남아시아의 안전을 가능한 한 중시하고 있지만, 그렇다고 해도 더 이상 지는 패에 미국의 위신을 걸어야 한다고는 생각지 않는다."[6)]

1961년의 상황에만 초점을 맞춘 경우, 이 테일러-로스토의 권고안에 반대하는 논거는, 러스크의 평론과 태평양최고사령관 막료가 호놀룰루에서 준비한 다음과 같은 평가로 거의 집약되고 있다.[7)]

즉 디엠 정권은 충분한 정권 유지 능력을 갖추지 못했음이 조만간 분명해질 것이다. 그리고 미국군은 베트남인들에 의해 베트남의 독립을 위협하는 새로운 식민지 세력의 첨병으로 간주될 것이다. 그렇게 되면 반란군 측은 한층 힘을 강화하게 될 것이 틀림없다. 어쨌든 북베트남이나 아마도 중국이 공산군의 지원을 강화하고, 어쩌면 직접 개입할 교묘한 구실을 얻게 될 것이다. 그리고 미국은 충분한 준비도 갖추지 못한 채 게릴라 작전에 말려들고, 많은 인원을 장기간에 걸쳐서 투입하지 않을 수 없게 될 것이다.

하지만 당시의 현실적 요인에 초점을 맞춘 경우, 테일러-로스토 권고안의 채택에 찬성하는 논거는, 그것에 반대하는 이 논거보다 다음과 같이 더욱 복잡했다.

즉, 만일 북베트남이 남베트남을 제압한다면, 소련의 의향이 어떠하든 아마도 라오스에서 공산주의자가 화평교섭을 받아들일 가능성은 사라질 것이다. 그렇게 되면, 라오스는 더 이상 광범한 미소간의

---

6) *Ibid.*, p. 105.
7) *Ibid.*, pp. 83-84.

긴장완화 실현에의 제1보로서의 구실을 할 수 없게 된다. 즉 라오스의 화평이 결국 이루어질 수 없고 공산주의자가 라오스를 찬탈하게 될 것이다.

미국정부 내의 사람들은 이렇게 생각하고, 그리고 그러한 가정 아래 다음과 같이 주장했다. 미국이 라오스의 화평교섭 진전을 바라고 있다고 해서, 그것이 동남아시아 전역에서 철수하려는 의지를 보이는 것은 결코 아님을 표시하기 위해서도 또한 미국은 베트남에 버티고 있어야 한다고.

게다가 만일 라오스와 남베트남이 공산주의자의 지배 아래 떨어지면 캄보디아, 타이, 버마, 말라야, 인도네시아가 곧 공산화될 것이 틀림없다. 과거 아이젠하워는 연설 중에 동남아시아 국가에 대해 일렬로 나란히 선 도미노(골패)의 패에 비유한 일이 있었다. 당시 민주당원들은 그의 비유를 비판했으나, 케네디는 이 "도미노 이론"에 관하여 의견을 요청받았을 때, 이렇게 대답했던 것이다. "그렇다, 틀림없이 맞는 말이라고 생각한다."[8)]

만일 공산주의자나 그 공명자들이 동남아시아 전역이나 그 대부분을 제패한다면, 냉전에서 중국과 소련은 승리를 거두게 될 것이라고 일반적으로 생각되고 있었다. 예컨대 케네디는 도미노 이론이 옳다고 생각한다고 말한 뒤에, 다시 다음과 같이 설명했다.

"중국은 거대하고 그 영향은 국경을 넘어 주변 국가들에 미치고 있으므로, 만일 남베트남이 공산화된다면, 단지 지리적으로 중국이 유리한 입장에 설뿐만 아니라 동남아시아의 장래가 중국과 공산주의자의 파도에 삼켜지는 것이 아닐까 우려하지 않을 수 없게 될 것이

---

8) *State Department Bulletin*, XLIX (Sept. 30, 1963), p. 499.

다."

중국의 지도자는 항상 전투적인 말을 내뱉고, 바로 얼마 전에는 티베트에 정부를 수립하고, 인도 국경에서 사소한 분쟁을 일으키고, 또한 인도네시아에 "의용병"을 보내고, 반도를 진압하는 수카르노 대통령에게 도움을 주기도 했다. 중국은 대륙군을 거느리고, 세계 제3위의 공군을 보유했으며, 핵무기 개발계획을 정력적으로 실행하고 있었으므로, 이제는 전보다도 더욱 모험적인 행동으로 나설 수 있는 충분한 힘을 가지고 있는 것으로 생각되었던 것이다. 게다가 중국 소련이 적대관계에 있다고 하는 사실도 대부분의 사람들 눈에는 들어오지 않았다. 예를 들면 후에 케네디는, 1963년의 연설에서 이렇게 말했다.

"희망은 경계심을 갖춘 것이어야만 한다. 왜냐하면 중소간(中蘇間)의 불일치는 수단에 관한 것이지 목적에 관한 불일치가 아니기 때문이다."[9)]

이리하여 대통령의 측근들은, 1961년 당시의 정세를 분석하면서 다음과 같은 목적을 위하여 베트남에 군대를 보내야 한다고 주장했다. 즉 그 목적이란, 라오스에 관하여 미소간에 의견이 일치할지 모른다는 희망을 유지하기 위해서이고, 가령 그러한 일치가 보여지지 않는 경우에도 동남아시아에서 우위에 서기 위해서이고, 또한 타이를 비롯한 그 지역 국가의 지도자들을 향해서는, 미국은 라오스의 중립화를 의도하고 있지만 그 경우에도 어디까지나 비공산주의자의 정

9) *The Public Paper of the Presidents: John F. Kennedy, 1963*, pp. 17-18. 전문가의 의견으로서 당시 지배적이었던 것의 좋은 예는, A. Doak Barnett, *Communist China and Asia, Challenge to American Policy* (New York: Vintage Books, 1960).

부를 미국이 지지한다는 것을 나타내기 위해서이고, 특히 중국의 침략적 진출을 저지하는 전선을 유지하기 위해서라고. 실제로 이러한 주장이야말로 베트남에의 군사개입을 권고하는 각서들의 골자를 이루는 논거에 다름 아니었다.

결국 케네디의 측근들은, 이러한 논거에 입각하여 전원 베트남 개입을 지지하기에 이르렀다. 이전에는 경계적인 반대론을 토로하고 있던 러스크는, 이제 맥나마라와 함께 대통령에게 다음과 같은 권고를 행하기 시작했다.

"우리는 남베트남이 공산주의자의 손에 떨어지는 것을 막도록 결의해야 하고, 그와 동시에 이 목적을 실현하기 위해 미국은……군대를 도입하지 않을 수 없게 될지도 모르는 사태가 오는 것을 인식"[10] 해야 한다.

그렇지만 수천 명의 군대를 파견해야 한다는 러스크, 맥나마라 두 장관의 제안에 케네디가 승인했을 때, 대통령은 미국군의 행동은 당면, 디엠의 사령관이나 행정관의 고문으로서의 행동으로 한정되어야만 한다는 주의서를 첨부하고 있었다. 케네디는 어차피 미국군이 대게릴라전에 직접 참가하지 않을 수 없는 사태가 올 것으로 생각했음에도 불구하고, 당면 그러한 게릴라전에의 직접 참가는 금지하고, 후일 직접 참가를 둘러싼 문제를 재고할 수 있는 여지를 남겨두려고 했던 것이다. 하지만 그러한 세세한 배려는 별도로 하더라도, 케네디와 그의 측근에 있어서, 베트남 개입에 반대하는 논거보다 찬성하는 논거 쪽이 훨씬 설득력이 풍부했던 것으로 생각되었다.

게다가 양자의 득실을 그들은, 주로 현재의 상황과 미래에의 전망

---

10) *Pentagon Papers,* II, p. 113.

을 고려하면서 비교 계산하고 있었지만, 그 때에도 또한 과거에 대하여 갖는 그들의 그 신념이 고개를 쳐들고 있었다.

이 논의에 참가했던 자는 모두 많든 적든 인도차이나에서의 프랑스의 경험을 상기하고 있었다. 케네디 신정부가 1961년봄, 처음으로 디엠으로부터의 원조 강화 요청을 검토했을 때, 국무부는 각서에서, 과거 프랑스는 20만 명에 이르는 인원을 투입하고 있다고 기록했다. 이 각서의 글을 기초했던 것은, 아마도 당시의 국무차관대리 조지 볼이었을 것이다. 그는 프랑스 정부가 이 식민지를 확보하려고 고투하고 있던 최후의 해에, 베트남에서 프랑스정부의 법률고문으로 일하고 있었다.[11)]

또한 테일러-로스토 권고안이 논의의 초점이 된 뒤에 국무차관보대리 윌리엄 P. 번디가 맥나마라의 제1조언자가 되었는데, 번디는 과거 CIA에서 10년을 보내고, 거기서 현재와 장래의 기본동향을 예측하는 일을 주로 담당하고 있었다. 그가 낸 의견은 "1954년의 전쟁과 그 후 디엠이 권력을 장악할 때까지의 내란시대의 인도차이나 정세를 신중하게 검토했던 것에 기초를 둔" 것이었는데, 거기에는 다음과 같이 기술되어 있었다.

"만일 일찍부터 강력한 작전을 전개한다면, 사태의 악화를 저지하고, 디엠에게 힘을 불어넣고 적을 소탕할 기회를 제공할 전망이 있다(나의 예측에서는 그것은 70퍼센트 정도라고 생각한다). ……나머지 30퍼센트의 확률은 1954년의 프랑스처럼 무대에서 물러나 손을 떼는 것이고, 결국, 어찌되었든 백인은 이런 종류의 전투에서 이길 수가 없다."[12)]

---

11) *Ibid.*, p. 46.
12) *Ibid.*, p. 79.

하바드대학 경제학교수 존 케네드 갈블레이드는 당시 케네디에 의해 인도대사로 임명되어 있었는데, 그는 베트남에 미국군을 개입시키는데 반대하는 의견을 대통령에게 보낸 유일한 한 사람이었다. 갈블레이드는 미국정부의 "빛나는 희망도 라이스필드(동남아시아 미작지대)에 저물" 우려가 있다고 경고하고, 과거 아이젠하워와 존 포스터 덜레스 국무장관이 디엔비엔푸의 참담한 패배 후의 프랑스를 구출하는 위험을 범하지 않기로 결정했던 것을 상기하도록, 케네디에게 요청하고, 이렇게 기록했다. "1954년에 있어서 덜레스는 이 지역이 갖는 위험을 충분히 꿰뚫어보고 있었다"[13] 라고.

케네디 자신 1950년대 초두에 하원과 그 후에는 상원의 한 의원으로서 인도차이나에 특별한 관심을 가지고 있었다. 그리고 프랑스어를 할 줄 아는 아내 재클린에게 관계자료를 번역시킨 일도 있었다.[14] 그 후에도 아마 볼이나 윌리엄 번디와 마찬가지로, 과거 프랑스를 엄습했던 운명에 대해 미국 파병에 반대하는 중요한 이유로서 아울러 생각했을 것이 틀림없다.

한국전쟁의 기억은 어느 정도까지 [이 프랑스의 패배의 기억과] 같은 효과를 가져오고 있었다. 거의 누구 한 사람, 트루먼이 이 전쟁에 뛰어들겠다고 결의한 것의 정당성이나 용기를 의심하는 자는 없었으나, 정부 내부의 자는 모두 유엔군이 신속한 승리를 거두고 북한 깊숙이까지 진군한 단계에서 중국군이 개입해 왔던 것을 상기하고 있었다.

당시 격렬한 전투가 장장 2년이나 지속되고, 5만4천명의 미국인이 살해되고, 10만 명 이상의 부상자와 포로를 내고 있었다. 게다가 이

13) *Ibid.*, p. 124.
14) Schlesinger, A Thousand Days, p. 321.

전쟁에 의해 국론은 양분되고 말았다. 한쪽에서는 중국을 폭격하거나 봉쇄하면 소련과의 전면전쟁을 초래할 우려가 있다는 예측을 트루먼 정부가 내리고 있었음에도 불구하고, 그러한 적극적 방책을 수백만의 사람들이 소리높이 요구하고 있었다. 다른 쪽에서는 더욱 조용한 형태이긴 했으나, 수백만의 사람들이 연이어 보고되는 전사자 수와 경제통제에 초조감을 품고, 거의 어떤 조건을 받아들여서라도 전쟁을 끝내야 한다고 생각하고 있었다.

갤럽 여론조사에 의하면, 국민의 트루먼 지지율은 23퍼센트로 떨어져 있었다.[15] 그리고 그 후의 아이젠하워는 화평의 실현을 약속한 탓도 있어서 660만표나 큰 표차로 선거에 이기고, 1953년의 휴전이 공산측에 상당한 양보를 하고 있었음에도 불구하고 전 국민에게 안도의 기분으로 맞아들여지게 된 것이다.

이러한 경험은 두 가지 교훈을 알리고 있는 것으로 생각되었다. 첫째로, 미국이 다시는 아시아 지상전에서 싸워서는 안 된다는 것을 가르치고, 둘째로 미국국민이 장기에 걸친 국지전을 지속할 생각이 없다는 것을 증명하고 있다는 교훈이다.

1961년의 베트남 전쟁에서는, 오늘날 입수할 수 있는 문서에 기초하는 한, 한국전쟁이나 그 교훈으로 생각되는 것이 거의 언급되지 않았다. 그러나 64년 이후의 문서에서는 되풀이해서 언급되고 있다. 아마도 그것은 라오스 문제를 토의하고 있는 사이에 한국문제가 마음에 걸렸기 때문이라고 설명할 수 있을 것이다. 라오스 문제 토의를 둘러싼 로저 힐스맨의 회상기가 그 이유를 시사하고 있다. 전 콜롬비아대학 정치학교수 힐스맨은 당시 권력에 접근한 지식인·학자집단

15) Richard E. Neustadt, *Presidential Power: The Politics of Leadership* (New York: John Wiley and Sons, 1960), pp. 96-97, 210-12.

의 한 사람으로서 국무부 정보조사국장의 요직에 있었다. 그는 통합참모본부가 주장하는 [미국의] 라오스 개입 조건이 과장된 것이라고 생각하고, 다음과 같이 기록했다.

> 미국은 아시아 땅에서 다시는 국지전을 벌여서는 안 된다는 것이 통합참모본부의 표어였다. ……이 견해는, 통합참모본부의 막료들이나 심지어 참모총장들에게서도 보여졌으나, 그들 중에는, 아시아에서 군사적 시위행동을 하는 것조차 그것은 백악관이나 국무부가 국지전을 벌이지 않을 수 없는 상황으로 통합참모본부를 몰아넣기 위해 꾸며놓은 음모가 아닐까 의심하는 자가 있었던 것 같다.
>
> ……참모총장들 전원이 "이젠 질렸다"고 하는 이 견해에 완전히 찬성하고 있던 것은 아니지만, 백악관에서는 적어도 그들이 장래 무슨 일이 일어나든 자기들의 입장을 보호하고, 책임은 모두 대통령에게 떠넘길 수 있는 사실을 만들어 두고자 결의하고 있었던 듯이 보였던 것이다.[16)]

군부가 한국의 "교훈"을 과장하고 있는 것은 아닐까 생각하고 정부내의 문관들은, 한국의 "교훈"을 언급하기를 꺼려하고 있었다. 그리고 국무부 외교관들도 자기들이 겁쟁이라고 생각되는 것이 역시 마음에 걸려 그것을 언급하지 않으려 했다. 또한 힐스맨이 기록하고 있듯이, 이 "이젠 질렸다"고 하는 감정은 신문이나 의회에도 나타나고 있었다.[17)]

---

16) Hilsman, *To Move a Nation*, p. 129.
17) *Ibid.*, p. 134.

이따금 대통령의 고문들은 이러한 아시아 지상전을 두려워하는 의견이 확산되는 것에 주의를 촉구하고 있었다. 부통령 린든 존슨은 디엠을 강력이 지지해야 한다고 주장하면서도 "지상군 개입에 대한 공포가 의회를 중심으로 확산되고, 그것이 아시아에 대한 미국의 정치적 대응을 구속하고 있는"[18] 것은 주목해야 할 일이라고 지적했다. 또한 테일러는 군사고문단의 파견을 권고했을 때, 일부러 "아시아의 대규모 전쟁에 빠져들 위험……이 있긴 하지만, 그다지 중시할 것은 아니다" 라고 말하고 또한 북베트남이 "통상무기에 의한 폭격에 전혀 취약하다"고 기록하면서 이렇게 예언하고 있었다.

북베트남도 중국도 "야전에서 강력한 군세를 유지하려고 한다면, 혹독한 병첩상의 곤란에 직면하게 될 것이다. ……공산측의 인해전술에 의한 대량 반격을 우려할 근거는 전혀 없다."[19]

아마도 대통령과 대부분의 조언자들이 한국이 교훈으로 생각되는 것을 끌어내기를 삼갔던 것은, 끌어낼 필요도 없이 자명한 일이라고 생각했기 때문이었을 것이고, 또한 만일 그것을 언급하면 군부의 주장에 굴복하는 실마리를 주게 된다고 생각했기 때문이기도 할 것이다. 하지만 설령 그러했다 하더라도, 한국의 선례는 그들의 가슴속에 깊숙이 새겨져 베트남에서의 전쟁에 계속 경고를 보내고 있었을 것이다.

다른 한편, 아시아의 다른 지역에서의 경험에서 유추해 나가면, 그것은 미국의 군사행동을 오히려 지지하고 있는 듯이 생각되었다. 제2차대전이 끝나고 수년 후에 공산주의자가 이끄는 반란군이 필리핀 군도와 말라야 쌍방에서 세력을 떨쳤던 일이 있었다. 하지만 라몬 막

---

18) *Pentagon Papers,* II, p.58.
19) *Ibid.,* p. 92.

사이사이와 그 동료들은 특수훈련을 받은 소규모 전투부대를 투입하고, 확보한 지역마다 그 치안을 유지하고 반란자를 체포하고, 재교육을 위해 격리된 수용소에 넣고, 부패를 단속하고, 공공시설을 개량하고, 필리핀의 통치에 거의 완전히 성공했던 것이다. 말레이에서는 영국과 현지군이 반란군의 식량보급로를 끊고 그들을 몰아내 지배력이 미치는 지역으로 이주시켰다.

미국의 고관들에게 있어서, 이 두 가지 선례는 만일 상당한 특수훈련을 받은 소규모 군사작전을, 그 이외의 더욱 적극적인 정책과 결부시킨다면, 게릴라를 진압할 수 있음을 나타내는 선례처럼 생각되었던 것이다. 즉 이 두 가지 선례는, 만일 한국전쟁과는 별개의 더욱 소규모 작전이 베트남에서 전개된다면, 베트남에서 승리를 거둘 수 있음을 그들에게 강하게 시사하는 것이었다.

1961년에 케네디 대통령과 그 측근들은, 한국보다 오히려 필리핀이나 말레이의 이미지로 베트남을 보게 되었다. 아더 슐레진저 주니어에 따르면, 케네디 자신, 막사이사이의 필리핀에서의 전투가 베트남의 모델이 된다고 판단하고, "강인한 대항 게릴라활동과 관대한 은전, 철저하고 진정한 개혁"[20]이 필요하다고 역설했다. 대통령과 아우 로버트 케네디 법무장관은 육군을 지도하고, 대항 게릴라작전의 훈련을 받은 정예 특수부대를 만들게 했다. 또한 이 두 사람은 이 특수부대를 위해 모자와 구두까지 선정해 주었다.[21]

게다가 백악관의 수뇌부로부터는 육군최고사령부에 대하여 다음과 같은 비판이 제기되고 있었다. 즉 육군최고사령부는 한국전쟁에 대처했을 때와 같은 사고방식을 가지고 있고, 1950년부터 53년의 전

20) Schlesinger, *A Thousand Days*, pp. 540-41.
21) Sorensen, *Kennedy*, pp. 713-14.

쟁과 동일한 전쟁을 [베트남 주재] 육군군사고문단을 통하여 남베트남에서 싸우게 할 준비를 하고 있는 것이 아닌가 하는 비판이다. 게다가 육군이 고려해야 할 것은 [한국형이 아니라] 말레이형의 전투태세라고 하는 충고가 육군참모총장 앞으로 보내졌다.

참모총장은 이에 반론을 펴고, 육군의 작전계획이 결코 비판받을 만한 것이 아니라고 주장하면서 베트남과 말레이의 정세가 비교 가능한 것은 아니라 하여 다음 5가지 이유를 들었다.

> 1. 말레이의 국경지대 쪽이 훨씬 치안이 유지하기 쉽다…….
>
> 2. 말레이의 중국인 반도(叛徒)의 인종적 특징을 확인하여 그들을 격리하는 것은, 베트남의 경우보다 훨씬 간단하다…….
>
> 3. 말레이에서는 식량이 부족하고, 남베트남에서는 풍부하다고 하는 차이를 생각하면, 게릴라의 식량보급로를 차단하는 전술은 무기로서 말레이 쪽이 훨씬 사용하기 쉽다.
>
> 4. 가장 중요한 것은, 말레이는 영국의 직접 통치하에 놓여있었다고 하는 점이다…….
>
> 5. 최후로 남베트남의 반란만큼 격렬하지 않은 [이 말레이의] 반란을 진압하는 것조차 영국은 12년 가까운 세월을 소모했다.[22)]

그러나 이러한 분석에도 불구하고, 백악관은, 아니 이 점에 관한 한, 국방부와 국무부의 문관들도 또한 그 의견을 전혀 바꾸는 일이 없었던 것 같다. 1964년이 되어서도 여전히 맥나마라는 베트남의 선례로서 말레이를 인용하고, 같은 해에 러스크는 막사이사이야말로

---

22) *Pentagon Papers*, II, p. 650.

베트남의 대통령이 본받아야 할 모범이라고 추천했다.[23)]

하지만 케네디 정권의 지도자들은 베트남 자체를 말레이나 필리핀과 유사한 것으로 간주하고 있었던 것과 마찬가지로, 그것을 또한 상징적인 의미에서 중국과 유사한 것으로도 간주하고 있었다. 그들은 민주당이 중국을 "상실했다"고 하는 공화당의 비난이야말로, 10년동안 민주당의 명성을 손상케 했음을 잘 기억하고 있었다. 게다가 이러한 여론의 본질이 변하는 것이 아니라고 그들이 믿고 있었던 것은, 예컨대 1960년의 선거에서 케네디가 쿠바의 "상실" 책임을 공화당에 전가하려고 했던 것에 나타나 있다.

러스크와 맥나마라는 테일러-로스토 권고안을 대통령이 받아들이도록 권하면서, "남베트남을 상실한다면 미국에서 격렬한 논쟁이 벌어지고, 그에 편승하여 과격분자가 국론을 분열시키고, 정부를 곤경에 빠뜨리게 될 것이다"[24)] 라고 강조하고 있었다. 케네디는 1963년에 대중 앞에서 자기가 남베트남을 지원하려고 얼마나 노력하고 있는가를 설명하면서 이렇게 말했다.

"우리의 마음에 강하게 남아 있는 것은, 제2차세계대전 말기에 중국에서 일어난 것, 즉 중국을 상실한 것이다……. 우리가 바라는 것은 그러한 사태가 재발하지 않는 것이다."[25)]

정부 고관이 이렇게까지 분명하게 [중국 상실의 책임을] 인정한 것도 드물었지만, 남베트남을 포기할 가능성이 그들의 가슴속을 스쳤을 때 언제나 그들이 과거 중국의 "상실"을 의회나 국민이 소리높

---

23) Robert S. McNamara, "United States Policy in Viet-Nam," *State Department Bulletin,* L (April 13, 1964), pp. 562-70; *Pentagon Papers,* II, p. 305.

24) *Ibid.,* p. 111.

25) *State Department Bulletin,* XLIX(Sept. 30, 1963), p. 499.

이 비난하고 있었음을 상기하고, 그 기억이 그들의 마음에 어두운 그림자를 드리우고 있었음은 거의 의심할 여지가 없을 것이다.

통상 지적되고 있는 것이지만, 문제를 이러한 역사적 구조 속에서 파악할 때, 남베트남 방위의 약속을 하는 것이 최종적으로는 필요하고 또한 거의 불가피한 것처럼 생각되어 왔다. 외교관들은 정치적 엽관(獵官)의 대책으로서 임명된 신임 대사가 도착할 때마다 공산주의자가 세계제패를 기도하고, 베트남에서의 공산주의자의 행동이 철저히 계산된 전략의 일환이라는 것을 되풀이 충고하고 있었다. 또한 통합참모본부는 국방장관과 대통령을 향하여 다음과 같이 주장했다.

> 남베트남에서의 중국의 군사적 정치적 노력은……공산주의 지배를 중소(中蘇) 블록의 변경부를 넘어서 자유세계의 도서지역과 대륙부 쌍방으로 넓혀 국외로 확장하려고 하는 대작전의 일환이다. ……사실상 그것은 세계제패를 목표하는 공산주의자의 예정된 일정표의 한 국면에 불과하다.[26)]

국무부에는 고참 외교관으로 동남아시아 문제의 전문가인 국무차관보 U. 알렉시스 존슨이 있었다. 25년간 국무부에 근무하고, 전에는 그루 밑에서, 전후에는 맥아더 밑에서 일본에 근무하고, 한국전쟁 중에는 극동국에서 러스크의 부관으로 근무하고, 최근까지 태국 대사직에 있었다. 이 알렉시스 존슨은 동남아시아를 제패하려고 하는 공산주의자의 기도가 이미 제2차대전 전부터 시작되고 있었다고 믿었고, 그도 또한 대통령에게 제출된 베트남 문제 분석의 최초의 보고서

26) *Pentagon Paper*, II, p.664.

초안 작성에 참가하고 있었다.

이 보고서에서는, "동지역의 분쟁은……동남아시아 전역을 수중에 넣으려고 하는 공산주의자의 '기본계획'의 수행에 이상적 환경을 만들고 있는"[27] 것이 경고되고 있었다. 예의 장문의 테일러-로스토의 권고안 일부는, 국무부 외교관들이 조수진으로 그 초안을 맡고 있었는데, 거기서도 또한 "공산주의자는 동남아시아에서 명백하고도 조직적인 전략을 추구하고 있다"고 지적하고 있었다.[28]

이와 같이 역사적 사정에서 설명해 가는 방식이 아마도 케네디와 그 조언자들의 고려에 상당한 영향을 주고 있었음에 틀림이 없다. 확실히 그들은 공산주의를, 팽창주의적이고 공격적 세력이라고 이전부터 파악하는 경향이 있었다. 또한 그들은 소련이나 미국의 어느 한쪽과 동맹을 맺지 않은 나라는 모두 세계적 규모에서의 양 대국의 수라장이라고 간주하고 있었다. 많은 사람이 이러한 사고방식을 취하고, 실제로 그 생각이 국제정치에 관한 미국의 대부분의 평론가들이나 나아가 학자들의 생각에까지 미치고 있었다.

예를 들면 그것은, 1960년부터 61년까지, 정부나 많은 신문에서 공산주의자가 전 벨기에령 콩고에서 승리를 거두게 되는 사태의 도래가 심각하게 우려되고 있었던 것에 나타나 있다. 이러한 점들을 생각한다면, 케네디 정부의 고관이 동남아시아를 그토록 간단하게 냉전의 전선 이외의 것으로는 볼 수 없었던 것도 무리는 아니다.

어쨌든 대통령은 베트남의 "상실"이라는 사태의 발생 방지를 결의했다. 이윽고 미국의 군사고문이 남베트남군 사령부에 배속되고, 심지어 보병소대에 이르기까지 뒤섞이는가 하면, 다시 미국의 헬리

---

27) *Ibid.*, pp. 36, 74-75.
28) *Ibid.*, p. 107.

콥터 부대가 베트남 병사를 태우고 포화를 퍼부을 목표를 확인하기 시작했다.

하지만 미국이 원조와 개입의 정도를 강화함에도 불구하고, 남베트남이 공산주의자에게 패배할 가능성은 오히려 높이지는 듯이 보였다. 게릴라는 숫자를 늘리고, 더욱 대담해지고, 적어도 게릴라에 대한 북베트남의 지원은 사이공에 대한 미국의 지원에 필적할 정도로 늘어났다. 1964년 늦은 시기에는 실제로 북베트남의 전투부대가 남쪽으로 침입해 오는 사태에 이르렀다.

미국인은 차츰 사이공 정부가 붕괴되더라도 이상할 것이 없다고 생각하게 되었다. 디엠 정권은 갈수록 독재화되고 썩어가고 있다는 소문이 돌았다. 물론 그 사실을 베트남의 비공산주의 세력은 부정하고 있었다. 하지만 미국의 고관들은 디엠 정권을 공공연히 비난하지 않을 수 없게 되었다. 그 후 육군 지도자들이 쿠데타를 성공시키고 디엠을 타도하여 그 암살을 꾀했다. 그로부터 연이어 장군과 정치가가 교체되었으나 누구 한 사람, 파벌의 영수 수준을 벗어나는 자는 없었다.

케네디 암살 후, 린든 존슨이 대통령이 되고, 악화한 베트남의 상황을 어떻게 타개할까 하는 난문을 이어받게 되었다. 거기서 그는 전임자와 같은 선택에 직면했다. 즉 베트남에서 손을 뗄 것이냐 아니면 미국의 개입으로 공산주의자의 승리를 저지하느냐의 양자택일의 결단을 내려야만 하게 되었다.

그러나 존슨은 전자의 선택이 바람직한 것으로는 생각하지 않았다. 왜냐하면 이미 케네디가 미국의 위신을 이 문제에 걸어버렸기 때문이다. 하지만 후자의 선택을 취하면, 이번에는 많은 희생을 치러야 한다는 것을 그도 알고 있었다. 그것은 존슨의 조언자들이 그를 향하여, 베트남에서 이기기 위해서는 북베트남을 폭격하고 또한 대량의 미국군을 남베트남에 투입해야만 한다고, 거의 처음부터 조언하고 있었기 때문이다. 요컨대 존슨은 전쟁을 할 것이냐 말 것이냐 결정을 해야만 했던 것이다.

몇 가지 점에서 사태는 1961년의 그것과 흡사했다. 당시의 사이공 상황을 보았을 때, 미국은 철수해야 할 것으로 생각되었다. 사이공에서는 남베트남을 "자유"로 명명하기에는 의심스러운 사태가 전보다 크게 전개되고 있었기 때문이다. 더구나 동시에 그러한 사태 아래서 사이공 패배의 가능성도 또한 현저하게 높아지고 있었다.

또한 미국의 여론이 베트남 전쟁을 지지하지 않을 가능성이 지금까지보다 한층 명확해졌다. 여론조사와 신문 논조, 의회의 투표는, 하나같이 대통령이 취할 군사행동 모두에 강한 지지를 보내고 있었다고는 하나, 많은 미국인이 더 이상 동남아시아에서 죽음을 당하는 것을 보고 싶지 않다는 기분은, 기자회견이나 의회공청회에서 질문자들이, 대체 미국인 고문단은 실전에 참가하고 있느냐고, 강한 어투로 정부에 힐문했을 때에 분명해지고 있었다. 또한 그 기분은 1964년 선거전에서 존슨이 공화당의 호전적인 적 배리 골드워터를 1600만표 차로 물리친 것에서도 나타나 있었다. 게다가 1965년 초두에 대통령이 전쟁 돌입의 결정을 내리고자 했을 때, 상당수의 의원과 논설 담당자가 그 결정에 반대할 의사를 분명히 하고 있었다.[29)]

국내적으로 보면, 전쟁 반대론이 일어난 배경에는, 전쟁이 국민의 지지를 얻을 수 없게 될 것 같다는 의혹뿐만 아니라, 전쟁에 드는 비용에 의해 존슨이 명확하게 공약했던 각종 사회복지 계획의 예산책

29) *Ibid.*, pp. 263-64.

정 사정이 여의치 못하게 될 우려가 발생했다는 상황도 있었다. 하원의 과반수를 차지하고 있던 민주당은 1964년의 선거에서 다시 의원수를 늘려 나갔다. 존슨은 상원 원내 다수파 시절에 연마했던 일류의 설득술을 동원하여 수많은 중요 법안의 성립을 강행하려고 했다. 하지만 그 법안의 다수는 새로운 비용 집행을 수반하는 것이고, 설령 법안이 양원을 통과했다 하더라도, 양원이 동남아시아의 전쟁에 수십억 달러의 지출을 동시에 요구받은 경우, 법안의 시행에 필요한 돈을 내놓기 꺼려할 것이 틀림없다는 것을 대통령은 잘 알고 있었던 것이다.

전쟁 찬성을 논리적으로 설득하는 입장의 사람들은, 전쟁을 행하지 않는 경우에 미국 국외에서 발생할 우려가 있는 사태의 변화에, 더욱 많은 관심을 기울였다. 그 논리는, 1961년 당시의 논리와 거의 다르지 않았다. 즉 그것은, 1964년 3월에 존슨이 승인한 국가안전보장의 구체적 방책에 관한 각서 속에 다음과 같은 형태로 요약되어 있다.

> 우리가 요구하고 있는 것은 독립한 비공산주의국 남베트남이다…….
>
> 이 목적을 달성할 수 없는 경우……아마도 동남아시아의 거의 전역이 다음과 같은 사태에, 즉 [예컨대 베트남 전토, 라오스, 캄보디아처럼] 공산주의자의 지배 아래 떨어지거나 [버마처럼] 미국과 반공주의자의 영향력을 제거해 버릴 만큼 공산측으로 기울게 되거나, [말레이시아를 제압한 인도네시아처럼] 현재는 아직 분명히 공산주의적이 아니지만 머지않아 그렇게 될 듯한 세력의 지배로 들어가거나, 이상의 어느 한가지 사태에 빠질 것이다.

태국은 원조가 없더라도 당분간은 버틸 수 있을지 모르지만 심각한 압력 아래 놓여지게 될 것이다. 또한 필리핀에서조차 정부는 약체화하고, 서쪽에는 인도, 남쪽은 오스트레일리아와 뉴질랜드, 북과 동으로는 대만, 한국, 일본이 갈수록 커다란 위협에 직면하게 될 것이다.[30)]

베트남은, 베트남이라는 직접적 분쟁지역 자체를 넘어서 베트남 이외의 지역에 대하여 미국이 조약상의 의무를 어디까지 준수할 결의와 의지가 있는가, 그것을 명백히 가리는 시금석이 되는 것은 아닐까 하는 우려가 있었다. 그 우려를 러스크 장관은 이렇게 말하고 있다.

만일 미국이 철수하면, "동남아시아와 남아시아의 자유세계에 우려할만한 손실이 될 뿐만 아니라, 침략에 저항하는 자유세계의 의지와 능력에 대한 신뢰를 미국이 완전히 상실하게 될 것이다."[31)] 특히 러스크 등이 우려하고 있었던 것은, NATO 가맹국을 비롯한 미국동맹국들에게, 미국이 여차할 때 자국 방위를 위해 달려와 주지 않을지도 모른다는 의문을 품게 하는 것이었다.

정부 고관은 만일 공산주의자가 베트남에서 승리를 거둔다면, 소련과 중국은 그것에 자극되어, 다른 지역에서 새로운 반란을 일으킬 마음이 들 것이 틀림없다고 믿고 있었다. 1961년 1월에 흐루시초프는 "민족해방전쟁"을 찬양했다. 대부분의 견해에 따르면 이 성명은, 공산주의자의 새로운 전략을 선언하고, 베트남을 그 전략의 중대한 최초의 시련이라고 언명하는 것이었다.

---

30) *Ibid.*, III, pp. 50-51.
31) *State Department Bulletin,* L (June 8, 1964), p. 890.

예컨대 러스크는 다음과 같이 말했다. "만일 하노이와 북경이 "민족해방전쟁"이라는 공산주의자의 새로운 전술의 시금석으로서의 베트남에서 승리를 거둔다면, 공산주의자는 이 수법을 아시아, 아프리카, 라틴아메리카 등의 지역에서 금후 갈수록 빈번하게 이용하게 될 것이다."[32]

1961년의 경우와 마찬가지로 1964년부터 65년까지의 논의에서도, 현재와 과거를 둘러싼 생각뿐만 아니라 역사적 경험에서의 유추도 행해지고 있었다. 그때 1954년 이전의 프랑스와 비교함으로써 역으로 사람들은 끊임없는 불안에 휘말리고 있었다. 이때 국무차관이 되었던 조지 볼이 그 이상 군사행동을 밀고 나가는데 시종 강경한 반대를 펼치고 있었던 것은, 바로 그가 프랑스의 일을 생각하고 있었기 때문이다.

당시의 극동문제 담당 국무차관보 윌리엄 번디와 하버드대학 법학부교수에서 맥나마라에게 발탁되어 국가안전보장문제 담당 국방차관보로서 번디의 후임에 취임한 존 T. 맥노턴도 과거의 프랑스와 비교하여 생각하고 있었다. 번디와 맥노튼은 1964년 가을부터 65년 여름까지 베트남에 대하여 집중적인 조사검토를 하고 있었는데, 그 무렵 맥노튼은 사람들이 "프랑스 패배의 증후군"에 물들어 있기 때문에 대규모 군대 투입의 필요성을 냉정하게 생각할 수 없게 되어 있다고 말했다.[33]

이 프랑스와 베트남을 비교하는 것 자체가 충분한 설득력을 가지고 있었기 때문에, 전쟁 지지자들은 실은 양자를 비교하는 것 자체가 무의미한 것이라고 역으로 반론하지 않을 수 없었다. 실제로 맥나마

32) *Ibid.* (Oct. 19, 1964), p. 537.
33) *Pentagon Papers*, III, p. 696.

라는 두 가지 상황이 비교 불가능한 상황이라고 공적인 석상에서 발표하고, 1964년 11월에는 통합참모본부 당국이 윌리엄 번디에게 다음과 같은 항의를 제기하는 상태까지 이르렀다.

> 프랑스는……정책상의 중요한 한발 늦은 대응과 우유부단을 드러내는 과오를 범했지만, 무엇보다도 이러한 과오야말로 군사상의 큰 실책의, 직접요인은 아니라 해도 확실한 요인이 되었다. 프랑스인이 어떻게 실패했는가 하는 이야기를, 지금 새삼 무기력하게 문제삼을 정도라면, 그들이 범한 잘못을 다시 되풀이하지 않는 편이 훨씬 중요하다고 생각한다. (프랑스인은 또한 파나마 운하의 건설에도 힘을 쏟고 있었다."[34)]

하지만 여기서 한국전쟁과 베트남을 비교했을 경우, 양자의 비교에는 더욱 설득력이 있었다. 이 두 가지 전쟁에는 몇 가지 구체적인 점에서 거의 모든 사람을 납득시키는 유사성이 있었기 때문이다. 만일 미국이 일정한 군사행동을 일으킨다면, 과거 유엔군이 북한에 침입했을 때처럼 중국군이 대거 참전해올 가능성이 있다고 하는 생각은, 북베트남에 대한 행동을 논의할 때 반드시라고 해도 좋을 정도로 제기된 생각이다.

때마침 앨런 S. 화이팅이 국무부 정보조사국장의 자리에 있었다. 그는 과거 공직에 취임하기 전에 중국의 한국전 개입에 관한 서적을 집필했던 일이 있었다. 그는 1950년 가을에 보여졌던 상징과 조금이라도 비슷한 징후가 보여지면, 그것에 동료들의 주의를 환기시키고,

---

34) *Ibid.*, p. 625.

그렇게 함으로써 한국전의 특이한 경험을 사람들의 기억에 선명하게 되살리고 있었다.[35)]

통합참모본부에서조차 북베트남에 대한 폭격을 권고하면서, 다만 그 때에 "북경 당국이 중국의 지상군 일부를 '의용병'으로 투입해올 우려가 충분히 있다"고 경고하고 있었다.[36)] 마찬가지로 교섭에 의한 해결을 통해 미국을 딜레마에서 해방하고자 갈망하고 있던 사람들은, 적이 전투를 계속하고 있는데 대화에 나선다고 하는 한국전쟁 때와 같은 함정에 정부는 또다시 걸려들어서는 안 된다고 주장하고 있었다.[37)]

국무부 계획입안자들은 요점에서도 세부에서도 끊임없이 한국전과 비교하면서 사태를 생각하고 있었다. 번디 국무차관보는 국가안전보장회의의 보고서 초안에 다음과 같이 기술하고 있다.

> 우리는 북베트남과 어쩌면 중국을 군사적으로 패배시키기 위해, 필요하다면 어떠한 군사행동이라도 자진해서 취하지 않는다면, 남베트남의 공산화를 확실하게 저지할 수는 없다. 이를 위해서는…… 단순히 공군이나 해군에 의한 행동뿐만 아니라 한국전쟁 규모의 지상군에 의한 행동이 일단 취해져야 할 것이고, 어떤 시점에 이르면 핵무기의 사용조차 생각하지 않을 수 없게 될 것이다.[38)]

---

35) Allen S. Whiting, *China Crosses the Yalu: The Decision to Enter the korean War* (Stanford, Calif.: Stanford University Press, 1960). 이 정보는 윌리엄 P. 번디로부터 얻었다.

36) *Pentagon Papers,* III, p. 320.

37) *Ibid.,* p. 581; *ibid.,* IV, p. 220.

38) *Ibid.,* p. 623.

고위관리들은 베트남을 생각할 때, 자기들이 분별할 수 있는 선택의 모든 것에 불만을 느끼면서, 한 걸음씩 전쟁을 확대해 나가는 방향으로 생각이 기울고 있었다. 우선 미국은 북베트남을 폭격한다. 그렇게 함으로써 미국은 어디까지나 전쟁을 끝까지 해내겠다는 결의가 있음을 나타낸다. 그래도 공산측이 굽히지 않을 경우, 폭격을 강화하고, 새로운 목표에 손을 뻗어간다. 지상군을 투입해야 할 것인가의 문제는, 그 이후에도 충분히 검토할 수 있을 것이다. ──이러한 계획을 입안자들은 "완만한 쥐어짜기" 계획으로 부르게 되었다. 하지만 윌리엄 번디는 이 계획에 몇 가지 이점이 있음을 인정하면서도 다음과 같은 의견을 제시하고 있다.

> 이 행동방침을 완수하기 위해서는, 시간이 오래 걸리고, 그 사이에 국내외로부터 강한 압력을 받을 것 같다. 우리가 한국에서 경험한 바와 같이, "중간적"인 행동방침은 사태를 재빨리 철저하게 처리해야 한다고 믿는 일파로부터의 비판을 늘 초래하는 법이다. 하지만 다른 한편, 군사행동을 계속하고 상당히 견고한 자세를 취한다면 그것은 다른 방면에서의 엄격한 정치적 비판을 초래하게 될 것이다.[39)]

번디는 러스크와 맥나마라를 비롯한 대통령의 조언자에게 부친 각서 중에서 "완만한 쥐어짜기" 계획이 "민주주의에 따르기 마련인 여론이라는 강력한 아크등 아래서도 실행 가능한가 하는 문제를 제기했던 것이다. 따라서 그는 이렇게 기록했다. "이것이 바로 중요한 점

---

39) *Ibid.*, p. 617.

이다. ……1951년부터 53년까지의 한국전쟁과 비교해 보는 것만으로도 끔찍해진다."[40]

러스크는 자기자신의 그 시기에 대한 기억이 풍부하고 생생했던 만큼 번디와 같은 종류의 우려를 품고 있었다. 한때 그는 단명으로 끝난 남베트남 정부의 어느 지도자에게 미국은 "아시아에서 통상병기만을 이용한 지상전에 다시는 말려들지 않을 생각이다" 라고 말했다.[41] 실제로 끝까지 그는 "완만한 쥐어짜기" 계획에 대하여 다음과 같이 말하고 불안을 표명했다. "전쟁을 확대하든 축소하든, 결과는 그다지 명예롭지 못하므로, 우리가 해야 할 것은 다만 현재의 정책이 순조롭게 가는 방법을 찾아내는 것뿐이다."[42]

맥노튼은 "한국 증후군"이야말로 전쟁확대를 방해하는 또 하나의 장애물이라고 말하고, 그 때문에 통합참모본부는 한국과 비교하는 것이 무의미하다고 분명하게 주장하지 않을 수 없는 지경까지 몰렸다.[43]

하지만 통합참모본부는, 가령 전에는 그러한 전쟁을 재차 행하게 되는 것을 몹시 두려워했다 하더라도 지금은 달랐다. 미국 병사들은 군사고문의 역할로서이긴 했지만 이미 행동으로 옮기고 있었다. 고관들은 워싱턴이나 호놀룰루, 사이공에서, 베트남에서 이기기 위한 작전을 상세히 구상하고, 참모총장들은 자기들에게 명령하는 정치가들로부터 전속력으로 밀고 나가야 한다는 신호가 떨어지기만을 기다

40) *Ibid.*, p. 648.
41) *Ibid.*, II, p. 322.
42) Lyndon Baines Johnson, *The Vantage Point: Perspectives on the Presidency, 1963-1969* (New York: Holt, Rinehart and Winston, 1971), p. 123.
43) *Pentagon Papers*, III. p. 696.

리고 있었다. 참모총장들이 분명히 드러낸 불만은, 전쟁하는 것 자체에 관한 불만이 아니라 단계를 밟아 전쟁을 추진해 가는 방식에 대한 불만으로 바뀌었다. 그래서 그들은 "신속한 쥐어짜기" 계획을 창도하기 시작했던 것이다. 따라서 윌리엄 번디가 한국전쟁 당시와 같은 규모의 지상군 투입을 예고한 것에 대하여 통합참모본부의 대표들은 다음과 같은 논평을 덧붙였다.

> 우리의 최초 목표는, DRV(북베트남)에 SEA(동남아시아) 반란 활동을 지원하는 것을 중지시키도록 하는 것이다. ……이 목표를 달성하기 위해서는 반드시 우리가 "북베트남을 패배시킬" 필요는 없고 더구나 중국을 이길 필요는 절대로 없다고 말해도 좋다. 그러므로 우리가 SVN(남베트남)에 개입했다고 해서 동남아시아에 큰 분쟁이……발생할 가능성이 높아진다고는 말할 수 없다. …… 확실히 설령 그러한 전쟁이 일어났다 하더라도 책임 있는 지위에 있는 사람들은 한국전쟁과 조금이라도 유사한 체제에서 그 전쟁을 해나가야 한다고 제안해서는 안 된다. "어떤 시점에 이르면 핵무기의 사용조차 생각할 수 있다"는 것은 바로 우리가 수십 억 달러를 들여 핵무기를 보유하고 있는 당연한 귀결이다.

참모총장들은 국내의 반응이 한국전쟁 당시의 반응과 비슷한 것이 되는 것은 언급하지 않았다. 그들의 대표 한 사람이 그에 매우 가까운 말을 했었다 하더라도, 그것은 주로 외국에서의 비판에 답하여 다음과 같은 형태로 언급하고 있던 것에 불과하다. "미국이 조금이라도 효과적인 군사행동을 취한다면, 그것이 갖가지 방면에서 격렬한 비난을 초래하는 것은 명백하다. 이런 종류의 '압력'이 미국에 미치는 영향은, 어디까지나 우리가 용인할 수 있는 한도 이내의 것에 그치도록 해야 한다."[44]

한국전쟁을 상기하는 것이 불안을 낳는 불씨가 되는 한편으로, 역설적인 일이지만 그것은 대담성도 육성하고 있었다. 정부부처에서 이 논쟁에 가담했던 자는 누구나 1950년의 트루먼의 결단을 회상하며 찬탄하고 있었다. 그들은 그리스나 베를린을 방위하거나 NATO를 발족시켰던 그의 결단과 함께 한국에 대한 미국의 개입이 타국의 독립을 보호하기 위해 감히 전쟁의 위험을 마다 않는 미국의 의지를 널리 알린 것으로 생각하고 있었다. 베트남에서도 또한 그들은 트루먼의 본보기를 따라 행동하고 싶어했던 것이다.

이러한 사고방식은 1964년과 65년에 벌어진 논의에 일관되게 보여지고 있다. 당시의 유엔대사 애들레이 스티븐슨은 1964년 여름, 다음과 같이 언명했다. "오늘의 베트남이 갖고 있는 문제점은, 1947년의 그리스나 1950년의 한국과 동일하다."[45]

또한 같은 해 여름, 존슨대통령 자신도 다음과 같이 말했다. "우리가 오늘 동남아시아에서 직면하고 있는 도전은 과거 우리가 그리스와 터키, 베를린, 한국 등 용기를 가지고 대결하고 힘으로 대처했던 그 도전인 것이다."[46]

맥노튼은 깊이 생각하며 다음과 같은 각서 초안을 작성했다.

> 중요한 것은——최근 2년에서 4년 사이에 SEA(동남아시아)가 아무리 악화되었다 해도——미국이 '좋은 의사'가 되는 것이다. 우

44) *Ibid.*, pp. 623, 631.
45) *State Department Bulletin,* L (June 8, 1964), p. 908.
46) *Public Papers of the Presidents: Lyndon B. Johnson, 1963-64,* II, p. 930.

리는 약속을 지키고, 강한 끈기로 위험을 두려워하지 않고 피투성이가 되어서도 적을 철저하게 깨부숴야만 했다. 그리고 오늘 우리는 미국의 힘과 결의와 능력에 관하여 타국의 판단에 흔들리거나, 타국에 구실을 주거나 하는 행동을 피해야만 한다. ……금후의 문제는 다음과 같은 점에 있다.

1. 직접·간접침략에 대한 미국의 봉쇄정책은 적어도 동남아시아에 관하여 변화하고 있는가 아닌가. 우리는 남베트남이나 [1950년의] 한국, 베를린에서 보여지는 새로운 형태의 대결에 어떻게 행동하려 하는가.
2. 미국의 봉쇄능력은 적어도 경계영역에서는 불충분한 것인가 아닌가.
3. 미국은 장래 발생할지도 모르는 갖가지 구속(예컨대 국제법 위반이나, 유엔과 중립국의 반응, 국내에서의 압력, 미국이 입는 손실, 미국 지상군을 아시아에 투입하는 것, 중국 내지 러시아와 싸우는 것, 핵무기를 사용하는 것, 기타 여러 사항에 대한 공포)에 얽매여 있는가.[47)]

맥노튼과 윌리엄 번디는 그해 가을에 이 문제를 집중적으로 검토하고, 전쟁을 대신할 수단을 여러 가지 생각했다. 그렇게 하면서 그들은 베트남에 관한 결정을, 한국에 관한 1950년의 결정과 다른 것으로 하는 길을 모색했다. 두 사람이 공동으로 작성한 문서에는 철수노선을 제시하는 것으로서 다음과 같은 것이 쓰여져 있었다.

"세계에, 특히 아시아 국가들에 대하여 아래의 것을 명확히 하지

47) *Pentagon Papers*, III, pp. 582-83.

않으면 안 된다. 즉, 가령 남베트남에서 실패한 경우에도 그것은 식민지시대의 나쁜 전통과 자위(自衛)의 의지 결여와 같은 타국에서 볼 수 없는 특수한 지역적 요인 때문이었다고 하는 것이다."[48]

그 점을 번디는 다시 자세히 설명하고 있다.

> 남베트남과 라오스가 처음부터 반드시 전형적인 예가 아니었음은 아주 분명하다. 그런 탓도 있어서 우리는 한국에서 얻은 바와 같은 국제적 지지를 얻지 못하고, 그렇게 무거운 짐을 단독으로 지지 않을 수 없게 되었다. 이 양국은 이미 1954년의 단계에서 대부분의 나라에서 버림받고 있었고, 우리가 찬양받을 만한 특단의 노력에 의해 양국을 지키고 육성하려 했음에도 불구하고, 그리스나 터키, 이란과 같은 장년에 걸쳐 완성된 국가의 지위도, 또한 1950년의 남한에 주어졌던 유엔의 특별보호를 받는 지위도 양국에게 줄 수는 없었다.[49]

조지 볼은 전쟁 반대의 선두에 서 있었지만, 마치 통합참모본부가 과거 남베트남과 말레이를 비교하여 파악하는 방식을 공격했듯이, 베트남과 한국을 비유하는 견해를 공격하고 있었다. 그는 러스크와 맥나마라, 맥조지 번디에게 보낸 서한 중에서, 존슨이 직면하고 있는 상황과 트루먼이 1950년에 직면한 상황 사이의 차이점을 하나하나 지적하여 이렇게 잘라 말했다. "남베트남은 한국이 아니고, 따라서 우리가 기본적 결정을 내리는데 있어서 한국과의 유사성에 지나치게 의존하는 것은 일을 그르칠 것이다."

---

48) *Ibid.*, p. 657.
49) *Ibid.*, p. 624.

양자의 차이로서 볼이 지적한 것은 다음과 같은 점이다. 첫째로, 미국의 한국 개입은 유엔에서 명확한 인가를 얻고 있었다. 둘째로 그 결과 미국은 다른 국가들로부터 적극적인 지지를 얻고, 53개국이 군대를 파견했다. 그런데 "베트남에서 싸우고 있는 것은 우리들뿐이다." 그리고 셋째로 남한에는 안정된 정권이 있었다. 그에 반하여 남베트남에는 "통치상의 혼란"이 전형적인 형태로 나타나고 있다. 넷째로, 남한은 당시 갓 독립한 단계로 자국을 위해 자진하여 싸우고자 하는 마음이 있었다. 그러나 20년간이나 전쟁을 해온 남베트남인들에게는, 그러한 활력도 의지도 보여지지 않는다. 그리고 볼은 이렇게 결론을 내린다.

> 마지막으로 한국전쟁의 경우, 그것은 10만의 대군대가 육로로 침입해 왔던 데서 시작되었다. 이 침입은 이미 확립되어 있는 국경선을 넘어서 침입한다고 하는, 고전적 형태의 침입이었다. …… 따라서 그것은 우리에게 반격을 위한 명확한 정치상 법률상의 근거를 제공했다.
>
> 그런데 남베트남에서는 침입은 전혀 없고 단지 완만한 침투가 있었을 뿐이다. ……게다가 이……반란군은 토착민의 실질적 지지를 얻고 있었다. 이 반도(叛徒)가 하노이에서 적극적인 지휘와 지원을 얻고 있음을 미국인은 알고 있지만, 다른 나라 사람들은 잘 모른다. ……그 때문에 사이공 정부의 약체성이 서서히 명백해지는데 따라, 갈수록 많은 나라의 정부가 이 ……반란이 실은 내부에서 발생한 반정부운동에 불과한 것은 아닐까 하고 생각하게 될 것이다.[50]

그러나 통합참모본부도 조지 볼도 한국전쟁 속에서 베트남의 선례를 찾으려고 하는 움직임을 충분히 저지할 수 없었다. 그 후에도 한국의 선례는 정부 내부에서 주고받은 각서나 공적인 성명문 속에서 되풀이 인용되고 있었다.

1964년부터 65년까지의 논쟁에서 한국은, 1961년의 논쟁 때보다 훨씬 빈번하게 언급되고 있었지만, 필리핀과 말레이에서 유사성을 찾는 목소리는 더 이상 들리지 않게 되었다. 과거 맥노튼은, 막사이사이가 필리핀에서 행한 바와 같이 베트남의 지도자 누군가가 국내 여론의 조류를 뜻하지 않게 바꿀 수 있지 않을까 하고 기대를 걸었던 일도 있었다.[51] 하지만 고관들이 이러한 전후 초기의 동남아시아의 선례를 어쩌다 언급하는 일이 있었다 하더라도, 그것은 대체로 상대가 공산 게릴라라 해도 그것을 이길 수 있음을 나타내는 증거로서 언급한데 불과하다.

그 대신 고관들은, 그보다 훨씬 분명한 증거로서, 1947년에 미국이 원조를 시작한 뒤의 그리스의 예를 인용하게 되었다. 그리스가 주목을 끌게 된 것은, 아마도 그리스 반란군이 외국에서 지원을 받고 있었기 때문일 것이다. 또한 아마도 그 땅의 반란을 10년이나 12년이 아니라 불과 2년만에 수습했기 때문이기도 할 것이다.

어쨌든 많은 사람이 그리스를 언급하거나 그리스에 대해 생각하기 시작했다. 예를 들면, 사이공 주재 헨리 캐보트 롯지 대사가 그러하다. 또한 윌리엄 번디도 그 한 사람으로, 과거 그는 그리스에서 게릴라가 진압된 바로 그 시기에 그리스 정부의 법률고문으로서 그리스

---

50) George W. Ball, "Top Secret: The Prophecy the President Rejected," *Atlantic Monthly*, CCXXX (July 1972), pp. 35-49.

51) *Pentagon Papers*, III, p. 683.

에 체재했던 일이 있었다. 또한 당시 국무부 정책기획회의의장으로 있던 월트 로스토는 다음과 같은 견해를 보이고 있다. 만일 미국이 군사력을 과감히 행사한다면, 미국측에 "상당한 승산이 있고……과거 그리스에서 일어났던 것과 같은 종류의 괴멸이 남베트남의 공산주의 운동에도 가해지게 될 것이다."[52]

로스토는 폭격과 동시에 지상군 투입의 필요성을 주장하고, 과거의 게릴라전쟁의 체계적 분석이라 칭하는 것까지 제출하고 있었다. 그는 단순히 그리스나 필리핀, 말레이 뿐 아니라 제1차대전 후의 아일랜드, 중국, 1950년대의 북베트남, 그리고 라오스를 예로 들고, 이런 종류의 전쟁은 거의 언제나 명백한 승리나 명백한 패배의 어느 한쪽으로 끝난다고 주장했다.

그의 논리에 따르면, 그 시점에서 통상 게릴라는 지방의 대부분을 제압한다. 그리고 나서 게릴라는 종종 수도를 위협한다. 그리고 게릴라가 이기는 것은, [중국처럼] 전면적인 통상전쟁에 의하거나, [북베트남처럼] 정치적인 권력탈취에 의하거나, [동유럽——그것도 아마 개개 국가를 하나하나 본 경우의 동유럽이 아니라 전체로서 본 경우의 동유럽——처럼] 잠정적인 연립정권에 기초한 해결에 의하거나, [또는 북베트남이나 라오스, 아일랜드처럼] 분할협정에 의하거나, 이상의 어느 하나의 경우이다.

로스토의 진언에 따르면, 공산주의자의 승리에 이르는 이 모든 길을 차단해 두는 것이야말로 미국에게 요구되고 있는 단 하나의 임무인 것이다.[53]

그러나 1964년의 이 시점에서는 로스토가 논쟁에서 수행하는 역

---

52) *Ibid.*, p. 647.
53) *Ibid.*, pp. 381-82.

할은 이미 시들고 말았다. 몇 년 동안 그가 북베트남과 싸우도록 계속 요청했던 것은 널리 알려져 있었다. 그러한 방침을 주장하는 열의도, 그 방침에 대한 그의 낙관적 전망도, 나아가 과거의 게릴라전이 선례로서 특별한 타당성을 가지고 있다고 하는 그의 의견도, 많은 사람들이 받아들이지 않게 되었던 것이다.

중국의 함락에 대한 국민의 반응에 얽힌 기억이, 얼마나 중요했는지 알기는 어렵다. 오늘날 입수할 수 있는 문서에서는, 그 문제는 다만 애매한 간접화법밖에 제시되어 있지 않다. 고려해야 할 정책의 다양한 선택에 관한 포괄적인 최종분석은 대통령이 최초의 결정적 판단을 내리기 전에, 윌리엄 번디의 동생 맥조지 번디에 의해 정리되고 있었다.

그는 전 하버드대학 학부장으로 케네디와 함께 워싱턴으로 입성하고 존슨 밑에서 일하고, 일관하여 국가안전보장문제 담당 대통령특별보좌관의 요직을 차지하고 있었다. 그는 종종 대통령을 위해 문제의 최종검토를 가하는 입장에 있었고, 적어도 맥나마라나 러스크와 같은 정도의 영향력을 가지고 있었다. 존슨은 번디와 맥나마라를 직접 남베트남에 파견하여 총괄적 시찰을 하게 하고, [귀국후] 번디는 북베트남의 폭격에 국방장관도 자기도 찬성한다고 하는 보고를 올렸다. 그 보고에서 그는 다음과 같이 쓰고 있다.

> 성공 확률이 어느 정도인가……정확히 사정할 수는 없다, ——아마도 25퍼센트에서 75퍼센트 사이라고 말해도 좋을 것이다. 다만 분명히 말할 수 있는 것은, 가령 실패하더라도 이 정책은 실행할 만한 가치가 있다고 하는 것이다. 아무리 사정이 나쁘더라도, 그것에 의해 우리는 하면 되는 것을 하지 않았다고 하는 비난을

피할 수 있을 것이고, 이 비난은 우리 나라를 포함하여 많은 나라들에서 금후 중요한 의미를 갖게 될 우려가 다분히 있다.[54]

지금 생각하면 존슨 대통령은 베트남 전쟁에 찬성하는 주장 중에서 동남아시아의 나머지 전역이 함락될 위험 다음으로 이 고찰을 가장 중시하고 있었음을 알 수 있다. 후에 그는 그것을 다음과 같이 기록했다. "<누가 베트남을 상실케 하는가>라는 점에서 국론이 분열된다면……중국을 둘러싼 논쟁 때보다 훨씬 많은 해를 국민생활에 미치게 될 것이다."[55]

미국이 베트남에서 무엇을 해야 하는가에 대한 고찰은 또한 1930년대의 교훈으로 생각된 것에 의해서도 아마 영향을 받았을 것이다. 대통령은 모든 선택 가능성을 검토한 뒤에 "완만한 쥐어짜기" 계획을 속행하기로 결정했다. 그는 북베트남에 한정적 폭격을 가하고, 남베트남에 지상군전투부대 몇 개 사단을 파견하도록 명했다. 6월에는 예상할 수 있는 결과의 손득을 철저하게 검토한 뒤에, 그는 장래 필요한 경우에는 더 많은 부대를 보낸다고 하는 양해 아래, 우선 12만5천명의 지상군부대를 보내도록 인가했던 것이다.

정부당국은 이러한 결정이 행해진 이유를 국민에게 설명하기 위해, 제2차대전에 앞선 미국의 경험을 거듭 예로 들고, 결정을 정당화하고 있었다. 그후 러스크는, 끊임없이 그 선례를 인용하게 되었다. 또한 조지 볼은 자기가 지금까지 계속 반대했던 행동방침을, 이번에는 충실하게 변호하면서 그 변호 이유를 거의 러스크와 같은 점에서 찾고 있었다. 예를 들면 다음과 같이 그는 말했다.

---

54) *Ibid.*, p. 314.
55) Johnson, *Vantage Point*, p. 152.

> 우리는……과거의 경험에서, 침략이 어디서 일어나고 어떤 가면을 쓰고 있든, 그것에 대처해야만 한다고 인식하게 되었다. ……1930년대에, 만주는 아득히 먼 곳에 위치한 것으로 생각되었다. 에티오피아도 아득히 먼 장소에 있는 것으로 생각되었다. 라인란트의 재군비는 유감스런 일이지만, 전쟁을 하면서까지 막을 가치는 없다고 간주되고 있었다. 하지만 그후 오스트리아가, 그리고 체코슬로바키아가, 나아가 폴란드가 침략 당했다. 그리고 그것이 제2차대전의 발화점이 되었다.
>
> 남베트남에서 오늘 직면하고 있는 중심문제는…… 공산주의국 변경에 있는 약소국이 어디까지 자유를 지속할 수 있느냐 하는 문제이다. 이것은 전세계의 약소국에 있어서 사활이 걸린 중요한 문제이다.[56)]

1930년대의 여러 사건은 정부 내부의 각서에서 언급되고 있지 않았을지 모르지만, 그것은 누구나 그 교훈에 대하여 같은 의견을 갖고, 언급할 필요가 없을 만큼 당연한 것으로 생각되고 있었기 때문일 것이다. 또는 그 사건들이 많은 점에 있어서 그다지 충격적이 아니었기 때문일지도 모른다.

적어도 제2차대전의 발발 당시, 번디 형제, 맥나마라, 맥노튼은 모두가 대학이나 대학원 학생이었다. 러스크는 몇 년 연상으로, 1940년에 육군에 복무하기 전까지 서해안의 대학교수로 학부장을 맡고 있었다. 그들은 모두 세계정세의 전개에 강한 관심을 가지고 있었지만

---

56) *State Department Bulletin*, LI (June 7, 1965), p. 922.

[사실 그들은 미국 참전의 열성적인 지지자였는데] 아직 정부 관계의 일에 종사하지는 않았다. 그러므로 이러한 그들의 마음에 제2차대전 후의 사건 쪽이 훨씬 선명한 형태로 남아있었다 하더라도 이상할 것은 없고, 또한 맥나마라가 1961년까지는 자기회사의 일에 쫓겨서, 그 이전의 사건에 대하여 거의 언급하는 일이 없었다는 사실도 충분히 유념해 두는 것이 좋겠다.

그러나 그럼에도 불구하고 1930년대의 "교훈"은 대통령의 조언자들의 마음을 무겁게 덮쳐 눌렀을 것이다. 아니 적어도 그 교훈이 존슨 자신의 마음에 걸렸음은 확실하다. 1965년에 57세였던 그는 뉴딜 시대부터 워싱턴에서 일하고 1936년에 의원으로 선출되고, 그후 쭉 상원이나 하원에서 의석을 차지하고 있었다. 회상록에서 그는 제2차대전 전의 미국정부의 실패가 자기의 머리 속에서 떠난 일이 없었다고 말했다.57)

그리스와 터키에 대한 원조나 NATO, 한국전쟁에의 개입 등을 지지할 때에 그는 자주 대전 전의 경험의 교훈을 인용하고 있었다. 그리고 같은 설득의 말이 1965년의 결정을 정당화하는 그의 연설까지 채색하고 있었다. 예를 들면 그는 어느 기자회견에서 다음과 같이 말했다.

남베트남의 패배는 "닥치는대로 자유주의국가를 정복하려고 하는 사람들에게 용기를 주고, 그들에게 활력을 주게 될 것이다. ……이것은 우리 시대의 가장 명백한 교훈이다. 뮌헨사태에서 오늘에 이르기까지 우리는 한번 침략에 굴복하면 더 큰 위협을 초래할 뿐이라는 사실을 충분해 배워온 것이다."58)

---

57) Johnson, *Vantage Point*, pp. 46-47.

58) *Public Papers of the Presidents: Lyndon B. Johnson*, 1965, I, p. 499.

1964년부터 65년에 걸쳐서 존슨 자신이 가지고 있던 생각을 기록한 것은 달리 없으므로, 대체 30년대의 교훈에 관한 확신이 존슨에 대하여, 1950년의 트루먼의 경우와 비슷한 영향을 주고 있었는지 어떤지 밝힐 수는 없다. 다만 그가 회상록 속에서 베트남에 관한 매우 중요한 결정을 다룰 때에 언급하고 있던 선례는, 주로 한국전의 선례이기는 했다.

어쨌든 적어도 극히 최근의 사건에 관한 그들의 신념이 베트남에서의 미국의 행동방침을 결정한 사람들의 생각에 큰 영향을 미쳤다는 것은 분명한 사실이다. 1961년에는 프랑스의 패배 사례와 한국전쟁을 둘러싼 미국 여론의 분열의 예가, 그들의 불안을 북돋고 있었다.

그러나 고관들은 남베트남이 한국보다는 필리핀이나 말레이와 유사하다고 보고, 따라서 그들은 미국군을 대량으로 투입하지 않더라도 충분히 베트남을 구출할 수 있을 것이라고 생각했다. 또한 그들은 중국 함락을 둘러싸고 국민 사이에서 벌어진 격렬한 논전을 상기하고, 남베트남의 포기를 진지하게 고려하기를 주저하고 있었다. 그리고 장기적 추세의 예측에 노련한 전문가로 보여졌던 사람들이 남베트남의 분쟁을 세계제패를 노리는 공산주의자의 예정표에 새겨진 계획의 일환이라고 보고, 그 분쟁에의 개입을 강하게 지지하기에 이르렀던 것이다.

존슨정권이 1964년부터 65년 사이에 참전하느냐 마느냐의 선택에 직면했을 때, 군사개입에 반대하는 논란에서는 여전히 프랑스와의 대비나 한국전쟁의 경험이 예로 제시되었다. 한편 고관들은 한국에의 개입을 비롯하여 1947년부터 50년 사이의 사건이 무력에 끝까지 호소하도록 시사해 마지않는 강력한 선례라고 생각하고 있었다. 또한 중국에서의 공산주의자의 승리 결과에 생각이 미쳤다 하더라도, 그들은 다만 같은 행동을 취하도록 이끌렸을 뿐이었다. 아마도 30년대의 경험에서 누구나 배웠다고 생각할만한 교훈도 이것과 같은 기능을 다했을 것이 틀림없다.

사람들은 루즈벨트나 트루먼의 결단에 대해서와 마찬가지로, 케네디와 존슨의 결단에 대해서도, 가령 그들의 고려 대상에 역사로부터의 추론이 전혀 들어있지 않았다 하더라도, 어차피 같은 결단이 내려지지 않았을까 하고 주장할지도 모른다.

실제로 1960년대의 대통령들과 그 고문들은 동남아시아를 그 자체 중요지역의 하나로 간주하고 있었다. 맥나마라도 통합참모본부도 그 지역에서 일단 진지(陣地)를 상실하면 서태평양의 방위선을 확보할 수 없게 된다고 주장하고 있었다.[59] 케네디와 존슨 및 그 막료들은 베트남이 함락되면 그 지역 전체가 함락될 것이라고 판단하고, 공산주의자가 동남아시아에서 승리한다면, 적은 냉전에서 거대한 이익을 손에 넣게 될 것이라고 믿고 있었다.

이러한 생각을 가지고 있었으므로 그들은 설령 그때까지의 경험 속에서 비교할 수 있는 적당한 경험이 전혀 없었다 하더라도 남베트남을 위해 싸우기로 결정했을지 모른다. 베트남을 둘러싼 논란 중에서, 거의 확실하게 과거의 경험이 없으면 달라졌을 논란이 만일 있었다고 한다면, 아마도 그것은, 베트남의 '상실'이 국내에 초래할 결과에 관한 논란이었을 것이다. 왜냐하면 만일 고관들이 중국을 둘러싼 논쟁을 상기하고 있지 않다면, 정부의 방침에 반대하는 여론의 반응이 전쟁 그 자체에 반대하는 반응으로서 나타날 가능성을, 적어도 고

---

59) *Pentagon Papers,* III, pp. 498, 502.

관들은 깨닫고 있었을 것이기 때문이다.

하지만 그럼에도 불구하고 역사에 의거하는 논의가 논쟁 속에서 일정한 역할을 하고 있었으므로, 그 논의의 성격이나 내용을 검토하더라도 이상하지 않다. 여기서 우리는 1950년의 한국전쟁 개입과 같은 어쩌면 특이한 사례는 별개로 치고, [베트남의 경우] 역사에 의거하여 논의가 이루어졌기 때문에 다른 방법에 의한 문제분석이 소홀히 다루어졌다고는 결코 말할 수 없다. 솔직히 말해서 또한 케네디와 존슨이 1950년의 트루먼과 마찬가지로 너무나 성급한 결단을 내렸다는 식으로는 도저히 비난할 수 없다.

실제로 두 사람은, 몇 개월 동안 막료들에게 주의깊게 문제를 검토케 하고, 또한 부하들 중에서도 특히 유능한 인재를 골라 그 일을 담당케 했던 것이다. 그러나 베트남의 결정 때에 고려된 역사적 추론이란 기껏해야 피상적인 것이었다고 말할 수밖에 없다.

일반적으로 과거의 예가 인용되었을 때에는, 그 사실이나 의미에 대하여 전혀 이론이 끼여들 여지가 없는 형태에서 인용되고, 또한 그 인용에 있어서 두 가지 전혀 다른 방법이 구별되는 일이 없이 이용되어 왔다.

즉 어떤 때는, 전체의 문맥에서 논리가 다음과 같은 형태로 전개된다. "X가 이전에 일어났다, 따라서 X는 재차 일어날 것 같다." 그리고 또 어떤 때는 다음과 같은 형태로 논리가 전개된다. "이러저러한 것이 인간세계에서 보여지는 통상의 유형이다. X는 그 한가지 예이다." 통상 프랑스에 대하여 언급할 때에는 첫 번째 방법이 사용되었다. 즉 프랑스는 패배했다. 따라서 미국도 패배할 것 같다——고관들은 이렇게 주장했다.

그러나 이따금 제2의 유형도 이용되었다. 예컨대 1965년 2월에 맥스웰 테일러가 전보로 경고를 보냈을 때, 다음과 같은 형태로 말하고 있었다. "백인 병사는 아무리 무기를 소지하고 장비를 잘 갖추고 훈련되어 있다 하더라도 아시아의 숲이나 정글 속에서는 게릴라에 맞설 수 없다. 프랑스는 군대를, 그 사명에 부합시키려 했으나 결국 실패했다. 따라서 나로서는 미국군이 프랑스보다 더욱 유효하게 해낼 수 있다고는 도무지 생각되지 않는다."[60)]

1961년에 필리핀과 말레이의 예가 인용되었을 때에는, 다음과 같은 의미를 넌지시 비쳤다. 그러한 지역에서는 반란군이 패배했다. 그러므로 베트남에서도 반란군은 패배할 것이다, 라고. 하지만 1964년부터 65년까지, 이러한 예는 그리스의 예와 함께 그저 단순히 게릴라를 이길 수 있다고 하는 명제를 예증하는 것에 불과하게 되었다. 이에 대하여 한국이나 대 그리스 원조, 베를린 방위에 관한 것이 예로 인용될 때에는, 거의 언제나 단순히 과거의 예가 되풀이될 것이라거나 당연히 되풀이된다는 것만이 주장되고 있었던데 불과한 것 같다. 이것은 중국을 둘러싼 국내논쟁에서 언급되었을 때에도 마찬가지였다.

현존하는 문서 중에는, 선례로 생각되는 것이 실제로 선례가 될 수 있는지 아닌지 비교하려고 하거나 그밖에도 비교할 수 있는 선례가 없는지 찾아보거나 했던 것을 시사하는 기록은 거의 발견되지 않는다. 다만 예외라고 하면, 말레이와의 대비를 통합참모본부가 논평한 것과, 한국과의 유사성을 조지 볼이 검토했던 것이다.

참모총장들이 프랑스인은 파나마운하를 건설하는데 실패했다고 기록하고 있었던 것 등은, 논의상의 효과는 있겠지만 분석의 영역까

---

60) *Ibid.*, p. 419.

지는 달하지 못했다. 동일한 것은 게릴라전의 승리에 관한 로스토의 각서에 대해서도 말할 수 있다. 가령 로스토가 과거 경제사의 교수로 일하고, 가까운 과거의 역사를 정력적으로 기록하고 있었다 하더라도, 이 각서는 분명히 특정의 행동방침에 대한 신조를 토로한 것에 불과하고, 어떠한 의미에서도 원재료의 적절한 분석에 기초한 것이었다고는 말할 수 없다.

사실 베트남에 대해 토의했을 때에 직접 간접으로 이용된 역사적 증거에 대하여 더욱 치밀한 분석을 가할 수도 있을 것이다. X는 과거에 일어났으므로 또다시 일어날 것이라고 하는 것이 기본명제라면, 확실히 X 고유의 특징 자체를 음미해도 좋았을 것이다. 말레이에 대한 참모총장들의 각서나 한국에 대한 볼의 각서를 보면 더욱 자세히 분석했음을 깨닫게 된다. 참모총장들은 파나마운하의 예를 더욱 발전시킨 형태로 고찰하도록 요청받았어야 할 것이다. 왜냐하면 이 예는 프랑스의 실패가 장비나 기술의 결함에 의한 것이었음을 시사하고 있었던 것이고, 이 점에 관한 한, 적어도 논란의 여지가 충분히 있었기 때문이다.

제2유형의 명제에 대하여 말한다면, 선례로 생각할 수 있는 것을 우선 체계적으로 재검토하는 데서 시작해야만 한다고 당연히 생각해야 할 것이다. 예컨대 아시아의 숲이나 정글에서의 백인병사에 대하여 테일러가 주장한 것은, 1950년대의 프랑스의 경험뿐만 아니라 19세기 이후의 아시아에서의 영국과 프랑스의 경험이나, 이른바 필리핀의 반란 때의 미국의 경험 등에 비추어서도 검토할 수 있었을 것이다.

실제로 라틴아메리카 독립전쟁이나 프랑스가 옹립하여 단명으로 끝난 멕시코제국, 나아가 최근의 팔레스타인 분쟁이나 제2차세계대전 중의 남동유럽이 분쟁을 고려함으로써, 게릴라전에 관한 지금까지의 대략적인 주장은 더욱 세련된 것으로 되어 있어도 좋았을 것이다. 베트남 전쟁이 몇 가지 점에서 내전이라고 통찰되고 있었다면, 아마도 16세기의 프랑스나 17세기의 영국, 1861년부터 65년 사이의 미국, 그리고 1930년대의 스페인 상황에 이르기까지 주의를 돌릴 수 있었을 것이다.

한국전쟁의 경험을, 단지 민주주의국가가 국지전을 벌일 때에 말려들기 쉬운 곤란성을 예증하기 위해서만 사용하고 있었다 하더라도, 그 곤란성의 성질이나 원인은 단순히 1951년에서 53년 사이의 실정을 주의깊게 재검토하는 것만이 아니고, 다음과 같은 전쟁에 대한 여론의 반응을――즉 인디언과의 전쟁, 미국 스페인 전쟁, 1906년부터 34년 사이에 쿠바, 니카라과, 도미니카공화국, 아이티 등에서 지속적으로 보여졌던 통상전쟁에 이르지 않은 단계의 군사행동과 같은 것에 대한, 여론의 반응을――음미함으로써 확실히 더욱 깊이 이해할 수 있었을 것이다.

또 예를 들면, 이집트 전역(戰役)이나 보어전쟁, 팔레스타인 분쟁 등에 대한 영국 국내의 반응이나 멕시코 출병, 통킹만 원정에 대한 프랑스 국내의 반응도 또한 충분히 참고로 삼을 수 있었을 것이다.

전쟁에 찬성하는 논의 중에서도 역사에 의거한 논의는, 전략상, 외교상의 논의와 마찬가지로, 미국과 나아가 베트남의, 각각의 국외에서 발생할 우려가 있는 사태에 주의를 기울인 것이었다. 그리스나 베를린, 한국을 예로 드는 논리는, 대체로 다음과 같은 형태로 전개되고 있었다.

타국정부는 이러한 선례를 보고, 동맹국이나 보호국이 위협에 직면하거나 독립국가의 침략의 희생이 되거나 했을 때에, 미국은 주저

없이 자국의 군사력을 구사하겠다고 결의한 증거로 생각되어오고 있다. 그런데 만일 여기서 미국정부가 베트남에서 즉시 행동으로 나서지 못한다면, 타국정부는 미국이 그 결의를 뒤집었음에 틀림없다고 생각할 것이다. 비공산주의 국가는 자기네 나라를 미국이 정말로 보호해줄 의지가 있는지 의심할 것이 틀림없다. 다른 한편, 공산주의국가 쪽은 새로운 영토를 획득하기 위해 더욱 큰 위험을 저지르게 될 것이다.

이러한 논리는 일련의 말해지지 않은 가정 위에 만들어져 있었다. 그레암 T. 앨리슨이 탁월한 저서 《결정의 본질》 속에서 지적하고 있듯이, 국제관계를 생각할 때에 대부분의 사람은 국가라는 것을, 목표를 정하고, 계획을 세우고, 목적을 추구하는 합리적이고 단일한 행동주체라고 상정하고 있다.[61)]

하지만 우리는 그러한 가정을 함으로써 복잡한 조직이 몇 가지 중요한 점에서 개개의 인간과 다른 행동을 하는 것을 간과하고 있다. 또한 우리는 모든 정부에 따르기 마련인 당파성이나 내부분쟁, 파벌항쟁도 간과해 버린다.

베트남에 관한 각서의 초안자들은 다른 국가가 합리적이고 단일한 행동주체라고 단순하게 상정하고 있었다. 게다가 그들은 미국에 대해서도 상당한 정도 비슷한 것으로 상정하고 있었다. 왜냐하면 확실히, 미국이 결의를 나타내거나 약속을 지키려고 하는 것은, 분명 그것이 합리적이고 단일한 행동주체이기 때문이다. 그러나 그럼에도 불구하고 그들은, 타국정부가 행하는 합리적 계산이 몇 가지 점에서 자기들의 정부가 행하는 합리적 계산과는 별개라고 상정하고 있었던

61) Allison, *Essence of Decision,* pp. 10-38.

것이다.

고관들은 만일 미국정부가 조금이라도 전쟁을 하기 싫어하는 기색을 보인다면, 타국은 즉시 미국에 대한 평가를 바꿀 것이 틀림없다고 생각하고 있었음에도 불구하고, 다른 한편으로 그들 자신은 타국이 같은 행동을 되풀이하더라도 그 행동을 기초로 타국에 대한 자기들의 평가를 바꾸려고는 하지 않았다.

예컨대 그들은 베를린이나 쿠바의 공격용 미사일 배치를 둘러싸고 발생한 일련의 위기를 맞아 미국이 소련을 위압할 수 있었다고 생각하고 있었다. 게다가 그들은 북베트남의 항구에 지뢰를 부설하거나 봉쇄를 가하려고 했을 때, 북베트남의 항구에 재료를 운반해주는 배의 다수가 소련선박이므로 만일 지뢰부설이나 봉쇄를 실행한다면, 당연히 모스크바와의 사이에 위기가 발생하리라는 것을 충분히 알고 있었다.

하지만 그들은 당시의 [쿠바의] 경험에서 소련이 취약하고 타협적인 태도를 보일 것이 틀림없다는 결론을 끌어내지는 않았다. 아니 반대로, 시종 그들은 소련정부가 베를린이나 쿠바보다 훨씬 큰 관심을 북베트남에 기울이고, 미국이 지뢰부설이나 봉쇄에 나선다면 전쟁을 도발하게 될지도 모른다고 생각하고 있었던 것이다.[62)]

마찬가지로 그들은, 금문(金門)·마조(馬祖)를 둘러싼 1950년대의 위기나, 1962년의 중국·인도 국경분쟁 문제를, 미국 공군력이나 핵무기의 위협을 받고 중국이 물러선 예로서 생각하고 있었다. 하지만 베트남에 관한 각서 속에는 마치 이러한 사건이 지금까지 한번도 일어나지 않았던 것처럼, 중국이 베트남에서 적대행동을 시작하는 것

62) *Pentagon Papers*, IV, p. 173.

이 아닐까 하고 종래와 전혀 다름없는 불안을 표명하고 있었던 것이다.

즉 미국의 고관들은 자국의 주요한 적의 행동을 그 과거의 하나하나의 행동에 의해 예측할 수 있는 것이 아니라 이익이나 능력의 함수로서 항상 기능하는 것이라고 상정하고 있었다.

미국의 고관들이 스스로의 논리를 신중하게 분석하고, 또한 타국 정부 지도자들의 논리도 이용 가능한 역사적 증거에 따라 분석하고 있었다면, 그들은 남베트남을 미국이 포기한 경우에 발생하는 사태에 대하여, 실제로 행한 예측과는 다른 예측을 했을 것이다.

그리고 그들의 각서 속에는, 모스크바, 북경, 동경, 본, 런던, 그리고 방콕에서도 그 지도자들이 다음과 같은 점을 깨닫고 있을 것이 틀림없다는 것이——즉 가령 미국의 장래 행동에 대한 그들 지도자의 기대를 바꾸는 일이 있다 하더라도, 미국의 이익이 더욱 명확하고 미국의 성공 가능성이 더욱 높은 경우에는 동맹국을 포기한다는 베트남에서의 미국의 행동이, 반드시 베트남 이후의 미국의 행동을 시사하는 것이 아니라고 하는 점을, 그 지도자들이 분명 깨달을 것이라고 하는 점이——확인되어 있었을 것이다.

마지막으로 가장 명확한 것으로서 지적되어야 할 점은, 만일 케네디, 존슨, 두 정권의 고관들이 베트남 자체의 역사를 조금이라도 이해하려고 했다면, 그들로서는 더욱 얻은 바가 있었을 것이라는 점이다. 사실 베트남에 대한 저작의 대부분은 베트남어를 모르는 사람이 프랑스어의 자료를 토대로, 식민지 주민보다 식민지주의자들에게 초점을 맞추어 쓴 저작이기는 했다. 하지만 그러한 것 중에서도 이 나라의 특이한 발전을 개관한 서적이나 논문이 몇 종 있었다.[63]

그리고 만일 그것을 베트남에 관한 결정을 내린 사람들이 읽고 있었다면, 그들은 후에 고통 속에 배우게 될 몇 가지 진실을 처음부터 발견했을 것이다. 예를 들면, 대통령이나 각료, 대사나 관료들은 남베트남과의 동맹이나 협력관계라는 말을 후에 입에 담게 되는데, 만일 조금이라도 그들이 베트남의 역사나 중국문화권의 역사를 공부했다면, 정부간의 협력이라는 개념이 베트남인의 생각과 양립하지 않는 것임을 깨달았을 것이다.

베트남의 전통 속에서는, 다만 서로 상대방을 착취하는 보호자와 피보호자의 관계만이 존재하고 있었기 때문이다. 또한 그러한 공부를 하고 있다면, 베트남을 둘로 분단한다는 사고 자체가 주로 서구적인 법제상의 의제개념(擬制概念)으로서, 그것은 인위적 경계선의 어느쪽 베트남인에게도 받아들여질 수 있는 부류의 것이 아님을 알게 되었을 것이다. 또한 앞에서도 기술한 바와 같이, 베트남의 분쟁은 거의라고는 잘라 말할 수 없다 하더라도, 많은 점에서 내전이고, 그 내전의 귀추를 결정하는 것은, 베트남의 과거 속에서 육성되는 것이지, 외국인이 할 수 있는 것은 극히 미미하다는 것도 충분히 인식하게 되었을 것이다.

1960년대의 미국인이 공유하고 있던 생각을 돌이켜볼 때, 어떠한 사람들로 구성되는 집단이 결정을 내렸다 하더라도, 결국 케네디 정권이나 존슨 정권의 각료들이 내린 것과 같은 결정이 내려졌을 것이라고 말할 수 있다. 하지만 그럼에도 불구하고 이 책을 집필하고 있는 현시점에서 대부분의 사람이 그것은 잘못된 결정이었다고 생각하고 있고, 믿을 수 없는 결정이라고 말하는 사람조차 많다.

어느 날인가 시대풍조가 바뀌어, 장래의 세대가 그러한 결정을, 단

---

63) 예를 들면 다음 저서를 참고. Joseph Buttinger, *The Smaller Dragon: A Political History of Vietnam* (New York: Praeger, 1958).

순히 이해할 수 있는 결정일 뿐만 아니라 어떤 상황 아래서 내릴 수 있는 정당한 결정이었다고 주장하게 될지도 모른다. 하지만 거의 그렇게 되는 일은 없을 것이다. 오히려 내가 기대하고 싶은 것은, 그 결정이 멕시코 개입에 관한 나폴레옹 3세의 결정과 마찬가지로, 됨됨이가 불완전한 대실패였다고 하는 낙인이 영원히 찍히는 것이다.

오늘 그러한 낙인이 찍혀있기 때문에, 이 결정을 분석함으로써 우리는 국익을 정하고 국익을 위해 해야 할 것을 결정하는 과정에서 역사가 오용되는 예를, 충분히 납득이 가는 형태로 제시할 수 있다. 그리고 바로 여기서 우리는, 전문지식을 완전히 무시하고, 자기 주장에 내재하는 논리조차 완전히 무시하고, 역사의 비교나 유추를 이용하고 역사적 추세를 예측하면서, 조잡한 경제계획을 세우고 불충분한 정책입안서를 작성하여 창피를 당하게 된 일군의 사람들의 존재를 알 수가 있다.

통치자에게 있어서 역사가 중요하다는 것과, 특히 역사를 통치자가 무질서하고 부주의하게 사용할 수도 있다는 것 쌍방을 이토록 선명하게 제시한 예는 달리 없다.

제2부

역사는 어떻게 활용되어야 하는가

제5장 분 석

——화평을 위한 폭격——

미국의 고위관리가 역사를 서투르게 활용하고 있었음을 지금까지 비판해 왔으므로, 여기서는 역사의 효과적 활용법을 문제로 삼는다고 하는, 지금까지보다 곤란하고 위험이 많은 일에 착수해야만 한다. 특히 여기서는 정부결정에 개재하는 역사적 사고를 약간 포괄적이고 체계적인 것으로 하는 방법을 밝혀 보고자 한다.

우선 이 논의의 출발점으로서 북베트남을 폭격해야 하느냐 마느냐 하는, 1960년대 중반의 예의 논쟁을 문제삼고, 그 정책상의 문제에 관계하고 있었다고 생각되는 여러 가지 유추사례를 검증해 보고자 한다. 이어서 폭격에 의해 타국정부를 설득하고 합의를 성립시키려고 했던 몇 가지 선례를 검토하고, 그 선례 연구를 미국의 정책상의 선택의 정확한 평가에 공헌하는 방법을 밝혀두고 싶다.

물론 하노이의 결정에 영향을 준다고 하는 것은, 1964년에 토의되고 65년에 실제로 채용된 그 폭격작전에서의 한가지 목표에 불과했다. 참모총장들은 시종, 북베트남의 "의지와 능력"을 파괴해야 한다고 주장하고, 어떠한 정치효과가 만들어지든, 폭격이 북베트남측에 결정적 타격을 주게 될 것이라고 강조하고 있었다. 이에 대하여 예컨대 맥노튼은 예상되는 최악의 사태를 고려하면서, 미국이 "좋은 의사"가 되는 것이 상징적 의미에서 중요성을 가지고 있음을 역설했다.

한편 맥나마라와 대통령보좌관 맥조지 번디는 남베트남에 용기를 불어넣어 주는 것이야말로 오히려 가장 중요한 일이라고 주장했다. 두 사람은 사이공을 방문한 뒤에 존슨대통령 앞으로 다음과 같은 편지를 썼다.

"하노이의 의지에 영향을 주는 방법으로서 통상 요청되고 있는 것은, 북측을 공격하는 행동이다. ……그러나 우리가 생각하는 바, 이 행동은 중요하지만 그것은 어디까지나 장기적인 목적에 돌려진 것일 뿐이다. 긴급의 가장 중요한 목표는, 바로 남측에, 즉 남베트남인의 마음속에 돌려져야 할 것이다."1)

이 장의 원형은 1966년에 쓰여지고 사적인 형태로 회람되었다. 당시 많은 친구로부터 비평을 받았는데, 그중에서도 다음의 사람들에게 감사를 표하고 싶다. 그레암 T. 앨리슨, 마틴 블루멘슨, 로버트 J. C. 뷰토, 람제이 클라크, 프랭클린 L. 포드, 어네스트 H. 쥬스티, 윌리엄 R. 해리스, H. 스튜어트 휴즈, 프레드 C. 이클레, 윌리엄 W. 카우프만, 헨리 A. 키신저, 조지 A. 링컨 대령, 존 M. H. 린드벡, 로버트 A. 로베트, 앤드류 W. 마샬, 모리스 마트로프, 존 D. 몽고메리, 조나단 무어, 리차드 E. 뉴스타트, 이셀디 소라 풀, 조지 퀘스터, 아더 W. 래드포드 제독, 토마스 C. 셸링, 마샬 D. 슐만, 제임스 C. 톰슨 주니어, 새뮤얼 R. 윌리엄슨 주니어, 아담 야모린스키.

이 장에서 의거하면서 주(注)에 예거되어 있지 않은 것으로서는 다음의 것이 있다. Bernard Brodie, *Strategic Air Power in World II*(Santa Monika, Calif.: RAND Corporation, 1957); Fred C. Iklé, *The Social Impact of Bomb Destruction* (Norman: University of Oklahoma Press, 1958);

그러나 그럼에도 불구하고, 맥나마라와 번디가 시사한 바와 같이, 북베트남이 양보하거나 방침을 바꾸거나 하는 것은 아닐까 하는 생각이 여전히 중시되고 있었다. 미국이 취할 수 있는 정책을 검토하고 있던 차관급의 고위관리로 <펜타곤문서>의 익명의 집필자이기도 했던 한 관료는, 이렇게 기록하고 있다.

"진짜 표적이 북베트남 정부의 의지에 있는 것이므로, 금후 더욱 큰 압력을 충분히 가할 수 있느냐의 여부야말로 지금까지 실제로 가해졌던 피해와 적어도 같은 정도로 중요하다."[2]

게다가 그 이외의 소기의 결과가 부분적으로밖에, 아니 부분적으로도 실현되지 않았기 때문에, 이 목표는 갈수록 중요시되게 되었다. 폭격이 시작되고 2년 후에 맥나마라는 상원세출위원회에서 미국의 목적은 남베트남의 독립을 수호하고, 그 국민에게 "스스로의 정치경제제도를 선택할 자유"를 부여하는데 있다고 변명하고, 다시 다음과 같이 말했다.

> 그 목표를 실현하기 위해 우리는 북베트남인을 설득하고, 그들이 감행하고 있는 남측의 정치경제제도에 대한 공격을 중단시켜야만 한다.

Irving L. Janis, *Air War and Emotional Stress* (santa Monika, Calif.: RAND Corporation, 1951); George Quester, *Deterrence before Hiroshima* (New York: John Wiley and Sons, 1966); Thomas C. Schelling, *Arms and Influence* (New Haven: Yale University Press, 1966).

1) *The Pentagon Papers: The Defence Department History of United States Decisionmaking on Vietnam,* 4 vols (The Senator Gravel edition; Boston: Beacon Press, 1971), III, p. 313 [이하 *Pentagon Papers*로 약칭 기재함].

2) *Ibid.,* p. 289.

그것을 위해 우리는 그들의 군사행동이 남쪽에서는 승리를 거둘 수 없다는 것을 제시하고, 북폭 보복을 가함으로써 그들의 의지를 꺾어야 한다는 것을 제안한다.[3]

정부 내부와 언론계에서는 북베트남이 어느 정도의 "고통단계"에 달하면 양보하지 않을 수 없을 것이라는 논의가 자주 행해졌다. 그 근저에 깔린 논리는 정부도 또한 인간과 마찬가지로 고통에 대하여 당연 반응을 나타낼 것이라고 하는 논리이다.

1964년부터 65년까지 거의 1년에 가까운 논의가 행해지고 있을 때, 고위관리들은 이 논리가 정말로 정당한 것인가를 충분히 검토하지 않았다. 확실히 그들은 정보기관으로부터 하노이가 방침을 바꿀 가능성을 부당하게 기대하는 일이 있어서는 안 된다고 경고받고 있었지만, 그 정보기관이 낸 가장 비관적인 전망조차 그러한 가능성이 상당히 존재한다는 것을 인정하고 있었던 것이다.[4]

오늘날 입수할 수 있는 문서류나 회고록에서 이해할 수 있는 한, 북베트남의 정책변화에 대하여, 폭격이 정확히 어떠한 효과를 올릴 수 있을 것인지 신중하게 검토하고 있었던 자는 한 사람도 없다. 만일 과거의 일이 다소라도 음미되고 있었다면 이러한 검토를 할 수도 있었을 것이다.

폭격이 정치적 목적으로 이용된 기회는, 이전에도 많이 있었다——에티오피아에서의 무솔리니, 스페인 내전에서의 왕당파, 중국

---

3) 90 Cong., 1 sess., House of Representatives, Committee on Armed Services, *Fiscal Year 1967, Supplementary Authorization for Southeast Asia*, p. 145.

4) *Pentagon Papers*, III, pp. 214-15.

에서의 일본, 영국을 공격한 히틀러, 추축국 열강을 공격한 제2차대전중의 연합국, 그리고 한국에서의 미국이 그 예이다. 많은 경우, 폭격은 그다지 쓸모가 없었으나, 개중에는 소기의 정치적 목적의 실현에 공헌한 것도 있었다.

무솔리니는 에티오피아에 폭격을 가하고 머스터드 가스[이페리트를 주체로 한 독가스]를 살포함으로써 상대방을 교섭의 자리로 끌어내려고 했지만 실패했다. 하일레 셀라시에 황제가 왕국의 토지 최후의 한 조각이 정복될 때까지 철저 항전을 계속했기 때문이다. 스페인 내전에서는 프랑코 장군이 이끄는 왕당파가 마드리드에 소이탄을 퍼붓고 마드리드 이외의 공화파 본거지에 공중폭격을 감행했지만, 공화파를 교섭의 자리로 끌어내는 일조차 할 수 없었다.

중국에서는 일본이 내륙부의 도시와 전략거점에 하루 세 번이나 공습을 단행하고, 일본측 육군참모의 말을 빌면, "공포를 조성하고 전쟁 혐오감정을 불러일으키고자" 했지만 타협에 의한 평화의 권유에 대한 회답을 중국에서 끌어내지는 못했다.[5] 또한 히틀러는 1940년부터 41년 사이 영국해협에서 선박을 폭격하고, 비행장과 산업시설을 폭파하고 심지어 영국공군의 반격에 대응하여 도시에 위협공격을 가하여 영국을 교섭 테이블에 앉히려고 했지만, 그 강요는 처칠 정권으로부터 완전히 묵살되었다.

실제로 제2차대전중의 독일의 폭격은 적절한 방법이 아니었다. 그것은 교섭에 의한 화평의 강요를 연합국 측은 생각조차 하지 않았기 때문이다. 처칠과 루즈벨트가 요약한 바에 따르면, 항공전의 목적은

---

5) Interrogation No. 428 (nov. 23, 1945), U.S. Strategic Bombing Survey, *Japanese Air Power* (Washington, D.C.: U.S. Strategic Bombing Survey, 1946).

"독일의 군사·산업·경제체제를 파괴하여 혼란시키고, 독일인의 사기를 떨어뜨리고 최종적으로는 그들의 무장저항의 힘을 결정적으로 무력화시키는" 데에 있었다.[6] 그리고 결국 실현된 것은 이 연합국측의 목적이었다고 말해도 좋다.

폭격이 정치적 해결에 유용했던 예로서 적어도 두 가지의, 아니 세 가지의 선례를 지적할 수 있을 것이다. 제2차대전중의 이탈리아와 일본의 경우와, 어쩌면 한국전쟁의 경우이다.[7]

---

6) Maurice *Matloff, Strategic Planning for Coalition Warfare, 1943-1944* (Washington, D. C.: Office of the Chief of Military History, Department of the Army, 1959), p. 28.

7) 이 장의 세 가지 예를 초드는데 있어서 특별한 주기(注記)가 없는 한 아래의 저작에 의거했다. 우선 이탈리아에 관해서는, Gianfranco Bianchi, *25 iuglio, crollo di un regima* (Milan: U. Murcia, 1963); F. W. Deakin, *The Brutal Friendship: Mussolini, Hitler and the Fall of Italian Fascism* (New York: Harper and Row, 1962); Albert N. Garland and Howard McGaw Smyth, *Sicily and the Surrender of Italy* (Washington, D. C.: Office of the Chief of Military History, Department of the Army, 1965); Ruggero Zangrando, *1943 : 25 iuglio-8 settembre* (Milan: Feltrinelli, 1964); 일본에 관해서는, Lester Brooks, *Behind Japan's Surrender: The Secret Struggle That Ended an Empire* (New York: McGraw-Hill, 1968); Robert J. C. Butow, *Japan's Decision To Surrender* (Stanford: Stanford University Press, 1954); Wesley Frank Craven and James Lea Cate, eds., *The Army Air Forces in World War II,* 5 vols. (Chicago: University of Chicago Press, 1949-53), IV and V. 일본외무성 <종전사록(終戰史錄)>(토쿄 1952년), 다만 프레드 C. 이클레 박사의 영역에 의존했다. 또한, United States Strategic Bombing Survey, *Japan's Struggle To End the War* (Washington, D. C.: Government Printing Office, 1946). 또한 한국에 관해서는, Robert Frank Futtrell, *The United States Air Force in Korea, 1950-1953* (New York: Duell, Sloan and Pearce, 1961); Walter G. Hermes, *Truce Tent and Fighting Front* (Washington, D. C.: Office of the Chief of Military History, Department of the Army, 1966); Robert A. Scalapino, ed., *North Korea Today* (New York: Praeger, 1963), 그리고, James T. Stewart, ed., *Airpower: The Decisive Force in*

이탈리아에 대한 폭격은 미국군이 북아프리카에 상륙한 직후, 1942년도 연말이 다가올 무렵 시작되었다. 영국공군은 북이탈리아의 공업중심지에 소규모 공습을 가했다. 1943년 봄, 영국공군과 미국군 폭격기가 아프리카에서 날아올라 나폴리를 비롯한 남이탈리아 도시들의 조선소와 교통수송기관을 폭격하기 시작했다. 7월 10일에는 연합국이 시칠리아에 침공하고 그 9일 후에는 5백대의 폭격기가 로마 교외의 철도 조차장(操車場)과 공업지대에 1천톤 이상의 폭탄을 투하했다.

이 제1회 폭격에 의해 공장노동자들은 혼비백산, 공장으로 출근하지 않게 된 탓에 군수생산은 균형을 잃고 감소하여 이탈리아 고관들도 시민이 더 이상 전쟁을 계속하는데 협력할 의지가 없음을 깨닫기 시작했다. 그리고 이 로마 근교 폭격 일주일 후에 엠마뉴엘 국왕이 무솔리니를 파면하고, 파시스트 대회의가 그를 불신임에 부쳤다. 후계정권이 화평조항에 조인한 것은 7주일 후의 일이다. 국왕의 측근 파올로 푼토니에 따르면, 이러한 사태를 촉진한 것은 바로 연합군에 의한 폭격이었다.8)

일본의 경우 연합군의 중폭격(重爆擊)은 1944년 6월 중순에 시작되었다. 사이판을 날아오른 B29가 일본의 중심부 도시들을 폭격했다. 1944년부터 45년 사이의 겨울에는 항공기 제조공장에 집중적으로 폭격이 가해졌지만, 그 피해는 비교적 작았다. 1945년 2월 하순에는 일본의 도시들에 대한 소이탄(燒夷彈) 폭격이 시작되고 나고야(名古屋)와 고베(神戸)가 공습을 받았다. 다시 3월 10일에는 334기의 폭

Korea (Princeton: Van Nostrand, 1957).

8) Paolo Puntoni, *Parla Vittorio Emmanuele III* (Milan: Aldo Palazzi, 1958), p. 140.

격기가 도쿄를 습격했다. 이 공습에서 대화재가 발생하고 도쿄의 4분의 1이 파괴되었으며 사망자가 약 8만4천 명, 부상자가 4만 명에 달했다. 대전 중의 가장 치명적인 공습이었다. 그후에도 공습은 계속되었고 히로시마(廣島)와 나가사키(長崎)에 대한 원폭투하로 절정에 이르렀다.

폭격이 시작되었을 때 일본은 아직 진주만 공격을 지휘했던 토조 히데키(東條英機) 내각이 건재하고 있었다. 그러나 그 일개월 후에 토조가 사임하고 코이소 쿠니아키(小磯國昭) 육군대장과 요나이 미쓰마사(米內光政) 해군대장 두 사람이 그 뒤를 이어받았다. 그해 봄 도쿄 대공습 이후, 코이소·요나이 내각의 외상은 스웨덴정부에게 화해를 위한 중재를 교섭하기 시작하고, 그 몇 주일 후에 스즈키 칸타로(鈴木貫太郎) 해군대장이 신내각을 구성했다.

후에 그가 말한 바에 따르면, 그가 조각을 인계받은 것은 천황이 폭격에 대한 우려에서도 화평을 바라고 있다는 양해가 있었기 때문이다.[9] 그 뒤에 러시아가 참전하고 히로시마와 나가사키가 파괴되었다.

지금 돌이켜보면 핵폭격은 파괴력이 너무나 거대했기 때문에 폭격의 효과면에서 다른 폭탄과는 다른 더욱 거대한 힘을 가졌던 것처럼 생각되지만, 현실의 피해나 인명의 손실은 그 이전의 토쿄 대공습에 미치지 않았다. 그러나 처음에는 일본의 고관들도 원폭 투하의 뉴스를 듣고, 그것을 단지 연합국이 전보다 무섭고 파괴력이 큰 무기를 개발했음을 나타내는 보도 정도로 이해했다.

그러나 스즈키 내각은 도쿄가 차기 원폭 투하의 표적이 되어 있다

---

9) Butow, *Japan's Decision To Surrender*, p. 67.

는 그릇된 정보를 포로로 잡힌 미국군 파일럿으로부터 듣고, 더구나 본토가 머지않아 침공 당한다고 하는 확고한 증거를 제시받고 놀랐다. 그로부터 그는 일본이 항복할 의사가 있음을 연합국측에 전했던 것이다. 이탈리아의 경우와 마찬가지로 여기서도 또한 정치적 귀결을 만들어내는데 폭격이 중심적 역할을 하고 있었다.

한국에서는, 중국이 개입하여 유엔군이 최초의 패배를 입고 새로이 38도선 부근에서 전선이 교착상태에 빠진 후 휴전회담이 시작되었다. 하지만 회의는 아무 것도 만들어내지 못했다. 게다가 1951년 연말의 30일간의 정전(停戰)은 영속적 휴전에의 서곡이 되지 않고, 오히려 공산주의자들은 그 사이에 군비를 증강하고 방어태세를 굳히고, 결국 전투력을 강화하고 있었다.

실망한 트루먼 대통령은 이에 대한 응징으로 공습을 명했다. 1952년 8월, 미군기가 압록강 남부의 4대 수력발전소를 폭격했다. 같은 해 가을, 대통령은 다시 폭격을 가하도록 승인했다. 그리고 1953년 1월에는 중국국경과 전선 사이를 달리는 간선도로 일대가 11일간에 걸쳐서 지속적으로 폭격이 가해졌다.

아이젠하워 대통령이 취임하고 부터는, 북한의 관개용수 공급원이 되고 있던 기간 댐 6개가 철저하게 폭격당했다. 그 사이에 중국에 대하여 휴전협정에 조인하지 않으면 대륙의 공업지대 중심부에 핵공격을 가할 용의가 있다고 전해졌다. 외교상의 교착상태가 타개되고 휴전조약이 실현된 것은 그로부터 얼마 뒤의 일이다. 이 예는, 이탈리아와 일본의 선례와 비교하여 반드시 좋은 선례라고는 할 수 없으나, 그래도 폭격이 정치목적의 실현에 주요한 역할을 해냈음을 증명하는 상황증거는 될 것이다.

이상의 모든 사례에서 눈에 띄는 것은, 폭격이 정책결정자 개인의 지위나 태도에 거의 변화를 미치지 않았다는 사실이다. 하일레 셀라시에, 스페인 공화파 사람들, 장개석, 그리고 처칠이 경우, 어느 쪽이냐 하면, 폭격 후에 그 이전보다 단호한 태도를 취하게 되었다. 무솔리니는 연합군의 공중폭격으로 동요하고 있었을지 모르지만 자기 생각을 바꾼 모습은 보이지 않았다.

그는 국민의 사기가 저하했다는 보고를 무시하고, 각료들에게 다음과 같이 말했다. "전쟁이라는 것은 이기고 있을 때는 인기를 얻을 수 있지만, 패하면 그렇게 되지 않는 것이다. ……그러므로 국민이 동요하고 있다 해서 일희일우해서는 안 된다. 당면 문제는 무엇보다도 국민대중을 확실하게 단속하는 것이다."[10] 무솔리니는 쿠데타 발생 후, 옥중에서 구출되어 북이탈리아로 도망치고, 거기서 1945년에 비참한 최후를 맞기까지 독일과의 동맹에 충실한 괴뢰정권을 끝까지 이끌었다.

한편 일본에서는, 토조가 화평교섭에 계속 반대하고, 1945년에 국왕에게 의견을 요구받았을 때에도 "결단코 우리는 이길 수 있다"[11]고 단언했다. 만일 무솔리니와 토조가 계속 권력을 유지하고 있었다면, 폭격은 양국의 정책에 그다지 효과를 미치지 못했을 것이다.

폭격이 정치적 효과를 만들어냈다고 생각되는 사례에 있어서는, 반드시 정권의 교체가 발생했다. 확실히 빅토르 엠마뉴엘과 히로히토는 왕위를 계속 지켰고, 김일성도 북한의 독재자로 계속 머물렀다. 그러나 두 사람의 군주는 실제적 지배자이기보다 상징적 존재였고, 한국전쟁의 정책결정의 중심은 평양이 아니라 모스크바에 있고, 또

---

10) Benito Mussolini, *The Fall of Mussolini* (English translation; New York: Farrar, Straus, 1948), p. 61.
11) Butow, *Japan's Decision To Surrender*, p. 47.

한 모스크바에서는 스탈린을 대신하여 말렌코프와 흐루시초프가 등장하고, 워싱턴에서는 아이젠하워가 트루먼과 교체되어 있었다.

이상의 세 가지 경우에서 결정적 역할을 한 것은, 개개인의 심경이 변화했다는 사실이 아니라 전쟁 초기의 사태 진전에 관여하지 않았던 인물이 그후의 사태 전개 속에서 권력을 장악하기에 이르렀다는 사실이다. 만일 1960년대에 미국정부의 고관들이 과거의 폭격이 정권교체에 어떠한 영향을 미치고 있었는지를 더욱 상세히 조사하고, 대체 북폭이 그에 필적하는 변화를 북베트남 정부 내부에 만들어낼 전망이 있는가를 검토했다면, 아마도 거기서 얻은 바가 더욱 컸을 것이다.

이탈리아에서는 정부 내부의 많은 사람이 이미 스스로의 장래에 불안을 느끼고 있던 바로 그 때에 폭격이 가해졌다. 그때까지 무솔리니의 권력은 치열한 당내항쟁 때문에 약화되기는커녕 오히려 강화되고 있었다. 그의 사위 갈레아초 치아노 외무장관은 주위로부터 후계자로 간주되고, 당내에서도 상당한 지지자를 확보하고 있었다. 하지만 치아노는 젊고 아직 위엄을 갖추지 못한 탓에 고참 당지도자 디노 그란디가 후계자가 되기를 희망하고, 그것이 불가능하더라도 치아노 밑에서 루이13세 치하의 리슐리외의 역할을 수행하기를 스스로 기대하며 그도 역시 많은 지지자를 거느리고 있었다.

다른 한편으로 이 치아노와 그란디 쌍방에 대해서는 갖가지 반대세력이 결집되고, 개중에는 이데올로기적으로 친나치적 태도를 취하는 파나 다소 배타적으로 군 장교나 경찰간부를 중심으로 하는 파도 있었다. 그리고 치아노와 그 친구들은 무솔리니의 입에서 직접 치아노를 후계자로 한다는 언질이 나오지 않는 한, 무솔리니의 후원을 구걸해야만 했고, 바로 그 때문에 한층 치열하게 다른 사람들도 치아노

일파를 추월하려고 했던 것이다.

이러한 파벌항쟁과 아울러 3군간의 항쟁과 3군 내부의 항쟁이나 육군과 파시스트의용군과 비밀경찰과의 사이의 대립이 모두 독재자 무솔리니의 손에 절대적 지배력을 맡기는 기능을 수행하고 있었던 것이다.

그러나 1942년 이후, 이 파벌싸움이 오히려 파시스트 정권을 흔드는 요인으로 변했다. 전쟁이 악화 방향으로 치달으려 하던 바로 그 때, 무솔리니가 중병으로 쓰러졌기 때문이다. 마치 해저의 미동(微動)이 전해져 해면에 파동을 일으키듯이, 이 사태의 급진전이 이탈리아 정치를 혼란에 빠뜨리게 되었다. 이탈리아의 관리들은 자국이 패배한 경우의 문제와 동시에 무솔리니의 사후 문제도 시급히 처리해야 할 사태에 빠졌다.

이탈리아의 정치가와 관료들 다수는, 최악의 사태가 발생한 경우에 자기들을 보호할 방법을 궁리했다. 치아노의 일기에 따르면, 정부 고위관료들은 다음과 같은 것을, 즉 장래의 전망이 어둡고, 또한 자기들에게는 책임이 없는 것이므로, 전쟁정책만 바꾸면 원만히 수습할 수 있을 것이라고 수군거리기 시작했다. 그 관료들 중에는, 농무장관, 협동조합장관, 재무장관, 군수생산담당 국방차관, 국민동원국장, 그리고 항공기 제조담당 관료들이 포함되어 있었다.12)

이 무렵 그러한 고관들과 같은 노선을, 다른 두 파벌도 취하기 시작했다. 그중 한 파벌은 국제정세의 현실에 밝은 사람들을 중심으로, 외국에 관한 정보의 평가를 직무로 하는 사람들로 구성되어 있었다. 그 중에는 베를린이나 이스탄불에 주재하는 외교관이나 군 정보국장

---

12) Hugh Gibson, ed., *The Ciano Diaries* (Garden City, N. Y.: Doubleday, 1946), pp. 510-14, 521-28, 533, 537-38, 545.

이 포함되어 있었다. 또 하나의 파벌은 국내치안 관계의 일에 종사하는 관료를 중심으로 하고, 경찰장관, 파시스트의용군대장, 육군차관, 이탈리아 본토담당 육군사령관, 그리고 지방의 관리, 특히 자기의 관할 아래 있는 도시가 폭격목표가 되는 것을 두려워하는 지사들로 구성되어 있었다.

무솔리니가 위독한 상태에 빠져있는 동안에 각파는 파벌을 확대하여 후계자 싸움을 시작했다. 한쪽에는 대독일 동맹 견지와 전쟁계속에 권력장악의 유일한 소망을 거는 사람들이 있었다. 완고한 친나치파인 육군참모총장 우고 카발레로파와 그를 따르는 파벌의 장교들이 거기에 속한다.

다른 한쪽에는, 독일과 단절하고 단독 강화에서 광명을 찾으려고 하는 사람들이 있었다. 잘 알려진 반(反)독일주의자 치아노와 그란디, 두 사람을 영수로 떠받드는 당내의 동맹세력, 문민외교관, 정보담당 장교, 국내치안군 사령관, 그리고 카발레로에 비판적 내지 적대적인 장군들이다. 이 [치아노와 그란디의] 연합세력은 때로는 협조하고 때로는 단독으로 왕실과 접촉하여 권력 양위에의 길을 준비하고, 비밀화평회의를 준비하려고 했다.

물론 무솔리니는 음모가 진행되고 있음을 눈치채고 있었다. 그는 건강이 회복되자 그 즉시 질서 회복에 나섰다. 우선 카발레로를 해임하고, 경찰장관을 교체하고, 문민각료를 경질하고, 치아노를 바티칸 주재 대사로 좌천하고, 외무, 재무, 내무, 협동조합, 문교, 국민문화의 각 부처 장관을 교체했다. 그러나 그래도 그는 일단 흔들리기 시작한 파도를 잠재울 수는 없었다. 인사이동의 칼날은 관료기구의 심층부까지 파고들지 못했고, 그 때문에 이미 음모에 가담했던 차관, 국장, 참모장교, 당 관료들을 반대파로부터 떼어놓을 수 없었던 것이다.

음모는 그 후에도 계속되었다. 신임 문민각료나 경찰장관이 단독 강화를 지지하는 측에 합류했다. 신참 참모총장은 그때까지의 경위에는 관계하지 않았지만 더 이상 육군에 타격을 주지 않겠다는 장교들을 은밀히 지원했다. 또한 그는 이탈리아가 폭격을 받고 국내에서 전투가 시작되고 민중이 반항하고, 그것을 공산주의자가 지휘하는 사태가 오는 것을 우려하고 있었다.

왕실도 또한 같은 사태의 발생을 우려하고, 군주제의 장래를 걱정하여 지금까지와는 달리 적극적인 활동을 시작하고, 퇴역한 두 사람의 육군 원수 피에트로 바도리오와 에리코 카비리아에게 접촉을 꾀했다. 두 사람은 위기 때에 이탈리아의 페탱[제2차대전 중 대독일 협조의 비시 친 히틀러정권 수립에 활약한 프랑스의 군인]으로서 활동하는 것이 걱정이 되었기 때문이다. 왕실은 또한 지하활동을 계속하는 비공산주의자와도 접촉했다.[13] 이 사이에 쭉 치아노와 그의 부하는 정력적으로 활동하고 자기들의 장래가 후계자 문제의 해결 여하에 달려있음을 전에 없이 강하게 느끼고 있었다.

로마가 폭격 당한 것은, 이러한 파벌의 대연합세력이 서서히 힘을 강화하고 있던 절정기의 일이다. 무솔리니는 이미 파시스트 대회의를 개최하는데 동의하고 있었다. 치아노, 그란디와 그의 동맹군은 치밀한 준비를 끝냈다. 그리고 그들의 지지자들이 수도의 폭격에 겁을 먹고 전열에서 흐트러지지 않았기 때문에 무솔리니 불신임파는 3분의 2의 다수표 획득에 성공했다.

한편 국왕은 이미 기술한 바와 같이 이 폭격을 계기로 결단을 내리게 되었다. 앞으로 독재자 무솔리니가 파면되고 바도리오가 정권

13) Ivanoe Bonomi, *Diario di un anno*(2 *giugno 1943-10 giugno 1944*)(Cernusco sul Naviglio: Garzanti, 1947), pp. xxi-xxxviii.

의 자리에 앉아 파시스트 당원이 아닌 자들로 구성되는 문민내각이 조각되고, 마지막으로 단독강화에의 길이 열렸던 것이다.

1943년의 이탈리아 상황은 특이한 것이었을지도 모른다. 육군은 연이어 패배를 맛보았고 국민은 전의를 상실했다. 모든 사람이 연합국의 본토 침공이 가까워졌음을 예상하고, 그러한 사태에 이르면 아무리 저항해도 반도의 절반이 파괴될지도 모른다고 우려하고 있었다. 게다가 이따금 독재자가 병으로 쓰러지고, 정부 내부의 사람은 좋든 싫든 후계자 문제에 직면하지 않을 수 없었다.

하지만 그럼에도 불구하고, 그러한 상황이 진전되어 가는 과정에서 솔선하여 일부 고관이 지도자의 교체를 꾀하고, 정책전환을 꾀하려 하고 있었던 것을 여기서 언급해 두어도 좋을 것이다. 대략 그들은 다음 5집단으로 구성되어 있었다. 즉 주로 내정담당 각료와 문민들, 외국정보의 평가와 장래예측을 직무로 하는 관리, 국내치안담당 관리, 초기의 전쟁수행 책임자와 적대관계에 있는 군 장교, 그리고 스스로의 장래를 어떻게든 확보하려고 했던 당 관료들이다.

일본의 경우, 정책 전환을 꾀했던 사람들은 매우 동질적인 집단에 속해 있었다. 물론 일본의 정치체제는 이탈리아와 달랐다. 일본에서는 단일의 지배정당이 없이 과두독재정치로 통치되고 있었고, 군 장교는 강력한 세력을 자랑하고 있었음에도 불구하고 한번도 완전한 권력을 장악했던 일이 없었다. 토조 육군대장은 가능한 한 많은 직무를 독점하려고 했음에도 불구하고 신격화된 국왕에게 복종한 상태이지, 결코 독재권력을 향수하고 있었던 것은 아니다. 토조에게 적대적이고 항상 국왕에게 진언할 수 있는 세력이 해군과 문민각료, 귀족, 정당, 지식인 중에 존재했다. 그러한 국가구조 자체가 이탈리아의 경우보다 일본에 많은 정치변화를 초래하게 된 것이다.

1944년 봄까지 일본에서는, 국제정세를 잘 알고 있던 사람들이 우선 대전을 절망적으로 보기 시작했다. 예를 들면, 전 주영대사, 요시다 시게루(吉田茂)와 시게미쓰 마모루(重光葵), 외무성 관료 카세 토시까즈(加瀨俊一), 육군참모 마쓰타니 마코토(松谷誠) 대령과 해군참모 타카기 소키치(高木惣吉) 소장과 같은 육해군의 첩보분석 담당장교들이다. 내정담당 각료도 대전을 절망적으로 보기 시작했으나 그들의 행동에 대해서는 이 시기의 연구 대부분이 외교관이나 육해군 장교에 관한 것이기 때문에 충분히 해명되어 있지 않다. 하지만 1943년에 외상이 된 시게미쓰(重光)가 당시 토조 실각을 꾀하는 키시 노부스케(岸信介) 군수차관의 획책에 참가했던 사실이나 카세(加瀨)가 뜻을 함께 하는 군수부나 재무부의 고관과 연대공작을 했던 사실은 오늘날에도 널리 알려져 있다.14)

1944년까지 그들은 신뢰할 수 있는 친구·동료들과 교섭에 의한 화평 가능성에 대하여 자주 의논하고 있었다. 같은 의논은 전전(戰前) 토조와 적대관계나 경쟁관계에 있었던 귀족, 정치가 사이에서도 이루어졌다. 그중에는 전 수상 코노에 후미마로(近衛文麿)와 요나이(米內) 해군대장도 있었다. 그들은 보수주의 사상을 지녔고 전쟁에 패한 경우에 발생하게 될 제국주의 체제의 전복 가능성의 공포에 떨고 있었던 것이다.

수상의 교체와 정책 전환을 바라고 있던 그들은 모두, 사태 전환의 열쇠가 왕실에 있음을 잘 알고 있었으므로, 그 무렵부터 국왕과 가장 가까운 측근, 키도 코이치(木戶幸一) 후작과의 관계를 돈독히 하는데 공을 들였다. 키도는 사이판 함락 후 1944년 중반까지는 스

14) Toshikazu Kase, *Jaurney to the Missouri*, ed. by David Nelson Rowe (New Haven: Yale University Press, 1950), pp. 75-76, 81.

스로 정국 전환을 꾀하기 위해 자진하여 그들에게 조력하려고 했다. 후에 스스로 증언한 바에 따르면, 이 키도의 심경변화를 초래한 것은, 사이판 섬이 본토에 가깝고 본토 폭격기지로 이용될 가능성이 높다는 것을 깨달았기 때문이다.[15)]

외교관과 문민각료와 전 수상, 왕족 등이 음모를 꾀하고, 결국 토조는 1944년 7월 사임했다. 새로운 내각에는 조기 강화를 지지하는 사람이 대거 포함되었다. 요나이 해군대장은 스스로 부수상 겸 해군장관에 취임했다. 시게미쓰(重光)는 단지 외무장관으로 유임했을 뿐만 아니라 과거 토조가 외무부를 포위하는 수단으로서 창설한 대동아부도 담당하게 되었다. 재무, 후생, 농상무, 운수통신의 각 장관에는 코노에나 키도의 한쪽과 친한 친구가 차지했다. 신정부의 각료 중에서 전쟁 계속을 명확하게 주장했던 것은 육군이 임명한 수상 코이소 쿠니아키(小磯國昭)와 육군장관 및 육군참모총장뿐이었다.

도대체 연합국이 1944년 7월의 시점에서 어떠한 행동을 취했기에 일본의 신내각은 이 각료들 거의가 지지하기 시작한 노선을 취하게 되었을까? 이 의문은 흥미를 자아내는 것이고, 또한 그것은 타당한 물음이기도 하다.

확실히 연합국은 화평교섭의 제안을 추진하기 위하여, 각별히 어떤 행동을 취한 것은 아니다. 또한 루즈벨트와 처칠은 일본의 무조건 항복을 요구한데나 일본이 반세기 이상 영유해온 영토를 박탈할 예정이라는 것을 카이로에서 공식적으로 밝히고 있었고, 연합국측은 일본을 민주화하고, 일본의 지도자를 전쟁범죄자로 재판에 회부할 생각이라는 것을 선전하고 있었다. 그러므로 일본의 문민 지도자들

---

15) Kase, *Journey to the Missouri*, p. 78.

은 오히려 워싱턴과 런던에서 나온 이보다 관대하고 애매한 성명에 의해 화평교섭에의 용기를 얻었다고도 생각할 수 있다.

한편 여기서 일본의 각료들이 결정을 내리는 경우에는, 내각의 합의와 군부의 합의 쌍방을 성립시키는 것을 관례로 삼고 있었던 점을 상기해 두어야 한다. 당시에 화평 촉진파의 보수주의자들 중에는, 단순히 패전을 두려워했을 뿐 아니라 군부를 자극하는 것을 우려하고 있던 자도 있다. 예를 들면 코노에는 급진적이고 어쩌면 공산주의적 심정을 품고 있던 젊은 장교그룹의 존재를 위험시했다. 따라서 1944년 7월의 시점에서 화평촉진의 결정을 확실히 내리기 위해서는, 아마도 그 다음해 1945년에 보여졌던 바와 같은 국왕의 개입을 기다리는 수밖에 없었을 것이다.

하지만 당시 가령 연합국이 어떤 행동으로 나왔다 하더라도 거기서 히로히토(裕仁)가 [개입에] 필요한 용기와 의지를 가질 수 있었을는지는 확실하지 않다.

결국 음모자들이 승리를 거둘 때까지는, 그후 1년의 세월을 기다리지 않을 수 없었다. 그들의 입장을 강화한 것은, 무엇보다도 1945년 4월의 정권교체였다. 왜냐하면 신임수상 스즈키(鈴木) 해군대장이 강력한 인물은 아니었지만, 결코 군부의 앞잡이가 되지 않았기 때문이다. 당시 특별 6인위원(최고전쟁지도회의)이 앞으로의 기본방침을 검토하기 위해 만들어지고, 그 위원에는 수상, 외무장관(토고 시게노리, 東鄕茂德가 새로 취임해 있었다), 요나이 해군장관, 그리고 육군장관, 육군참모총장, 해군 군사령부총장이 취임했다.

앞의 수상 이하 세 사람은 화평을 추진해야 한다는 것을 강하게 요청했다. 육군장관 이하 3인은 그 주장에 반대했지만, 부하인 막료들 사이에 절망적 분위기가 흐르고 있음을 깨닫고 있었기 때문에 정권교체를 재차 강제할 수 있는 헌법상의 대권을 행사하려고 하진 않았다. 그리고 결국 1945년 7월 하순부터 8월 상순 사이에 나타난 사태의 전개 속에서 국왕이 개입하고 화평의 재가를 내리기에 이른 것이다.

이리하여 결정이 내려지기까지 긴 시간이 걸렸지만, 결정에 최종적으로 간여했던 사람들은, 이탈리아의 정책전환을 수행한 사람들과 흡사했다. 그들은 국제정세에 특히 밝고, 국내경제나 국내질서의 유지에 강한 관심을 가진 관료들이고, 과거의 정책결정의 책임에서 모면할 수 있었던 군 장교들이고, 또한 국책 실패의 비난을 면할 수 있고, 그 비난을 뒤집어쓴 사람들 뒤를 이어받기를 희망했던 정치가들이었다.

그리고 정책 전환이 시작된 것은, 자기들이 주장해온 행동방침이 실패하고 그 때문에 그 행동방침에 직무를 걸어왔던 사람이 권력의 자리에서 쫓겨났을 때이고, 정책의 전환이 완성된 것은 상징적인 국가지도자가 정치판 위로 날아올라가 자기 권위를 행사했을 때이다. 게다가 이러한 전환을 추진하는 데 있어서 현실의 폭격과 장래의 폭격에 대한 공포가——아마도 그 이상으로 핵 폭격에 대한 공포가 특히——상응하는 역할을 해냈던 것이다.

한국에 관해서는 비교할 만한 충분한 자료가 없다. 따라서 여기서는 개략적인 추측에 의존하지 않을 수 없을 것이다.

예를 들면 1952년과 53년의 미국이 한정적 폭격의 경우, 그것은 북한 내부에 이탈리아와 일본의 경우에 필적할 정도의 전환을 가져온 것은 아니었다. 그러나 화평의 귀결은 평양에 숙청을 가져오고, 한국전쟁 발발 당시, 부수상 겸 외무장관이었던 박헌영(朴憲永)이 최초의 희생자가 되었다. 박헌영은 남한 출신으로 1950년 이전에 북한으로 도망친 망명 남한공산주의자들의 지도자이다. 또한 그는 한국전쟁을 시작하고 계속하기를 주창했던 중심인물이고, 그러한 그가, 그에게 협조했던 9인의 당지도자와 함께 해임, 처형된 것은 지배정당(조선노동당) 위원회에서 그들이 패배했기 때문일 것이다.

아마도 당내 항쟁에 이긴 파를 구성하고 있던 고관들은, 만일, 예의 나머지 14개 관개용수 댐이 파괴된 경우에 국익이 손상되고 자기 직무영역이 침해당하게 되는 것을 우려한 사람들이었음에 틀림없다. 그러나 진실이 어떠했는지는 알 길이 없다.

어쨌든 휴전협정에 조인하느냐 마느냐를 둘러싼 결정은, 북한에 있어서보다 오히려 중국이나 소련에 있어서 중요했다. 한국전쟁을 둘러싼 정책논쟁이 실제로 북경에서 전개되었는지 어쩐지 우리로서는 알 길이 없다. 확실히 국내경제의 입안자들이 탐을 내고 있던 자원들은 전쟁으로 소진되고 있었다. 그들은 공업화와 농업의 집단화를 목표한 야심적 계획과 공중위생, 교육, 사회복지에 대한 대규모적 새로운 계획을 구상하고 있었다.

휴전협정 성립 1년도 되지 않은 사이에 북경에서 숙청이 일어나고, 한국전쟁 중에 옛 만주의 당지도자였던 카오캉(高崗)을 해임했다. 당기구 내에서의 카오캉의 지위에는 경제·재정의 전문가인 첸윤(陣雲)이 취임했다.16) 아마도 이 숙청이, 전쟁을 계속할 것인가의 문제를 둘러싸고 발생한 당내의 관료항쟁의 결과로서 표면으로 나타난 최종결과였을 것이다.

확실히 소련에서도 정국의 전환이 보여졌다. 1953년 3월 5일에 스탈린이 죽었다. 그 이전에 소련최고간부회 내부에서 진행하고 있던

---

16) Peter S. H. Tang, *Communist China Today* (New York: Praeger, 1957), pp. 81-94.

사실에 대해서는 막연한 짐작만 할 수 있을 뿐이다. 이른바 "의사들의 음모"에 대하여 스탈린이 상상을 하고 비난을 가했다는 사실은 일종의 권력투쟁이 진행 중이었음을 시사하고 있다. 이미 한국전쟁 당초부터 경제계획 담당자들에 대한 숙청이 진행되고 있었음이 판명되었고, 또한 후에 흐루시초프가 말한 바에 따르면, 스탈린은 몰로토프나 미코얀과 같은 고참 볼셰비키를 제거하려 하고 있었다.[17]

아마도 한반도에서의 지출을 특히 절약하고 싶었던 비밀 당파가 모스크바 내부에 있었을 것이다. 확실히 스탈린의 사후에 등장한 권력자들 중에서 앞의 두 사람은, 국내에 더욱 많은 예산을 돌릴 것을 주장하는 정책 추진자가 되었다. 즉 몰로토프는 소비재 생산의 확대를 주창하고 있었고, 흐루시초프는 집약농업의 추진을 창도하고 있었다. 따라서 스탈린의 죽음에 의해 한반도의 화평에 관심을 기울이고 있던 당파가 소련정부 내부에서 권력을 신장시키는 새로운 사태가 발생했을지도 모른다.

말할 필요도 없이, 그 사이에 비슷한 당파가 미국에서도 또한 정권을 떠맡게 되었다. 1953년 1월, 아이젠하워의 대통령 취임에 의해 전쟁 종결을 분명하게 언명하는 사람들이 등장했다. 아이젠하워와 그 당이, 한국전쟁에 대한 미국인의 좌절감뿐만 아니라 당시의 세제(稅制)와 경제통제에 대한 불만을 효과적으로 이용한 탓도 있어서, 의회와 관료조직 내에서 전비지출의 억제에 관심을 가진 세력이 정권교체에 의해 힘을 얻게 되었다. 예를 들면, 한국전쟁에 그다지 열의를 보이지 않았던 태프트 상원의원이 이전보다 훨씬 강한 발언력을 갖기 시작하고, 재무부는 전임자인 존 스나이더장관 때보다도 조

17) Leonard Schapiro, *The Communist Party of the Soviet Union* (New York: Random House, 1960), pp. 542-46.

지 험프리가 신임장관으로 취임하고 나서 오히려 강한 발언력을 갖게 되었다.

도대체 한국의 화평이 어떻게 해서 실현되었는지, 오늘날까지도 아직 충분히 해명되지 않은 점이 많다. 미국측에 대해서조차, 정부 부외의 학자들은 제2차대전중의 이탈리아나 일본에 대하여 입수할 수 있는 종류의 정보조차 손에 넣을 수 없다. 그러나 그럼에도 불구하고 제각기 떨어져 있는 정보의 조각들을 꿰어 맞추면, 그것은 이탈리아나 일본에 대하여 해명되어 있는 여러 점과 훌륭하게 일치한다.

만일 린든 존슨과 그 조언자들이 과거의 증거를 공부했다면, 그들은 어떻게 하면 하노이 내부의 인사 교체에 영향을 미칠 것인가, ——또한 남베트남에서 손을 떼려고 하는 북베트남측의 정치결정으로 결부시킬 인사 교체에 영향을 줄 수 있는가, 즉 대체 폭격은 어떠한 사태를 낳는데 유용한가, 자문했을 것이 틀림없다.

그리고 지금까지의 경험을 토대로 그들은 다음과 같이 추론할 수 있었을 것이다. 만일 북베트남 관료기구 내부의 많은 부서에서 남쪽과의 전쟁을 비관적으로 보는 견해가 강화된다면, 그것만으로 이쪽이 바라고 있는 소기의 결정을 북측이 행할 것이다.

또한 이탈리아나 일본의 경우와 마찬가지로, 일단 외교관계와 첩보관계의 관료조직 내부에서 그러한 비관론이 최초로 강해질 것이 틀림없다. 왜냐하면, 북베트남의 자원과 미국의 자원 사이의 차이가 명확히 인식된다고 하면, 그것은 어디보다도 그들 외교관계와 첩보관계 관료조직 내부였을 것이기 때문이다.

다음으로 북베트남의 국내치안에 강한 관심을 가진 사람들이 있었다면, 그것이 둘째로 중요한 집단이 되어 있었을 것이다. 1956년의 농민봉기는 이미 진압되었고 재발되지 않았지만, 그 봉기를 만들어낸 조건들은, 그후 별로 변화를 보이지 않았다. 이용할 수 있는 통계에서도 알 수 있듯이, 북베트남에서는 여전히 경지, 씨앗, 비료, 쌀이 부족했다. 그러므로 만일 남측과의 전쟁을 지속하기 위하여 금후에도 농업경제부문의 성장을 계속 저지한다면, 농민들 사이에서 무슨 일이 일어나지 않을까, 호치민의 경찰이 우려하고 있었을 것이 틀림없다.

또한 어떤 지역에서 농민은 [북베트남] 전체인구의 15퍼센트 가까이를 차지하는 소수민족으로 구성되어 있었기 때문에, 농민에 대한 불안이 그만큼 커지게 되었다 하더라도 이상하지 않다. 게다가 불안의 씨앗은 지방에만 있었던 것이 아니다. 도시에는 가톨릭교도가 있었고, 도시 지식인 사이에서는 중국의 '백화제방(百花齊放)' 운동의 북베트남판에 의해 표현의 자유가 상당한 정도까지 허용되어 있었기 때문에 놀라울 정도의 불만이 표면화되어 있었기 때문이다.[18]

북베트남의 정책전환을 꾀하는데 관심을 가진 각료나 당 관리의, 지지자라고 할 수 있는 제3의 파가 있다면, 그것은 국내경제에 관심을 가진 관료로 구성되어 있었을 것이다. 원래라면 농업개발이나 공업화, 통신기관, 병원, 학교, 문화사업에 투입되었어야 할 자금과 인적자원이 남측과의 전쟁을 계속하기 위해 소모되고 있었다. 그렇다고 해서 자원을 탐내고 있던 부서의 관리들이 반드시 전쟁 반대자로 돌아서 있던 것은 아니겠지만, 아무래도 그러한 관리들은 거의 국내사업만을 생각하고 있었을 것으로 추측된다.

즉 더욱 많은 자원을 제공받는다면 자기들은 국가를 위해 보다 많은 성과를 올릴 수 있었을 텐데, 아마도 지금 상태로 충분한 성과를

18) Partrick J. Honey, *North Vietnam Today: Profile of a Communist Satellite* (New York: Praeger, 1962).

올리지 못하는 경우에는 자기의 지위조차 유지할 수 없게 되는 것이 아닐까 우려하고 있었을 것으로 생각된다.

따라서 만일, 외교관계나 국내치안을 담당하는 관료기구 내부에, 정책전환을 요구하는 움직임이 일고, 그 결과, 국내소비용으로 자원을 충분히 사용할 수 있게 된다면, 이탈리아나 일본의 경우와 마찬가지로, 그러한 정책전환에 지지를 보내는 것은 내정관련기관의 관리들이라고 추측할 수 있었을 것이다.

만일 미국의 관리들이 이와 같이 추론하고 있었다면, 그 뒤에 다시 이렇게 물었을 것이다. 대체 폭격에 의해 군부내의 반(反)지아프사령장관파의 음모를 조장할 가능성이 충분히 있을 것인가, 또한 그러한 음모가 문관 관료들 사이에 맺힌 불만을 일체화하고, 정치국 내부의 이단자들이 자기들의 주장을 실현할 움직임을 강화하는 힘이 되어갈 것인가, 나아가 그 결과, 남쪽에서의 전쟁을 멈출 만한 형태에서 북베트남 정부의 내각 경질이 이루어질 것인가와 같은 물음이다.

이 경우에 가령 폭격을 단행하더라도 폭격에 의해 그러한 사태가 전개될 것임을 나타내는 증거가 없는 한, 북베트남의 "의지"를 표적으로 한 폭격작전은, 조심스럽게 말하더라도 시기상조였다고, 역사적 선례에 따라 주장되었을 것이다.

그러나 그렇다고 해서 여기서 역사적 분석에 의거하고 있었다면, 폭격을 하지 않는다는 결정을 명확히 내려야 한다고 시사되어 있었다고까지 말할 생각은 없다. 왜냐하면, 지금까지 폭격의 위협을 가함으로써 현실적으로 몇 가지 정치상의 결과가 나타났기 때문이다.

하지만 미래를 예측하는 것은, 통상 폭격이 주는 경제적·심리적 타격을 실제보다 과대평가한다고 하는 과오에 빠졌다. 영국은 독일의 전격전(電擊戰)이 극히 미미한 효과밖에 초래하지 않았던 것에, 독일과 마찬가지로 놀랐고, 또한 독일은 1943년과 44년의 대공습이 영국의 군수생산과 국내질서에 약간의 타격밖에 주지 못했던 것에, 연합국들과 함께 놀라고 있었던 것이다.

대부분의 경우 관료들이 경악하는 것은, 폭격이 행해진 뒤보다 행해지기 전이다. 우선 그들은 최악의 사태를 상정한다. 하지만 일단 폭격이 가해지면, 그 효과를 보다 현실적으로 보기 시작한다. 그리고 그들은 위기를 극복하고 살아남은 것을 기뻐한다. 또한 그들은 어떠한 의미에서 자기들의 재산이 되어있는 것이 파괴된 경우에 분노를 느낀다. 그들은 폭격의 피해를 입었기 때문에, 폭격을 중지시키는 행동을 더욱 주장하기 어렵게 되는 것이다. 왜냐하면 그러한 행동을 취하도록 주장하면, 폭격의 고통에 견딜 수 없게 된 자의 겁쟁이 행동으로 비쳐질 우려가 있기 때문이다.

영국과 독일에서는 폭격을 받은 도시의 시장이, 전쟁을 끝까지 해낼 것을 공공연히 주장하게 되었다. 이탈리아에서는 철저하게 끝까지 싸울 것을 지지하고 있었던 것은 실제로 폭격을 당한 북부 도시의 지사들이고, 화평촉진파의 음모자 중 한사람이 된 것은 아직 폭격을 받지 않은 나폴리지사였다.

따라서 이러한 역사적 사실에 기초하여 아래의 일을 상정할 수 있었을 것이다. 만일 폭격의 위협을 계속 가한다면, 북베트남의 관료들의 불안이 높아지고, 그 결과 정책전환을 가져올 만한 정부 부내의 변동 가능성이 약간이나마 강화되었을 것이다, 라고. 하지만 이미 지적한 바와 같이 역사적 증거에 따른다면, 폭격을 현실적으로 시작하는 것 자체가 반드시 바람직한 선택이 아니었을 테지만.

분명히 지금까지 기술해온 작업에는 역사 검토의 작업으로서는 비정통적인 것이 포함되어 있다. 대체로 이 작업에서의 자료분석의 목적은 정책제언에 있기 때문이다. 그러나 다른 한편으로, 이 작업은 특정의 정책을 제시하는 것만을 목적으로 하는 것이 아니다. 왜냐하면, 거기서는 결정에 개재하는 다양한 요인이 모두 고려되어 있지 않기 때문이다.

예컨대 거기서는 폭격이 초래하는 군사상·경제상의 영향이 전혀 언급되어 있지 않다. 또한 확실히 여기서 분석된 사례는 적어도 그 내용은 각각이고, 인용된 증거의 신빙성은 많은 점에서 의심스럽다. 주의 깊은 역사가라면, 또한 1960년대의 기술수준이 50년대의 기술수준과 현저하게 다르다고 하는 사실을 추가하고, 폭격이 이전의 것보다 파괴적이 되었을 뿐 아니라 보다 정교하고 제어 가능하게 되었다는 사실도 들 수 있을 것이다. 또한 예측한다고 하는 작업 자체, 그 목적은 정책 자체를 제시하기보다 오히려 정책을 위한 선택기준을 지적하는데 있다고 말할 수 있다.

만일 1964년부터 65년 사이의 역사적 증거가 재검토되어 있었다면, 미국의 정책 결정자들은 타국의 정부라는 것을 사실상 개개의 인간과 마찬가지로, 고통을 가함으로써 강제할 수 있는 존재로 간주하는 것은 잘못된 것임을, 지금까지보다 명확히 이해했을 것이다. 또한 북베트남이 정책을 전환시키기 위해 북베트남에 폭격을 가해야 할 것인가를 고려했을 때, 그들은 대체 북베트남에는 다른 정책을 채용하고 또한 권력을 장악할 수 있는 집단이 현실로 존재하고 있는지, 그 증거를 찾지 않을 수 없었을 것이다. 또한 가령 그러한 집단이 존재하고 있었다 하더라도 미국의 폭격 결과 그 집단의 힘이 강화될 것인지 약화될 것인지, 충분히 숙고했을 것이다.

제6장 예　　측

——금후 10년간의 미국 외교정책——

한 동료 역사가가 이전에 함께 일하던 동료의 소식을 나에게 물었던 일이 있다. "그는 이젠 역사가가 아니고 정치학자라네," 하고 내가 말하자, "허어, 딱한 일이군. 다음엔 사회학자가 되겠구먼!" 하고 그 친구는 대답했다.

앞장에서는 공간과 시간을 초월한 비교를 해왔다. 그러한 비교를 행했던 과거의 탁월한 업적으로서, 역사가라면 예컨대 페스텔 드 크랑제라든가 게르하르트 리터, 크레인 브린튼 등의 저작을 당장이라도 들 수 있을 테지만, 이 장의 작업은 역사학이라기보다 오히려 정치학의 영역에 속하는 종류의 것이 될 것이다. 또한 그 작업은 순 이론적인 사회학과도 상당한 유사성을 갖게 될 것이다. 과거를 검토하는 것이 미래의 예측에 얼마나 유용한가를 밝히는 것이야말로, 이 장의 목적이기 때문이다.

그러므로 여기서 거듭 양해를 구하고 싶은 것은, 전장에 이어 여기서도 그 목적은 통치에 유용한 지적작업의 방법을 밝히는 점에 한정된다는 것이다. 실제로 그 지적 작업을 행하는 것은 단지 역사가에 한정되는 것이 아니고, 많은 사회과학자나 법률가, 관료를 비롯하여 역사자료를 정리 검토하는 방법을 연구하고, 통치를 위해 필요시되는 다양한 분석에 그 자료를 이용하는 방법을 검토하는 모든 사람들에 이르기까지 그 범위가 넓혀져야 마땅할 것이다.

전장에서는 어느 특정의 문제에 대하여 상정 가능한 몇 가지 유추의 틀 안에서 유용한 추론을 끌어내는 방법을 밝혔다. 그러므로 이 장에서는 정부 내부의 사람이 직무의 일부로서 미래에 대한 예측을 해야만 할 때에, 더욱 광범한 역사적 유추를 행함으로써 그 유추를 더욱 효과적으로 이용할 수 있는 방법을 밝히고 싶다.

따라서 우선 제기되는 문제는, 금후 10년간에 미국의 외교정책이 어떠한 것이 되는가 하는 문제이다. 대체 현재 정부가 선택하고 따르는 정책방침은 금후 어떠한 경향을 띠게 될 것인가. 또한 베트남 전쟁의 여파 속에서 미국은 분쟁과 개입을 기피하는 과거의 방침으로 회귀하게 되는가. 아니면 베트남 전쟁의 상처가 아물고 또다시 미국은 공산주의자의 찬탈위기에 시달리는 국가들을 아낌없이 원조하고 지속적으로 방어할 것인가. 또는 정부는 가까운 과거에서 예상할 수 없는 새로운 방침을 취하게 될 것인가.

이러한 문제에 해답을 제시하고자 한다면, 아무래도 웃음거리가 될 위험을 감수하지 않을 수 없다. 만일 1933년에 예측을 시도했다면, 거의 모든 사람이 미국은 서반구 이외에서 발생하는 장래의 분쟁에의 개입 기피를 기본정책으로 삼을 것이라고 예측했을 것이다. 그러나 그로부터 10년 후에 미국은 북아프리카에서 뉴기니에 이르는 전선에서 전쟁을 하게 되었다.

또한 마찬가지로 1943년에 대부분의 사람이 장래 미국은 제1차대전 후에 미국이 수행하지 못했던 역할——국제분쟁의 평화적 해결에 협력하고 자유무역을 추진하는 역할——을 수행하게 될 것이라고 생각했다. 냉전과 같은 사태가 도래하는 것을 예측한 사람은 극소수밖에 없었고, 설령 예측한 사람이 있다 하더라도, NATO라든가 전후의 대규모 재군비와 같은 것을 예측할 수 있었던 사람은 거의 없었다고 말해도 좋다.

1963년의 시점에서 1973년의 상황을 예상할 수 있었던 사람도 거의 없었을 것이다.

63년 이전의 시점에서는, 케네디가 닉슨에게 근소한 차이로 승리하고, 새 대통령은 자유를 위해 자기희생을 내걸면서 또다시 헌신하기를 호소하고 있었고, 소위 "미사일 갭"을 메우고 "유연한 대응전략"에 대비하여 필사적인 노력이 이루어지고, 라오스의 장래나 베를린을 둘러싸고 전쟁의 고빗사위에서 교섭이 이루어졌고, 심지어는 쿠바의 소련 미사일을 둘러싸고 위기가 있었다. 그때 대부분의 미국인에게 있어서 위협에 직면한 비공산주의국을 미국이 방어해야 하고 방어하기에 이른 결정은 올바른 선택일 뿐 아니라 심지어는 너무나 자명한 일처럼 생각되기도 했다.

또한 다음과 같은 일이 있었던 것도 사람들은 알고 있다.

1961년 10월에 케네디가 남베트남에 1만 명의 군사고문단 파견을 명했을 때, 국민 사이에서 그 결정에 반대하는 목소리는 거의 들리지 않았다. 1962년 3월, 딘 러스크 국무장관이 다국간 조약으로서의 동남아시아조약기구의 토대에서 태국 방위의 의무를 미국 스스로 진다고 선언했을 때, 상하 양원의원이나 주요 신문의 사설 집필자는 한 사람도 반대의 목소리를 내지 않았다. 동년 5월에 케네디가 급거 태국에 5천명의 군대를 파견하고, 만일 공산주의자가 라오스에서 공격을 계속한다면, 메콩강을 건너가겠다고 공개적으로 경고했을 때 여론에서는 비판의 징후도 보이지 않았다.

그후, 1964년 8월이 되어 의회가 통킹만결의를 통과시켰을 때에도 상원에서 반대표를 던진 의원은 불과 두 사람에 지나지 않았고, 하원에서는 한 사람의 반대자도 없었다. 그러므로 1973년이 되자 여론조사나 신문사설, 의회의 투표에서 일제히 환멸감이 분출하고, 대외공약의 철회를 요구하는 징후가 나타나고, 군사적으로 우위에 있다는 것 자체가 갖는 가치에 대해서조차 회의심이 표명되리라고는 미처 생각도 못했을 것이다.

또 한편, 반드시 10년마다 예기치 않은 사태의 전환이 나타난 것도 아니다. 1913년의 미국 외교자세는, 만일 그것이 주의 깊게 관찰되고 있었다면, 1903년에 예상되었던 사태와 반드시 다른 것은 아니었을 것이고, 가령 대공황의 발생을 고려에 넣었다 해도 1933년이 1923년에 예측했던 사태와 그다지 동떨어진 것은 아니었을 것이다. 또한 1963년도 1953년에 대부분의 사람이 예상하고 있었을 사태와 그다지 다르지는 않았을 것이다.

금후 10년에 대해 감히 예언하려고 하는 사람은, 그 10년의 특질이 변화에 있는가, 상당한 연속성에 있는가를 바르게 사정하지 않으면 안 된다.

미국의 경우, 외교정책이 변화하는지, 연속성을 갖는지를 결정해 온 것은 의회와 대통령, 관료조직 등을 구속하고 있다고 생각되는 국내여론과 국내정치이다. 과거 수십 년의 미국의 정책 어떤 부분을 보더라도, 그것을 설명하기 위해서는 여론과 내정에 변화가 있었는가의 여부를 설명하는 것에서 시작해야만 하고, 어떠한 예측도 그 기초에는 정치결정이 이루어지는 갖가지 장소와 여론에 있어서의 금후의 발전동향에 대하여 많은 구체적 예측이 행해져야만 한다.

대체로 여론에 관한 어떠한 일반적 평가도 다수의 구체적 판단평가 위에 구축되어야만 한다. 첫째로, 이것이 아마 가장 중요한 것일 테지만, 특히 국제문제에 관심을 가진 사람들의 규모와 구성이 어떻게 되는가가 우선 사정되어야 할 것이다. 왜냐하면 이른바 "외교정책 여론"은 결코, 국민 전체나 유권자 전체를 포함하고 있는 것은 아니기 때문이다. 조사자료를 신뢰하는 한, 그것을 구성하고 있는 사람들은 주로 도시에 살고, 비교적 좋은 교육을 받고, 매우 부유하고, 일간·주간·월간의 각 정기간행물을 읽을 여유가 있는 소수의 사람들이다.[1]

이 소수 사람들은 국민 전체에서 보면 고작해야 15퍼센트에도 미치지 않을 것이다. 이 숫자는 한 여론조사 분석가가 낸 것이고,[2] 물론 거기에는 외교문제 전반에 관심을 기울이고 있는 것이 아니라, 예컨대 몇몇 특정의 국가에 고객을 가지고 투자를 하고 있는 기업가라든가 외국과의 강한 윤리적·종교적 유대를 가진 미국인과 같은, 어느 특정의 문제에만 관심을 기울이고 있는 사람들도 다수 포함되어

이 장은 원래 노스캐롤라이나 주립대학의 학생을 대상으로 한 강연을 기초로 삼은 것이다. 이 대학에 초빙해 주시고 많은 청중으로부터 질문을 끌어내 주신 존 길버트 교수께 감사를 드리고 싶다. 또한 브루킹스연구소의 레슬리 겔브 교수로부터는 이 장의 초고에 대하여 귀중한 조언을 얻을 수 있었다.

1) William H. Nelson, ed., *Theory and Practice in American Politics*(Chicago: University of Chicago Press, 1964), pp. 101-22에 수록된 "An American Tradition in Foreign Policy: The Role of Public Opinion" 중의 "외교정책 여론"에 관한 방대한 문헌에서 요약을 가했다.

2) B. O. Key, *Public Opinion and American Democracy* (New York: Knopf, 1961), pp. 173-74.

있다.

하지만 1941년의 고립이냐 참전이냐를 둘러싼 논쟁이나 1968년의 베트남 문제를 둘러싼 논쟁과 같은 격렬한 논쟁 때에는 관심 있는 여론층은 확대되고, 국제관계보다 오히려 자기 자신이나 자기 아들의 징병자격, 세금이나 인플레이션, 나아가 직접적 이해는 없지만 적어도 외견은 윤리적인 문제에—— 즉 너무나 소리 높이 선전한 탓에 문자를 읽을 수 있는 시민이라면 누구든 무시할 수 없는 윤리적 문제에—— 관심을 기울이는 더욱 큰 집단까지 포함하게 된다. 그러나 외교문제에 관심을 가진 대중이 많다고 하는 사태는, 아마도 그다지 장기간 지속되는 사태는 아니었을 것이다.

그렇긴 해도 이 여론은 다양한 것으로 구성되어 있다. 첫째로 비교적 각기 다른 집단으로 구성되어 있는 일도 있고, 단일의 문제에 의해 지배되고 있는 일도 있다. 예를 들면, 1933년의 경우, 그것은 주로 관세나 무역, 금본위제 등의 문제를 우려했던 사람들로 구성되어 있었고, 라틴 아메리카와의 이른바 새로운 "선린정책"에 다대한 관심을 기울이고 있는 사람들이나, 일본, 중국, 만주문제만을 생각하고 있던 사람들이나, 유럽에 관심을 돌리고 있던 사람들, 나아가 국제연맹에 다양한 형태로 여전히 강한 흥미를 가지고 있던 사람들로 구성되어 있었다.

이러한 집단들은 서로 중복되어 있기는 하나 그 중복도는 그다지 높지 않았다. 또한 각각의 집단은 고유의 프로필을 가지고 있었으나, 어느 것이 특히 집단으로서 규모가 컸던 것도 아니다. 이에 대하여 1940년부터 41년에 정치에 관심을 기울인 여론 대부분은 단 한가지 문제를——미국은 추축국에 대하여 행동으로 나설 것인가 아닌가 하는 문제를—— 주시하고 있었다.

또한 이 여론은 그때까지 국제문제에 대해 충분히 생각한 일도 없는 다음과 같은 집단까지 포함하게 되었다. 즉 나치의 정책과 이데올로기에 전율하고 있던 젊은 남녀나, 종교단체의 신자들, 히틀러나 무솔리니가 점령한 나라에 선조를 둔 사람들, 그리고 분서(焚書)나 강제수용소, 게슈타포, 일본의 "사상경찰"이라든가 독일, 이탈리아, 일본의 정복군이 저지른 잔학행위 등의 보도에 의해 의식이 각성된, 더욱 많은 사람들을 끌어들였다. 이 여론의 구성은 10년 전의 그것과는 전혀 달랐던 것이다.

여기서 1943년부터 53년 사이로 눈을 돌리면, 또 다른 변화가 생기고 있었다. 그 변화는, 우선 다음과 같은 세대의 변화로서 나타나고 있다. 30년대 후반에 이르기까지는, 제1차대전과 연맹가맹 논쟁의 기억에 여전히 겁을 먹고 있던 사람들이 외교문제에 관심을 기울이는 여론의 중추를 점하고 있었다. 하지만 그에 반하여 40년대 종반에는 30년대의 위기를 기억하는 사람들이 여론의 다수를 차지하게 되었던 것이다.

둘째로 다음과 같은 연속성이 예기치 않은 형태로 유지되고 있었다. 즉 많은 유태인과 로마 가톨릭교도, 이탈리아계 미국인, 폴란드계 미국인들이 국내문제에 주된 관심을 기울이고 내향적으로 되는 것이 아니라 여전히 외교문제에 관심을 지속하고 있었다. 충분한 교육을 받고 교양을 익히고 경제적으로도 부유한 사람들 중에서 그러한 종교집단이나 인종집단에 속하는 사람들이 착실히 세력을 넓히고, 외교정책 여론 속에서 현저한 지위를 차지하기 시작한 것은 중요한 일이다. 그들은 "비유화정책"을 절대적 정책으로서 견지하고, 나치즘뿐 아니라 스탈린주의에도 전투적으로 반대하게 되었다.

최근 10년간에 보여지는 외교정책여론의 변화는, 이러한 1930년대의 변화나 40년대의 변화에도 각기 비슷한 면이 있다. 도시가 성장 발전하고 식자율(識字率)이 높아지고 대학교육 인구비율이 증가하고, 외교문제에 관심을 가질 가능성이 있는 사람들의 층이 확대되었다. 관광이나 업무, 직업상 외국여행을 하는 사람이 늘어난 것과 맞물려 외국사정과 국제문제에 관한 학교·대학에서의 교육이 불특정 다수 국민의 외국에의 흥미를 자극했다.

베트남 전쟁에 대해 정기적으로 보고되거나 텔레비전 카메라를 통하여 비추어지거나 하는 것이 날마다 징병소집과 더불어 60년대 초기의 여론보다도 크고, 또한 그 여론과는 매우 다른 여론을, 단일의 쟁점에 관심을 기울인 형태로 탄생시켰다. 거기다 세대상의 변화가 동시에 진행되었다. 즉, 30년대를 기억하고 있던 다수파가 항상 냉전의 사태 추이로 되돌아가려고 하는 새로운 세대의 출현 앞에서 서서히 영향력이 줄어들었던 것이다.

오늘의 시점에서 예측을 행한다면, 외교정책에 관심을 가진 이 여론이, 금후 10년간에 어떠한 변모를 이룰 것인지, 어쨌든 판단을 내려야 한다. 대체로 여론을 구성하는 것은 어떠한 사람들인가. 또한 베트남이 과거 속으로 멀어졌을 때, 베트남전쟁에 몰두하고 있던 사람들은, 국제문제에의 관심을 잃는 것인가. 심지어는 새로운 집단이 출현하고, 여론의 한 자리를 차지하게 되는가. 만일 그러하다면 그 집단은 어떠한 사람들로 구성되는가. 또한 1983년까지 세대상의 새로운 변화가 발생할 것인가.

하지만 미래를 예측하려고 하는 사람은, 여론의 이러한 총체적 특질에만 관심을 가질 수가 없다. 그것과 마찬가지로 중요한 문제는, 여론의 지도자들에 관한 문제이다. 조사자료에 따르면, 다음과 같은 상식적 가설의 정당함이――즉 사람들이 어떤 문제에 관한 의견을 내는 경우, 자기 독자의 분석에 따르는 일은 거의 없다고 하는 가설의 정당함이—— 확인되고 있다.

실제로 그들의 의견은, 자기들이 신뢰를 기울이는 사람들의 판단에서 차용하여 만들어지고 있다. 국제문제에 관한 의견을 지도해 가는 사람들은, 통상 소수자 중의 소수자로, 그것은 관료나 정치가, 실업가, 그리고 지금까지 정부의 일을 했던 경험이 있고, 요인과 교제가 있고, 수많은 출입국 스탬프가 찍힌 패스포트를 휴대하고, <뉴욕타임스>라든가 <이코노미스트>와 같은 정기간행물을 구독하는 습관이 있는 전문 직업인들——즉 지배계층에 속하는 사람들——로 구성되어 있다.[3]

외교정책에 관심이 있는 여론이 어떠한 규모와 구성의 것으로 되는가는, 한편으로는 이 지배계급에 속하는 사람들 여하에 따른다고 말해도 좋다. 예를 들면, 1940년대말과 50년대초에 '성가신 동맹 untangling alliance'이니 대외공약이니 군대의 해외주둔을 둘러싸고 실제로 있었던 것보다 훨씬 광범한 논쟁과 의견의 분열이 여론에서 보여졌어도 좋았을 것이다. 그런데 실제로는 거의 보여지지 않았다. 아마도 그러한 사태는 지배계층에 속하는 사람들이 많든 적든 같은 견해를 가지고 있었다는 사정에서 설명할 수 있을 것이다. 충분한 외교지도가 없다거나 극히 적은 경우에는, 이렇다 하게 눈에 띄는 여론의 반대는 형성될 방법이 없다.

이와는 대조적으로 베트남전쟁의 경우, 전쟁을 계기로 지배계층의 의견이 갈라졌다. 외교위원회의 상원의원이나 조지 볼, 로버트 케네

---

3) Kenneth P. Adler and Davis Bobrow, "Interest and Influence in Foreign Affairs," *Public Opinion Quarterly,* XX (Spring 1956), pp. 89-101.

디와 같은 과거의 정부 내부자나 동남아시아를 취재해왔던 특파원들, 한스 모겐소나 조지 캐힌과 같은 학자가 지배계층 내부에서 반대를 위한 항의를 선도했다. 게다가 지배계층 내부에서 거의 의견의 일치가 있었던 경우라 해도 그 의견에 반대하고 여론의 지지를 획득할 수 없었던 사람들이, 지배계층의 의견의 분열을 계기로, 오히려 여론을 당당하게 지도할 수 있게 되었다.

외교정책 여론이 어떠한 것이 되느냐에 대하여 추량하려고 한다면, 한편으로 지배계층 자체를 문제로 하지 않으면 안 된다. 예를 들면, 금후에도 지배계층에 속하는 사람들의 중핵이 좋은 교육을 받고 많은 독서와 여행을 하는, 매우 부유한——지금까지와 마찬가지 엘리트층이라고 가정하는 것도 가능하겠지만, 그러나 이 가정은 장래를 예측하려고 하는 경우 거의 쓸모가 없다.

윌리엄 노랜드 전 상원의원과 다니엘 엘스버그 박사를 포함하는 백만 내지 그 이상의 미국인이, 엘리트층의 특징을 결정한다. 예를 들면 1933년부터 43년까지의 10년간에, 그 지배계층 내에서 차지하는 실업가와 은행가의 비중은 아마도 감소했음에 틀림이 없다. 그들에 대한 세간의 평가가 공황을 계기로 저하했기 때문이다.

그리고 그 10년간의 말기에는, 새롭게 변호사나 저널리스트, 지식인, 그리고 특히 유럽에서의 망명자가 여론지도 집단 중에서 중요한 역할을 차지하게 되었다. 또한 제2차대전 후 60년대에 이르러 군과 국방부에 근무했던 일이 있는 많은 사람이 지배계층의 일부가 되었다. 거기서 일종의 위계제와 같은 것이 보여진다고 하면, 그 신참 엘리트층의 최상위를 점하고 있던 것은 마샬을 비롯한 전시중의 장군들이고, 또한 헨리 스팀슨이나 특히 존 J. 맥클로이, 로버트 A. 로베트 밑에서 일하던 사람들이다.[4] 그리고 그 후에 다시 방위관련 기업이나 연구단체에서 상당수의 사람들이 지배계층으로 들어왔다.

그러나 베트남전쟁의 결과, 그들 방위관련 집단에 대한 여론의 신뢰가, 과거의 공황 이후의 실업계에 대한 신뢰의 경우와 마찬가지로, 상실될 처지에 빠졌다. 따라서 1973년부터 83년까지의 10년간에 사회의 지배계층이 어떠한 사람들로 구성될는지 묻지 않을 수 없다. 이 물음은 다음과 같이 바꿔 말할 수 있다.

대체 현재까지보다 확대되어 갈 것이 틀림없는 외교정책 여론이 지도를 요구하는 것은, 어떠한 종류의 사람들인가. 또한 국민적 합의가 이루어진다고 하면, 어떠한 합의가 재배계층 내부에서 지배적으로 되는가. 만일 국민적 합의가 형성되지 않는다면, 여론은 어떠한 형태로 분열하고, 그 결과는 어떻게 되는가.

또한 외교정책 여론과 여론 지도자집단 쌍방의 구성에 금후 영향을 주게 될 요인은 무엇인가 하는 문제가 발생한다. 하지만 미래를 예측하려고 하는 자에게 있어서 불행하게도, 역사경험에서 말해서 그중에서 가장 중요한 요인이란 실은 외국의 사건이다.

1933년부터 43년까지 외교정책 여론의 구성상의 변화를 촉구한 것은, 다음과 같은 외국의 여러 사건, 즉 이탈리아, 일본, 독일의 내정상의 변화, 이탈리아·에티오피아 전쟁, 스페인 내전, 중일전쟁, 1938년에서 39년까지 히틀러에 의해 만들어진 일련의 위기, 그리고 제2차대전의 발발과 그 전개와 같은 사건들이었다.

아마도 1943년 이후에 발생한 여론의 변화는, 동유럽과 아시아에서의 공산주의의 성공이나 1948년의 베를린 봉쇄, 1950년의 남한에 대한 북한의 침공이 없었다면, 결코 보여지지 않았을 것이다. 또한

---

4) Richard Rovere, "Notes on the Establishment in America," *American Scholar,* XXX (Autumn 1961), pp. 489-95.

베트남 전쟁이 그와 같은 형태로 진전되지 않았다면 1960년대의 변화는 절대로 있을 수 없었을 것이다.

따라서 미래를 예측하기 위하여 시도해야 할 것은, 우선 지배계급 내부의 사람들을 활동시키거나 분열시키는 사건, 관심이 있는 여론에 문제의 초점을 명확히 밝히거나 외교문제에 적극적 관심을 나타내지 않는 집단을 그 여론 속으로 끌어들이거나 하는 사건을 마음껏 상상하도록 상정하는 것이고, 그런 다음에 그러한 사건이 발생하는 개연성을 산정하는 것이다.

국내정치로 눈을 돌리면, 우선 입법부문의 장래 동향을 탐색해야 한다. 상하 양원의원은 함께 여론에 민첩한 반응을 나타내지만, 의원들이 귀를 기울이고 있는 것은, 실제로는 거의 자기의 협소한 선거구 사람들의 목소리이다. 어느 의원의 지역이나 주의 선거구에서의 외교정책 여론은 국가 전체의 외교정책 여론과는 전혀 비슷하지 않을지도 모른다. 의회의 직무 대부분이 위원회에서 수행되고, 위원회 내부의 영향력이 개개 위원에게 좌우되기 때문에, 전체로서 의회는 어느 특정 영역의 문제에 관하여 전혀 국가를 대표하지 않는 사태가 될 가능성도 있다.

제1차대전 후 대부분의 사람이, 외교에 관심을 가진 미국인 대다수는 미국의 연맹 가맹을 지지할 것이라고 믿고 있었을 때, 상원 외교위원회 위원의 대다수는, 그 정책에 반대이거나 회의적인 사람에 의해 점유되고 있었다. 제2차대전 중, 외교에 관심이 있는 여론에 나타나 있던 그 변화는 그 위원회에까지 미치지 않았다. 당시의 외교위원회 위원에는, 이른바 고립주의자들이 균형이 맞지 않을 정도로 많이 이름을 올리고 있었기 때문이다.

루즈벨트를 비롯한 사람들이 전후에도 지속적으로 영국이나 러시아와 협조해갈 수 있을까 불안감을 나타내고 있을 때, 그들의 가슴속을 스치고 있었던 것은, 단순히 장래의 여론의 성격에 관한 의문뿐만 아니라, 과거 1919년부터 20년 사이에 보여진 바와 같이 또다시 상원이 독자의 견해에 서서 행동을 일으키는 것이 아닐까 하는 우려도 있었다.

60년대에 여론조사에서, 외교에 특히 관심이 있는 여론과 그 여론 지도자 집단 중에 베트남 개입에 대한 강한 지지가 보여지는 것이 분명해졌을 때, 외교위원회는 베트남 개입에 비판적 입장을 취했다. 한편 당시의 군사위원회를 좌지우지하던 것은 자기 선거구의 주나 지방에 보수적인 선거민과 대규모 군사시설과의 쌍방을 가지고 있던 남부의원들이고, 그 때문에 위원회는 여론의 조류가 변화한 뒤에도 베트남 전쟁을 계속 지지했다.

입법부는 반드시 선거민의 여론 동향을 반영하지 않을 뿐 아니라 여론의 추세에 저항하거나 스스로 여론을 지도하는 일조차 있다.

제1차대전 후 상원은, 국제주의에서 후퇴하는 정책전환을 지도했다. 또한 풀브라이트와 외교위원회는 베트남 전쟁에 반대하는 여론을 육성하는데 중요한 역할을 했다. 즉 미래를 예측하려고 하는 자는, 입법부문의 구성과 추세가 어떠한 것이 되는지 검토하지 않으면 안 된다.

도대체 어떤 위원회의 힘이 강해질 것 같은가. 군사위원회는 국제관계의 여러 문제로 상하 양원 외교위원회와 동등한 발언권이나 그 이상의 발언권을, 1950년대나 60년대와 마찬가지로 가질 수 있는가. 상원재정위원회나 하원관세위원회는 세출규모나 예산배분, 무역수지를 좌우할 만한 국제문제에 관하여, 전보다 큰 발언권을 가지려 할 것인가. 중요위원회를 좌지우지하게 되는 것은 누구인가. 그리고 그들은 어떠한 편견과 경향성을 가지고 있는가.

이러한 점과 관계되고 있는 문제는, 입법부와 행정부의 관계에 관한 문제이다. 지금까지 두 정치기구 사이에 각각의 세력의 진폭이 있었다. 남북전쟁 후 수십 년간은 의회 쪽에 권력과 지도력이 있었다. 1890년대 말부터 제1차대전을 거쳐가는 중에 양자의 역관계는 서서히 대통령에게 유리해져 갔다. 1920년대에는 1880년대로의 회귀현상 같은 것은 보여지지 않았지만, 그 10년간에 의회는 상당한 힘을 회복했다. 그러나 대공황과 제2차대전, 냉전의 도래에 의해, 행정부는 또다시 그 지도력을 회복했다.

물론 이러한 세력의 진폭을 만들어내고 있었던 것은, 한편으로는 여론의 태도 변화이다. 예컨대 제1차대전 후 많은 사람이 대통령보다 오히려 의회를 신뢰하게 되었던 것은, 윌슨이 권력을 남용하고, 그 때문에 비극적 과오를 범하게 되었다고 믿었기 때문이다. 하지만 제2차대전 발발 직후부터 사람들은 의회 쪽에 죄가 있다고 보기 시작했다. 즉, 의회야말로 미국의 연맹 가맹을 방해하고 1930년대 중엽에 어리석은 중립법을 즉결하고, 국제상의 새로운 책임을 떠맡으려고 하는 루즈벨트에게 저항한 장본인이라고 생각했던 것이다.

입법부와 행정부 사이의 역관계를 결정하는 것은, 한편으로는 여론의 태도였지만, 오히려 그 역관계 자체가 여론의 구성이라든가 여론지도라든가, 여론이 반응하는 각종의 사건 등에 확실한 영향을 미쳐 나간다. 그것은 의회에 영향력을 행사하고 있는 국민이 주나 지방의 각 선거구로 분할되어 약체이기 때문이고, 또한 의원들이 상대로 하는 것이 특정 형태의 여론지도자들이라고 하는 사정에서 유래할 것이다.

의원들이 대화하는 것은 전국적 규모의 이익을 대표하는 금융자본가나 실업가, 전문직업인이 아니라 지방의 저명한 기업가나 전문직업인이다.[5] 그도 그럴 것이 전자의 다수가 행정부측을 상대로 한 일을 하고 있기 때문이다. 따라서 의회 세력이 행정부 세력보다 강한 경우에는, 여론의 내용이 크게 다른 것이 될 가능성이 강하다. 또한 의회가 지도권을 장악하게 되면, 그에 따라서 외교에 관심을 가진 여론 전체의 대외인식도 바뀔 것이다.

예컨대 1930년대 중반에 많은 사람이 에티오피아, 스페인, 중국에서의 위기를 본질적으로 법적인 문제로 파악하고, 의회결의에 의해 해결할 수 있는 문제로서 보게 되었으나, 그것은 의회가 우위를 점하고 있었기 때문이라고 설명해도 이상하지 않다. 그러므로 장래를 예측하려고 한다면, 의회와 행정부의 역관계를 예측하고, 그것이 가져올 결과를 추측해야만 한다.

대통령에 대해서는 별도로 고찰되어야 할 것이다. 원래 행정부는 1920년대에도 여론을 움직이고 사태를 제어할 수 있는 상당한 영향력을 유지하고 있었는데, 그 대통령은 여론지도자로서, 19세기 말 이래 달리 유례가 보이지 않을 만큼 중요한 지위를 차지하게 되었다. 무엇보다도 대통령은 정보수집능력의 점에서 발군의 힘을 손에 넣게 되었다. 게다가 제2차대전 후, CIA나 국가안전보장국과 같은 조직이, 의회도 신문도, 어떠한 민간인도 아마 필적할 수 없을 만큼 풍부한 정보자료를 대통령에게 제공하게 되었다.

매우 광범위한 문제에 걸쳐서 대통령은 어떤 사태를 중시하거나 거의 무시함으로써 의회와 여론에 대하여 그 사태가 갖는 중요성의

---

5) James N. Rosenau, *National Leadership and Foreign Policy: A Case Study in the Mobilization of Public Support* (Princeton: Princeton University Press, 1963), pp. 30-31, 331-62.

정도를 결정할 수 있다.

예컨대 케네디가 소련 미사일의 쿠바 배치를 사소한 사건으로 간주하도록 국민을 설득했다고 하는 사태도 상상할 수 없는 것은 아니다. 하지만 결국 국방장관은 불쾌한 듯이 어깨를 움츠리면서 다음과 같이 말해 미사일 배치에 반대했다.

"미사일은 미사일이다. 소련에서건 쿠바에서건 발사된 미사일에 맞아 죽는 것에 큰 차이는 없다."6)

또한 닉슨 대통령이 지중해에서의 소련해군 증강에 대하여 더욱 강한 위기감을 부채질할 수도 있었다는 사태도 상상할 수 없는 것은 아니다. 대부분의 경우, 여론이 사태의 중대함에 대하여 대통령의 판단을 거스르고 그것을 뒤집는 일은 거의 불가능할 것이고, 그 사태의 중대성에 대한 대통령의 판단에 의해, 여론의 규모와 상당한 정도까지 여론의 성격이 결정되고, 그것에 의해 단일 내지 복수의 여론이 형성되게 되는 것이다.

이리하여 미래를 추측하기 위해서는, 대통령의 기질과 그가 놓인 상황을 사전에 추측해야만 하는데, 그의 성격과 사명이 어떠한 것인지 사전에 알기는 전혀 불가능하다.

가령 의회의 힘이 우위에 있는 경우, 대통령은 하딩이나 쿨리지처럼 의회의 결정에 묵묵히 따르게 될 것인가. 아니면 의회와 싸우게 될 것인가. 또한 대통령은 1933년의 프랭클린 루즈벨트처럼 외교관계에의 관심을 최소한으로 줄이고, 국내문제에 몰두하는 자세를 취할 것인가. 아니면 1937년 이후의 루즈벨트나 1946년 이후의 트루먼처럼, 국내개혁의 여지가 거의 없어지고, 정치지도력을 발휘할 수 있

---

6) Elie Abel, *The Missile Crisis* (New York: Lippincott, 1966), p. 38.

는 유일한 장이 오히려 국제관계라고 확신하게 될 것인가. 대통령은 테오도어 루즈벨트나 우드로 윌슨과 같은 상상력 풍부한 활동가가 될 것인가. 아니면 예컨대 허버트 후버나 드와이트 아이젠하워 같은 대통령이 될 것인가. 이러한 점의 예측을 어느 한가지라도 그르치면, 잘 되어나가던 예측조차 완전히 빗나간 것이 되어버린다.

마지막으로 우리는 관료정치의 미로로 들어가지 않으면 안 된다. 지금까지 기술해 온 것은 동태적(動態的) 요인을 최소한도로 평가하고, 과거 5, 60년이라는 것이 거의 변화가 없는, 동질적인 것이었다고 계측할 수 있음을 전제로 삼은 것 같다. 하지만 실제로는 그 사이, 현재의 미국과 과거의 미국을 완전히 별개로 만드는 구조적 변화를 경험하고 있는 것이다.

그 변화 중에서 주목할 만한 것은 정부의 비대화(肥大化)이다. 관료기구는 전문지식의 거대한 저수지가 되었다. 거기서는 개인과 조직이 각각 해외 여러 지역에 대한 지식과 미국의 대외행동의 다양한 가능성에 관한 지식을 수집하게 되었다. 그러한 지식을 여론이나 의회는 거의 입수할 수 없다.

한편으로 대통령이 어느 특정의 지역이나 특정 문제에 충분한 시간을 할애하지 못한 탓도 있어서, 이 지식을 극히 일부밖에 갖지 못한다. 그러므로 관료기구내의 많은 사람들이, 미국이 추구해야 할 행동방침을 결정하는데 있어서, 여론이나 의회, 대통령보다 풍부한 지식을 가지고 있다고 하는 확신을 강화한 것은, 충분히 이해할 수 있다. 그리고 그 확신이 있기 때문에 그들은 여론이나 의회나 대통령의 행동을 조작하려 하게 되고, 또한 그것을 매우 효과적으로 수행해 왔던 것이다.

관료기구는, 사람들이 사태를 어떻게 보느냐 하는 견해를 만드는데 중요한 구실을 하고 있다. 제2차대전 직후, 관료는 여론이나 의회, 대통령의 주의를 특정의 사건으로 돌려놓거나 돌리지 않게 해왔다. 특히 남아시아나 과거 식민지였던 동남아시아 여러 지역의 사건보다, 아니 동아시아와 라틴아메리카의 사건보다 유럽이나 중동의 소련 인접지역의 사건에 사람들의 주의를 돌리게 했던 것이다. 그리고 그 사이에 관료는 여론이나 의회, 대통령의 생각을 형성하는데 결정적인 역할을 수행하게 되었다.

그 결과 오늘의 시점에서 보아 미국인의 안전과 번영에 그다지 관계가 없을 것으로 생각되는 여러 사건이 1950년대에는 매우 중시되게 되었다는 사태가 발생하고 있었던 것이다.

예컨대 인도차이나에서의 프랑스 식민지 정권의 붕괴, 금문·마조도를 둘러싼 중국국민당과 공산당 사이의 충돌, 시리아·레바논간의 국경분쟁, 전 벨기에령 콩고의 무정부상태, 라오스의 내전과 같은 사건들이 바로 그것이다. 또한 케네디 대통령이 쿠바에 배치된 소련 미사일의 중요성에 관하여 가지고 있던 생각은, 한편으로는 관료가 그에게 말한 것에서 만들어진 것이다. 그와 완전히 동일한 것이, 케네디와 린든 존슨이 베트남에 대하여 가지고 있던 생각에 대해서도 확실하게 말할 수 있다.

물론 관료기구는 국제관계의 처리에도 큰 역할을 수행해왔다. 제2차대전 이래 행정부문의 역할을 단순히 대통령이 결정한 행동방침에 따르는 것으로만 생각하는 것은, 갈수록 비현실적으로 되어가고 있다. 지금까지 흔히 대통령은 어떤 문제에 대하여 아는 것이 너무 뒤늦고, 이미 관료들이 착수한 일을 이어받거나 처리해버린 일을 추인(追認)하는 이외 아무 것도 할 여지가 없는 일조차 있었다.

이리하여 관료기구가 독자로 정책을 결정하면 할수록, 여론은 더욱 정책결정에서 멀어지게 된다. 실제로 여론의 목소리는 워싱턴의 관청 건물 안에서는 별로 들리지 않고, 더군다나 해외의 주재공관 안에서는 전혀라고 해도 좋을 정도로 들리지 않는다. 여론이 여론으로서 힘을 얻는 것은, 의회와 대통령이 충분한 주의를 기울이기 때문이다. 따라서 의회와 대통령이 약화되었을 때에는 여론 자체도 약체가 된다.

또한 관료기구의 존재 자체가 외부로부터 좌우되는 일이 없다고 하는 강점을 가지고 있기 때문에, 대통령이 매우 적극적으로 행동할 만한 인물일 때조차 여론이 갖는 상당한 힘까지도 관료기구가 잘라버리는 일이 있다. 그것은 대통령 자신이 관료들과 함께 다음과 같이── 즉 우수한 정치수완을 발휘하기 위해서는 여론이 바라고 있는 행동방침보다 오히려 전문가의 조언에 따라야 한다고── 생각하기 때문이다.

이리하여 미래를 예측하려고 하는 자는, 새롭게 다음과 같은 일련의 문제에 직면해야 한다.

대체 금후 10년간에 어느 정도까지 미국의 외교노선이, 여론이나 의회, 대통령으로부터의 영향을 거의 받지 않고, 오히려 관료들에 의해 결정되어가게 될 것인가. 또한 가령 여론과 의회와 대통령 3자가 미국의 정책의 틀을 계속 결정한다 하더라도, 관료가 사건을 보고하고 사태를 만들고 정책방침을 결정하는 방식이 다른 3자의 생각과 행동방침에 어느 정도까지 영향을 미치게 되는가.

이러한 문제에 답하기는 어렵다. 게다가 이른바 "관료제"를 일괄하여 논하는 것 자체, "합중국"을 일괄하여 논하는 것과 마찬가지로, 단순화의 폐해에 빠지기 쉽기 때문에 문제는 한층 까다로워진다. 관료기구는 많은 구성요소로 이루어져 있고, 그 구성요소가 각기 다르고, 또한 그 모든 것이 국내상의 변화의 영향을 받기 쉽다.

백악관이나 국무부, 국방부 본부, 군, 재무부, 첩보기관 등, 이들 모두가 독자의 특징을 가지고 있다. 국무부 내에는 지역별로 다른 부국이 있고, 경제문제나 법률문제, 정보·조사와 같은 문제별로 나누어진 기능부국은, 그들 지역부국과는 성격을 달리한다. 국방부의 몇 사람의 국방차관보가 통괄하고 있는 여러 부국은 서로 적대관계가 되는 일이 흔히 벌어지고, 국방부 본부와 군의 관계는 때로 19세기 아프리카의 식민지국 상호간의 관계와 비슷하다.

또한 이러한 기관들이나 부국, 군대만이 고려 대상이 되는 것은 아니다. (예컨대 재외 근무의 외교관 과 본부에 근무하는 관리처럼) 직업외교관 동료 사이에도 중요한 차이가 있고, 그중에서도 워싱턴과 재외 근무관 사이에는 현저한 차이가 있다. 왜냐하면 예컨대 펜타곤(국방부)의 군사원조계획에 기초하여 일하고 있는 육군대령과 군사원조사절단 단장으로 일하는 웨스트 포인트(육군사관학교) 졸업생이 각기 갖는 이익과 관점은 전혀 다른 경우가 흔히 있기 때문이다.

미래를 예측하는 자는, 모든 정치체계와 마찬가지로, 관료제에 관해서도 문제의 대상을 분해하는 것에서── 즉 전 구성체로서의 대문제를 해체하고, 전 구성체를 만드는 각 요소에 얽힌 문제에로 환원하는 것에서── 시작해야만 한다.

그래서 첫 번째로 물어야 할 문제는, 주요 부처와 부국 사이의 세력관계가 어떻게 되어 있는가 하는 문제이다. 1930년대에는 내정에 관심이 있는 사람이 외교방위문제에 종사하고 있는 사람들보다 큰 비중을 차지하고 있었다. 제2차대전 후는 그 반대가 되었다. 한편으로 그것은 대통령의 정책상의 중점이 바뀌었기 때문이지만, 또한 전쟁 직전의 위기와 전쟁 그 자체를 계기로 삼아 유능한 인재가 외교

방위관계의 조직으로 이끌렸기 때문이다. 그러한 조직이 규모를 키우고, 새로운 직무를 개척해 나갔기 때문에 야심적인 사람들이 그 조직에 의해 책임과 승진의 기회를 부여받게 되었다.

이와 대조적으로 국내문제를 처리하는 부국은 화려했던 왕년을 그리워할 뿐, 새로운 일도 개척하지 않고 구태의연한 계획안을 충실하게 답습할 뿐으로 승진의 기회도 위쪽이 정체되어 가능성이 없어 보였던 것이다. 그런데 이러한 추세가 현재 역전의 과정이 있는가 아닌가 하는 것이 미래에 관한 또 하나의 문제이다. 대체 대통령, 의회, 여론은 지금까지보다 많은 주의를 국내문제로 돌리게 될 것인가. 내정에 관계하는 정부 고관이나 관료들은 외교방위문제를 중시하고 있는 사람들에 대하여 현재의 입장을 확보할 수 있는지, 아니면 그들보다 우위의 입장에 설 수 있는 것인가.

또한 외교방위영역 내부의 세력관계는 어떻게 변할 것인가. 제2차 대전부터 1960년대 중반에 이르기까지 통상 군부관료기구의 힘은 외교, 대외원조, 정보관계의 관료조직이라든가 비밀첩보기구 등이 갖는 힘보다 강대했다. 군부관료 쪽이 본질적으로는 정치적인 문제에 대해서조차 조사능력이 있고, 대통령에 대한 조언이 명확하고, 또한 의회와 공공기관에 대한 설득력을 유지하고 있었다.7)

하지만 만일 베트남 전쟁이 군부에 대한 여론의 견해를 바꾸었다고 하면, 그것에 의해 정부 내부에서의 군부관료기구의 세력은, 어떻게 감퇴했는가. 또한 그것은 금후 어떻게 감퇴해 가는가.

<펜타곤문서>를 비롯한 증거문서가 나타내는 바에 따르면, 국무부 쪽이 펜타곤보다 분별을 보이고,——또한 CIA는 그 어느쪽보다

---

7) Adam Yarmolinsky, *The Military Establishment: Its Impacts on American Society* (New York: Harper and Row, 1971), pp. 131-32.

도 분별이 있었다고 한다. 대체 장래 국무부와 CIA가 과거 60년대에 국방부가 차지했던 그 압도적 지위를 손에 넣게 될 것인가.

또한 피해서 지나칠 수 없는 문제는, 행정부문과 백악관에 관한 문제이다. 닉슨은 전에는 부처의 직무라고 생각되었던 몇 가지 직무를 국가안전보장회의 전문위원에게 이관하고, 전문위원들이 정보를 수집하고, 사건의 평가를 제출하고, 취해야 할 행동방침을 분석하게 되었다. 이와 같은 기구 개혁의 결과, 모든 부처·부국의 권력과 영향력이 현저하게 감소하게 되었다.

그러므로 미래를 추측할 때 우리는 다음과 같은 물음을 제기해야 한다. 즉 이러한 경향이 일시적 현상이 아니라면, 비대화하고 복잡해진 국가안전보장회의 전문직원은 국무부나 CIA의 경우와 마찬가지로 자기네 기구의 이익이나 기구내의 분쟁을 금후 조장시키려고 할 것인가. 만일 그러하다면, 그 이익이나 분쟁은 어떠한 형태의 것이 되어 가는가.

둘째로 중요한 문제는 워싱턴의 관료기구 전체와 재외근무 관료들과의 관계이다. 대체 1950년대 및 60년대와 마찬가지로 재외 근무 관료들은 금후에도 자기들의 부임국(赴任國)을 중요시하도록 워싱턴에 영향을 줄 것인가. 아니면 해외의 사건에 대하여 갖는 미국의 관심을 극소화하는 듯한, 저 제2차대전 전의 관행으로 다시 이행하게 될 것인가. 또한 재외관료 내의 세력관계에는 어떠한 변화가 보여지는가. 예컨대 군 대표들이나 CIA의 주재 책임자들이 갖는 영향력은 감소하는가, 증대하는가. 대외원조와 정보에 종사하는 관리는 지금까지보다 발언권을 늘리는가, 아니면 대체로 발언권을 상실하는가. 또한 재외 근무관료들은 모두 단일의 행동을 취하게 되는 것일까. 즉, 어느 지역에 주재하는 관료는 다른 지역의 주재 사절과 다른 행동을 취하는가. 아니면 양자의 행동에는 이렇다 할 두드러진 차이가 보여지지 않게 되는가.

제3의 문제는 워싱턴의 주요 부국내의 세력관계가 어떻게 되는가 하는 문제이다. 제2차대전 직후의 시기에, 국무부 내에서 최고의 인재를 끌어 모으고 가장 정력적으로 활동했던 부국이 근동과 남아시아를 관할하는 부국이었다고 하는 사실은 매우 중요하다. 왜냐하면 로이 헨더슨과 그의 부하들이 대통령이나 의회, 여론의 관심을 이란, 그리스, 터키로 돌리게 하고 트루먼 독트린의 형성에 주요한 역할을 수행했기 때문이다.

펜타곤에서는 대체 국방장관과 통합참모본부와 재외사령부의 관계는 어떻게 될 것인가. 제1차 아이젠하워 정권시대에 인도차이나와 대만해협이 문제의 초점이 된 것은, 한편으로는 약한 국방장관과 강한 통합참모본부의장(아더 래드포드 제독)이라는 조합 때문이었고, 제2차 아이젠하워 정권시대에 강하고 자신가인 NATO군사령관(로리스 노스타드 장군)이 유럽에 다각적인 핵전력을 배치해야 한다는 정책방침을 무리하게 외교정책의 최중요 목표로 밀어부친 것도 국방장관과 통합참모본부기구 쌍방의 힘이 약하고, 양자가 애매한 태도를 취하고 있었기 때문이었다.[8)]

이리하여 방위관료기구 내부의 세력관계와 기타 중요 부서에서 일하고 있는 사람들의 개성이 금후 10년간에 다양한 영향을 끼치게 될 것이다.

육해공 3군간의 세력관계에 대해서도 동일한 말을 할 수 있다. 제2차대전 직후, 공군은 단순히 독립하려고 했을 뿐 아니라 장래의 전

---

8) 이 과정에 대해서는 머지않아 출판될 예정인 존 D. 스타인브루너의 연구에 자세히 설명되어 있다.

쟁에서는 공군력이 결정적 요인이 된다는 가정과, 국가는 폭격기를 하룻밤 사이에 만들 수는 없으므로 폭격능력을 유지하고 위하여 더욱 많은 돈을 사용해야 한다는 가정을, 둘 다 받아들이게 하려고 맹렬한 운동을 했다.

그리고 당연한 일이지만 공군은 이러한 이해에 기초하여, 대통령, 의회, 여론에 대하여, 소련이 미국의 안전을 위협하는 현실적이고 현재적인 위협이 되고 있음을 설득하려는 움직임에 가담했던 것이다. 그에 뒤이어 3군은 각기 소련이나 중소(中蘇)의 위협과 그것에 대처하기 위해 고려되어야 할 정책방침과 함께 각자가 요구하는 예산배분의 극대화를 실현할 수 있는 형태로 재정의했다.

그 결과, 다음과 같은 사항과, 즉 해외의 공군기지나 미사일기지, 스페인과 지중해, 태평양 해군기지, 유럽 주둔군의 강화와 동 지역에서의 긴급동원계획, 현실의 동맹국과 자칭 동맹국에 대한 군사원조와 같은 사항과 관계하지 않을 수 없는 문제가 전면으로 부상하게 되었다.

이리하여 미래를 예측하기 위해서는 3군이 자기들의 이해를 어떻게 해석하려 하는지, 그리고 그것에 의해 사람들의 대외인식에 어떠한 영향을 미치려 하는지, 그러한 문제를 따져야만 한다.

또한 가능한 한 다른 중요한 기구들에 대해서도 추측해야 한다. 국무부에 대해서와 동일한 물음이 국제개발국, 미국문화정보국, 그리고 당연한 일이지만 CIA와 같은 기구에 관해서도 제기되어야 한다. CIA에 대해서는 아마도 한쪽 끝에 있는 정보분석담당자와 다른쪽 끝에 있는 비밀작전책임자 사이의 역관계가 어떻게 변하는가 하는 것이 추측되어야 할 것이다. 재무부와 아마도 상무부에 관해서는 국제문제에 간여하는 관료들이 오로지 국내문제에 매달려있는 사람들과 어떠한 관계에 있는가 하는 것이 조사되어야 할 것이다.

대체 이들 부처의 장관들은 프랭클린 루즈벨트시대의 헨리 모겐소 주니어와 마찬가지로, 미국경제가 건전하기 위해서는 무엇보다도 국제경제가 건전해야 한다는 생각을 계속 지지할 것인가. 아니면 모겐소의 후계자들처럼 미국의 무역 보호와 국제수지의 균형유지야말로 자기들의 가장 중요한 임무라고 간주하게 될 것인가.

이미 시사한 바와 같이 미래를 예측하려고 한다면, 공적인 기관 상호의 세력관계뿐 아니라 그들 각 기관 내부의 추세에 대해서도 검토되어야 한다. 로이 헨더슨의 부국이 국무부 내에서 비교적 강력했다고 해서 그 부국이 예컨대 소련이 이란에서 철수하지 않았거나, 유고슬라비아가 그리스의 게릴라에게 원조하거나, 소련이 터키에 외교적 압력을 가했던 그 일련의 사태를, 반드시 미국의 강력한 행동이 필요시되는 위기적 상황으로 정의하게 된다고는 단정할 수 없다.

그러한 결과가 나타난 것은, 한편으로는 헨더슨이 소련전문가로 또한 무력의 위협에 의한 것이 아니고는 공산주의의 팽창을 저지할 수 없다는 견해를 오랫동안 견지하고 있었기 때문이다. 게다가 헨더슨의 생각이 충분한 영향력을 가질 수 있었던 것은, 국무부 내의 동료와 상사 대부분이 우연히 그와 비슷한 견해를 가진 외교관이었기 때문이다.

마찬가지로 초기의 아이젠하워 정권 아래서 통합참모본부의장이 매우 강한 영향력을 가지고 있었다고 해서, 그 의장의 영향력에 의해 반드시 동남아시아나 대만이 외교정책의 초점으로 부각되었다고는 말할 수 없다. 그것은 한편으로 래드포드가 과거 해군 비행사였고, 미국군 태평양지구사령관이고 또한 전중·전후의 미국 전략체계에 있어서의 유럽 제일주의적 지향에 회의적이었다고 하는, 그 자신의 경력에서 온 것이다.

또한 래드포드의 힘이 반드시 강하지는 않았다는 사실은—— 예컨대 그것은 미국이 1954년에 인도차이나에 군사개입을 하지 않았던 역사적 사실에 나타나 있는 것이지만——한편으로는 관료기구 내에서 [래드포드의 세력에] 길항하는 세력이 보여지고, 특히 육군으로부터의 반대가 있었기 때문이다. 실로 그러한 관료기구 내의 항쟁이 표면화했기 때문에 그만큼 간단하게 래드포드의 권고를 신문해설자나 의회의원들이 즉시 지지하지 않거나 대통령이 최종적으로 따르지 않는 결정을 내렸을 것이고, 현실적으로 그것이 가능했을 것이다.

따라서 미래를 예측할 때에는 정부를 구성하는 복잡 다양한 여러 기구 내부에서 진행하고 있는 사태의 추세에 대하여, 어떤 가설을 세워야 한다. 대체 현재 힘을 가지고 있는 부국의 관리들은, 오늘의 세계를 1950년대나 60년대의 대부분의 사람들이 보았던 세계와 마찬가지 눈으로, 즉 공산주의의 침략에서 미국이 방위해야 할 비상선이 둘러쳐진 세계로서 계속 볼 것인가.

50년대 이후, 서서히 이와는 반대의 견해를 취하는 사람들이—— 즉 소련과 나아가 중국과도 잠정협정을 맺을 가능성을 고려하려고 하는 사람들이—— 등장했다. 금후 이 견해가 갈수록 강해지는 것은, 1963년의 부분적 핵실험중지조약이나 전략무기제한협상, 워싱턴-북경간의 관계정상화에의 움직임 등에 의해 나타나고 있다. 그러나 극히 최근, 다른 또 하나의 사고방식이 출현하기 시작했다. 그것은 세계를 몇 개의 지역으로 분할하고, 미국의 이익은 그 지역의 다수에서, 지금까지보다 한정된 분명한 성격을 가져야 한다는 사고방식이다.

어쨌든 미래를 예측하기 위해서는 관료 내부의 금후의 사고양식

경향을 예측하고, 그 사고양식과 대통령이나 의회, 여론과의 상호작용을 함께 예측해야만 한다.

과거 수십 년간의 외교정책에 있어서의 변화와 연속성을 가져온 원인으로 생각되는 것을 지적하고 그것을 비교 대조한다면, 미래를 예측하기 위해 제기되어야 할 중요한 문제의 적어도 몇 가지가 명확해진다. 역사가가 그러한 문제에 답할 특별한 능력을 가지고 있는 것은 아니다. 하지만 그럼에도 불구하고, 충분한 확신을 갖지는 못하지만, 내 나름의 미래에 대한 변변치 않은 추측을 아래에 기술해 보고자 한다.

우선 관료 내부의 사고는 금후 어떠한 경향을 나타낼 것인가. 여기서는 두 가지 사실을 염두에 두어야 한다. 첫째로 관료는 굉장한 지적 관성(慣性)을 가지고 있다는 사실이다.

제2차대전 후 20년을 거친 1960년대에 있어서도 외교관계의 관료기구 내의 대부분의 사람들은 러스크장관이나 기타 많은 국무차관보를 포함하여 여론과 의회가 금후에도 고립주의를 계속 지지해 나갈 것으로 간주하고 있었다. 한 예로, 일찍이 1956년 당시부터 중소(中蘇)대립을 인정하는 사람이 나왔음에도 불구하고, 상당수의 관료들이 중국을 소련의 유순한 위성국으로 간주하거나, 공식적으로 이른바 "중소진영"이라고 발언하지 않게 되기까지는 적어도 십수 년의 세월이 흘러야만 했다.

관료조직 내에서 대외인식이 급격히 바뀌는 것은, 예컨대 1944년부터 46년 사이의 국무부 내에서 보여진 바와 같이, 기구상, 인사상의 대규모 변동이 발생했을 때뿐이다.

따라서 미래를 추측할 때에 관료라는 것은 어제 생각했던 것을 내일도 또한 생각할 것이라고 예측해야 하고, 그 예측은 대변동이 발생하지 않는 한 일단 그르치는 일은 없다고 보아도 좋다.

군부 내에서는 관료들의 견해가 대체로 연속성을 견지한다고 기대해도 좋은 이유가 여러 가지 있을 것 같다.

해군의 일부는 다음과 같은 것을, 즉 잠수함대가 핵 억지에 일정한 역할을 수행하고 있는 것이므로, 소련과 중국의 위협이 지금까지와 비교해서 사라진 것은 아니라는 점을 대통령이나 의회에 강조함으로써 기득 권익을 계속 지키려고 할 것이다. 또한 해군의 다른 부국에서는 항공모함이나 그 특별편성함대의 증강을 정당화하기 위하여 미국의 해공군이 세계의 모든 장소에서 항상 활용할 수 있는 것이어야 한다는, 전략상의 전제조건이 채워져야 한다는 것을 계속 주장할 것이다.

금후 어떠한 변화가 일어날지 모르지만, 그러나 아마도 1983년의 각서는 실질적으로는 1973년의 내용이나 1963년의 그것과 거의 다를 바 없는 것이라고 생각해도 좋다.

공군장교들도 또한 임박한 핵 위협의 존재를 인정하도록 강하게 요청할 것으로 예상해도 좋다.

많은 장교들은 금후 수년간은 베트남전쟁에서의 공군의 역할에 돌려졌던 비판에 답하기 위해, 갖가지 행동을 취할 것이다. 그리고 그들은 다음과 같은 공식견해를, 즉 베트남의 실패원인은 북베트남에 전면적·단기적 군사행동을 가해야 한다고 공군이 재차 권고했음에도 불구하고, 그에 따르지 않고 공중폭격의 단계적 확대를 행했던 데에 있다고 하는 견해를, 현재도 표명하고 있고 앞으로도 표명할 것이다. 그 때문에 공군장교들은 관료 중에서도 가장 강경한 "매파"가 될 것이고, 과거 10년간에 그들이 통합참모본부의장 직위를 얻지 못했으므로, 1983년 이전에는 확실히 그들 중 한 사람이 의장으로 선발될 것이다.

육군에 대해서는 예측하기가 다소 더 어렵다. 육군은 베트남전쟁에, 해군이나 공군 쌍방만큼 깊숙이 개입한 것은 아니지만 육군의 중·상층부에는 베트남전쟁이 절대적으로 잘못된 것이고, 또한 전쟁에 의해 군대에 현저한 손해가 입혀졌다고 간주하고 있는 장교가 많이 있다. 어쨌든 그러한 장교가 세력을 확장할지의 여부는 확실하지 않다. 만일 그들이 세력을 확장한다면, 금후 10년간 육군은 아마도 "다시는 안하겠다"는 자세를 취할 것이다. 하지만 세력을 확장하지 못하는 경우에는 육군의 태도는 공군의 그것과 비슷한 것이 될 가능성이 있다.

국무부관료에 관한 미래를 예측하려고 할 때에는, 이미 기술한 바와 같은 점만이 아니라 국무부의 전통, 인사제도, 그리고 기구 전체가 해외주재 외교관을 중요시하고 있다는 사실도 염두에 두어야 한다. 취해야 할 수단을 가장 정확히 판단할 수 있는 것은 현장에 있는 인간이라는 것이 외교관의 교의(敎義)이다. 그러므로 국무부의 태도의 미래를 예측하기 위해서는, 미국의 재외관료기구 중 대사나 공사, 정치문제 담당관들 사이에서 보여지게 될 듯한 장래의 태도에 대하여 우선 충분히 고찰해야만 한다.

이른바 지적 관성은 그들의 경우 극한까지 치닫기 쉽다. 즉 어느 특정 국가 수도에서의, 예컨대 1983년의 전문 철 내용이 본질적으로 1973년의 그것과 거의 다를 바 없다고 예상할 수 있는 것이다. 우호국가에 있는 재외공관에서의 정보는, 여전히 다음과 같은 것을, 즉 그 나라가 미국의 이익에 있어서 정치적으로 긴요하고, 따라서 미국이 대외공약을 다하지 못하고 원조 등의 수단에 의해 현정권——가령 어떠한 정권이든——에의 배려를 끊임없이 기울일 것을 확약하지 않으면 심각한 일이 된다고 예측할 것이 틀림없다.

비우호국의 재외공관에서의 전문에서는, 현지에서는 미국에의 존경심이 보이지 않고 적대적 의도가 있다고 생각되는 증거에만 주의가 돌려지고, 또한 외교상의 곤란한 거래를 타개할 수 있는 것은 교묘한 협상자를 기다리는 수밖에 없다는 것이 늘 시사될 것이다.

미국의 외교관들은 미국의 의사제국적(擬似帝國的) 외교자세 자체 속에 기득 권익을 구축해왔다. 그들은 간단히 그 자세를 바꾸려 하지 않을 것이고, 대통령부와 의회에서 전개되는 정치나 본국의 여론 등의 현실에서 아득히 떨어진 곳에서 생활하고 있기 때문에, 그들이 자세를 바꾸는 일은 그만큼 더 어렵다.

첩보기구에 대해서는 여기서 언급할 정도의 충분한 지식을 갖추고 있지 못하다. 하지만 아마도 CIA의 정보분석 담당자들은 지금까지와 마찬가지로 행동할 것으로 생각된다. 즉 해외 여러 지역이 가지고 있는 중요성에 대해서는 재외지국의 판단을 보강하는 부류의 보고를 작성하지만, 그 이상으로 그들 지역에서의 사건이 얼마나 복잡하고, 그 사건을 미국에게 유리한 방향으로 전개할 수 있는 행동방침을 만들어내는 것이 얼마나 곤란한가 하는 점에 주의를 환기시키는 부류의 보고서도 작성할 것이다. 한편 첩보기관의 작전담당관들은 선과 악의 두 세력이 전세계에서 격전을 벌일 것으로 간주하고, 선의 세력을 돕기 위한 "간계"를 앞으로도 변함없이 획책할 것이다.

바꾸어 말하면, 내 예측은 이렇게 정리된다. 외교·안전보장문제 관계의 관료 전체에 대해서는, 그다지 변화가 보여지지 않는다——다만 "매파"적인 군부관료기구에 대해서는, 육군장교 중에는 분명한 이단분자가 있기 때문에 1950년대 후반과 마찬가지로 기구 내에서의 일치는 볼 수 없게 될 것이다. 또한 현지 지향형의 국무부는 대체로 현상유지를 꾀하며 영향력을 행사하려고 할 것이고, 첩보관료기구는 기구 내부에서 상당히 분열증적 현상을 띠게 될 것이다.

그리고 가령 관료기구의 태도에 변화가 발생하는 일이 있다 해도 그 변화는 매우 완만한 것이 될 것이다. 결국, 만일 관료정치가 정책결정의 유일한 요인이라면, 우리 나라는 아마 베트남에 백만 내지 그 이상의 군대를 파병하여 전투를 계속하면서 70년대를 맞았을 것이다. 그리고 오늘 다른 요인이 변화한 탓에 만들어지고 있는 변화는, 아마도 금후 10년이 지나고 나서야 겨우 관료들의 태도 속에 표면화될 것이다.

또 한편, 관료기구 상호간의 관계는, 그보다도 급격한 변모를 이룰 것 같다. 그것은 펜타곤에서 국방장관실의 권한이 서서히 약화되고 있는 것에 이미 나타나고 있다. 나는 금후 10년간은 방위예산의 배분이 비교적 긴축되리라는 가정에 서서, 국방장관이 참모총장들과의 관계에서는 "동년배 중의 최고위자" 이상으로는 결코 되지 않을 것으로 예측한다. 또한 어떤 대통령이나 국방장관도 통합참모본부의장으로 강력한 인물이 나오는 것을 바라지 않을 것이므로, 군의 각 기구는 각기 현재보다 비교적 독자의 행동을 취하게 될 것으로 예상된다.

국무부에서는 지역별 각 부국은 아마도 전통적 조직의 규정을 지켜나갈 것이다. 우선 유럽이나 동아시아와 중동은 각기 제1, 제2, 제3위에 위치하고, 라틴아메리카와 아프리카는 훨씬 하위로 밀려날 가능성이 있다. 또한 이른바 기능별 각 부국이 놀라울 만큼 발언권을 늘리거나 높은 지위를 얻게 되리라고는 도저히 생각되지 않는다. 또한 국무부 내에서 어떤 중요한 기구상의 변화가 발생할 가능성이 적어도 꽤 높다.

닉슨정권 초기이래 국무부의 거의 총체적인 권한의 쇠퇴에 의해, 국무부가 해외로부터의 상황보고 수집능력은 별도로 하고, 상황분석 능력의 점에서 뒤떨어졌음이 새삼 인식되었다. 따라서 엘리오트 리차드슨이 국무차관으로서 계획사정전문부국을 창설하려고 했다. 어떤 점에서 그러한 전문부국은 국무부의 상층부에, 단순히 백악관의 전문직원과 경합하는 힘을 줄뿐 아니라 지역 담당의 부국들이나 재외공관에 대해서도 상당한 영향력을 현실적으로 행사할 수 있는 힘도 부여하게 될지 모른다. 만일 그렇게 된다면, 국무부의 전체상은 지금까지와 전혀 다른 것으로 될 것이다.

CIA내부에서는, 세력관계는 작전담당관에서 정보분석담당관에로 이행할 가능성이 있다. 한편으로 동남아시아 전쟁이 만족스럽지는 않으나 그럭저럭 종결을 보이려 하는 탓에 지금까지 적극적으로 현지에서 활약하고 있던 상당수의 첩보부원들은 아마 연금지급을 받고 퇴직하게 될 것이다. 게다가 정보수집수단에서의 과학기술의 발달이 아마도 인간 스파이를 갈수록 시대에 뒤진 것으로 만들 것이 틀림없다.

워싱턴과 재외공관의 일반적 관계에 관한 문제에 대해서는 다음과 같이 예측하고 싶다. 재외공관의 자세에 중요한 변화가 보여지지 않는 한, 재외공관의 영향력은 서서히 감소할 것이다. 사실, 만일 국무부의 최상층부 사람들이 지금까지보다 강한 영향력을 갖게 된다면, 이 경향은 갈수록 가속될 것이다. 그리고 어차피 그렇게 될 것이 틀림없다.

그 이유의 하나는, 백악관의 기구가 다음 10년간에 이전처럼 약해지지 않는다고 예측하고 있는 데에 있다. 장래의 대통령은 아마도 각 부국 관료기구의 독자성을 오히려 바람직한 것으로 간주할 것이다.

또한 내가 추측하는 바, 국가안전보장회의의 기구가 너무나 비대해지고 관료화되어 버렸기 때문에——예컨대 과거 닉슨대통령이, 예산국이 행하고 있던 직무를 새로운 내정기구로 이관시켜야만 한다고 생각하게 되었듯이—— 대통령이 국가안전보장회의와는 다른 새로운 조직을 만들어야 한다고 생각하게 되기까지는, 앞으로 적어도 10년은 걸릴 것이다.

재외공관과 워싱턴의 관계를 위와 같이 예측한 두 번째 이유는, 금후 10년간에 국내문제 담당기관들이 관료기구 전체 속에서 차지하는 권력과 영향력이 앞으로도 계속 놀라울 만큼 증대한다고 나 자신 믿고 있는데 있다. 물론 국내문제의 중요성은, 최근 더욱 중요한 것으로 인식되고 있다. 환경보호국과 같은 새로운 기관에, 아니 보건교육후생부와 같은 예로부터 있는 기관조차 유능한 인재가 모여들게 되었다.

이와 대조적으로, 외교·국방관계의 관료기구에는 이미 일류인재가 가지 않게 되었다. 물론 국내문제를 해결할 전망이 어두워지고, 그 때문에 전체의 예측을 바꾸어야만 하는 사태도 생각할 수 있지만, 내가 보는 바로는, 52대 48로 그러한 사태가 되지 않을 것으로 생각한다.

전체적으로 나는 관료정치가 1973년부터 83년 사이에 지금처럼 중요하지는 않게 될 것으로 생각한다. 관료기구가 대폭으로 바뀌는 일은 일단 없을 테지만, 그 자체가 지금보다 분산화 경향을 나타내는 것은 생각할 수 있다. 그 때문에 대통령은 지금보다 관료기구의 구속에서 벗어나게 될 것이다. 그리고 내정관계의 각 기관의 세력이 증대하는 한편으로 안전보장 관계의 기관들의 영향력은 감소해갈 것이다. 또한 베트남이 사람들의 기억에 강렬하게 남아있는 한, 대통령이나 의회, 여론은 어느 쪽이냐 하면, 외교·군사관계 사람들을 그다지 신뢰하지 않을 것이다.

여기서 이른바 대통령을 둘러싼 정치를 감히 검토의 소재로 삼는다면, 다음 10년간에 대통령이 될 남성(내지 여성)은 모두 외교문제에 관하여, 두 사람의 루즈벨트나 윌슨, 트루먼, 케네디, 존슨이 취한 노선보다 오히려 후버나 아이젠하워, 닉슨의 노선에 가까워질 것이라고 주저 없이 예측하고 싶다. 그 대통령들은 어느 정도 근사하게 진군 나팔을 분다고 하더라도 전쟁의 위험을 범하는데 주저할 것이다. 베트남전쟁의 기억이 있기 때문에 그들은 대외문제에 큰 영향력을 가질 수 있는 가능성에는, 비관적으로 되지 않을 수 없을 것이다. 그래서 오히려 내정영역에서 업적달성의 호기를 발견하려고 할 것이고, 가령 외교영역에서 그 기회를 찾았다 하더라도 그것은 분쟁의 해결사나 조정자 내지 화해의 추진자로서의 역할에 스스로를 한정하게 될 것이다.

입법부는 과거 수년간보다 약간이나마 세력을 확장할 것이 틀림없다. 이것은 한편으로 대통령이 국민의 비난을 받을 만한 결정에 억지로 의회를 간여시키려고 하기 때문이다. 금후 상황이 어떻게 변하든, 의회가 제2차대전 전과 같은 역할을 하는 일은 일단 없을 것이다. 선거운동에 너무나 많은 시간과 정력을 소모하게 되었기 때문에 의원은 상원의원조차 광범위에 걸친 복잡한 문제를 처리할 만큼의 시간을 충분히 가질 수 없게 되었다.

고참우대제(seniority system)가 그것을 구하는 구제책이 될 가능성도 있으나, 장년 그 제도 아래서 너무나 빈번하게 부적격한 인재가 부적격한 부서에 배치되어 왔던 것이 오늘 명백히 드러나고 있다. 게다가 가령, 대규모 전문직원집단을 결집했다 하더라도 그들을 충분히 활용하기는 어렵다. 따라서 금후 10년간은 행정부 지배가 여전히 지속된다고 보아도 좋다.

의회 내부에서는, 베트남전쟁을 둘러싼 논쟁에서 이른바 "비둘기파"에 속하는 상하 양원의원의 영향력이 증대할 것으로 기대된다. 그 중에는 고참의원도 몇몇 있지만 대체로 젊은 의원들이 많았다. 그리고 금후의 선거에서, 최근 행해진 어느 선거보다도 더 오늘 세력을 가지고 있는 사람들이 패배하지 않는 한, 이들 과거의 “비둘기파” 의원들이 상하 양원의 외교위원회뿐 아니라 군사위원회, 재정위원회, 세입위원회에서도 갈수록 강한 발언권을 갖게 될 것이다. 이러한 변화 속에서 연방최고법원의 예산재배분 판결이 마침내 효과를 보이기 시작하는 것과 맞물려, 금후 10년 사이에 양원 모두 외국에의 위험한 개입에 반대하고, 군사지출에 회의적이 되고, 내정문제를 강조하는 경향을 강화하게 될 것이다.

마지막으로 여론에 대한 이야기로 화제를 돌리면, 무엇보다도 우선, 여론의 형태나 성격에 극적인 영향력을 가질 만한 사건을 개략적으로 관찰하는 것에서 시작해야 한다. 그러나 그 전에 여론에 중대한 충격을 주는 것이 단일의 사건이 아니라고 하는 점에 주의해둘 필요가 있다.

1930년대의 미국 여론이 변화한 것은, 단일 사건의 발생에 의한 것이 아니다. 오히려 아시아에서는 만주사변을 계기로 시작되고, 유럽에서는 나치·독일의 일방적 재군비 선언을 계기로 시작된 그 연속된 일련의 사건 전체를 계기로 삼고 있다. 파나이 사건이나 뮌헨의 유화, 폴란드 침공, 또는 프랑스 항복조차 그 이전에 보여졌던 중대한 사태의 진전이 없었다면, 그러한 사건의 전개는 보여지지 않았을 것이다.

진주만 공격의 경우는 그 예외일지 모르지만, 그러나 그 진주만조차 지금까지 만들어져 있던 국제환경의 틀 밖에서는 결코 일어날 수 없는 것이었을 것이다. 마찬가지로 반소련적인 국민적 합의가 만들어지기 위해서는, 1944년부터 48년 사이에 발생한 엄청난 수에 이르는 사건이 존재하지 않으면 안되었고, 또한 그 이전에 발생한, 독소불가침조약이라든가 핀란드와의 겨울전쟁과 같은 사건이 없었다면 아무리 보더라도 그 반소련적인 국민적 합의가 그토록 급속하게 만들어지는 일은 없었을 것으로 생각된다.

아마 금후에도 진주만 공격에 필적하거나 그 이상의 기습이 없으면, 단 하나의 사건에 의해 미국의 외교정책 여론의 성격이나 구성, 경향성이 바뀌는 일은 일단 없다고 보아도 좋다.

따라서 여기서 제기되어야 할 중심문제는, 대체 금후 미국의 여론에 상당한 영향을 줄만한 해외의 시국 추세는 무엇인가 하는 문제이다. 그러므로 오늘의 여론이 당연 고립주의적 경향으로 향할 것으로 생각해 두어도 좋다. 과거 1969년의 여론조사에서 밝혀진 바에 따르면, 국민의 4분의 3이 가령 태국, 일본, 베를린에 대하여 공산주의자가 공공연히 침략을 시작한 경우에도 미국이 그것에 대응하기 위해 무력을 행사하는 데에는 회의적인 태도를 보이고 있다.

또한 그때 이래 여론조사에 연이어 나타나고 있는 바에 따르면, 가상 적국에 대하여 미국이 군사적 우위에 설 필요는 없다고 하는 견해가, 제2차대전후 처음으로 과반수의 국민에 의해 받아들여지기까지에 이르렀다.[9] 국제문제에 특히 강한 관심을 가지고 있는 국민

---

9) "The Limits of Commitment: *A Time*——Louis Harris Poll," *Time*, XCIII (May 2, 1969), pp. 16-17; "Not So Hawkish: The Results of Polls on Millitary Spending," *Nation*, CCXI (Oct. 19, 1970), p. 354.

사이에서 이와 동일한 비율이 계속 유지되는 일은 일단 없을 테지만, 그래도 이 조사의 결과가 시사적임에는 틀림이 없다.

물론 그렇다고 해서, 이와 반대의 가능성을 완전히 무시해도 좋은 것은 아니다. 여론의 태도를 좌우하는 일련의 사건은 반드시 연속하여 나타날 필요는 없다. 만주사변은 약 10년간 침묵을 지키고 있던 일본의 두려움을 다시 각성시켰다. 또한 소련이 갑자기 유고슬라비아. 터키, 이란을 비롯한 인근 국가들에 일종의 침략적 행동을 일으키거나 전략무기제한협정을 공공연히 침범하게 되면, 금방이라도 다시 경보를 울리게 될 것이다. 중국이 침략행위로 나선 경우에도 비슷한 사태가 될 것이다.

그 점에 관해서는 독일인과 일본인에 대한 불신감이 전면적으로 불식된 것은 아니므로, 서독이나 일본의 행동에 관해서도 동일한 말을 할 수 있다. 또한 의심할 여지없이 최초의 사건에 이어지는 제2, 제3의 사건이 여론의 감정을 현저하게 높이게 될 것이다.

그러나 여론이 그러한 사건에 직면하여 체험하는 놀라움은, 1930년대나 제2차대전 후의 20년간의 그것과는 어딘가 다른 것으로 될 것이다. 미국은 사회적 세속화 경향이 가속도적으로 진행되고, 특히 그 경향은 외교정책 여론을 형성하는 유복하고 교육이 있는 집단에 오늘날 현저하게 반영하고 있다. 또한 이탈리아계 미국인이나 폴란드계 미국인과 같은 인종집단의 현세대는 자기들의 선조의 땅에 대한 애착을 갈수록 상실해가고 있다.

아마도 금후 10년간의 어느 시기에도 종교적 확신이나 선조의 땅에 대한 내셔널리즘에 뿌리박은 감정이 과거의 그것과 비슷한 형태로 재현하는 일은 거의 생각할 수 없을 것이다.

게다가 1960년대의 반전운동 영향을 받은 사람들이 아마도 금후 갈수록 사회의 지배계층을 형성해 나가게 될 것이다. 물론 과거 30년대 후반의 사건 중에서 고립주의 지도자가 신뢰를 잃고, 집단안전보장의 제창자들이 재차 등장하게 된 것처럼, 해외에서 돌발사태가 발생하고, 베트남 반전운동의 지도자의 신용을 실추하고, 다른 사람들이 등장하는 일도 생각할 수 없는 것은 아니다.

하지만 가령 그렇다 하더라도 지배계층의 대부분의 사람들은, 아무리 낙관적으로 추정하더라도 비유화주의의 부활에 저항하고, 도미노이론의 비유에 불신감을 품고, 장기화한 분쟁에 대한 지지를 여론에서 얻을 가능성에 회의적으로 될 것으로 예상된다. 실제로 여론의 대폭적 변화가 생각되지 않는 한, 여론이 장기화한 분쟁을 지지하는 일은 일단 있을 수 없을 것이다.

관료와 대통령, 입법부 등을 둘러싼 정치상황이나 여론이 금후 서로 어떻게 작용할지 추찰함으로써 나는 다음의 10년간에 또다시 냉전으로 회귀하는 일이 일단 있을 수 없음을 매우 강한 확신을 가지고 예측하고 싶다. 또한 그것만큼 확신은 갖지 않는다 해도, 전쟁기간의 고립주의와 같은 것으로 회귀하는 일도 거의 없다고 예측하고 싶다.

그 대신 관료기구와 여론 쌍방이 갖는 상호 모순하는 견인력이 작용하여 대통령과 의회가 움직이고, 공산주의국가에 대한, 전쟁으로 치닫지 않는 형태에서의 적대관계가 계속 유지될 것이다. 또한 그 적대관계는 가령 1968년의 소련의 체코슬로바키아 침입 때에 보여졌던 것 이상으로는 결코 악화하는 일이 없을 테지만, 1972년에 있었던 닉슨대통령의 모스크바 방문 때만큼 우호적인 것으로 변화하는 일도 없을 것이다.

마찬가지로 모순된 견인력이 작용하여 미국은, 전쟁개입의 위험을 줄이기 위해 미국의 대외공약을 서서히 재정의하게 될 것이다. 그러나 그것도 서구와 일본과 이스라엘의 방위에 관해서는 예외가 될 것이고, 또한 국제정치의 현상을 지키는 수호자로서의 자세를 허물지 않는 형태로 행해질 것이다. 바꾸어 말하면, 1969년 7월의 닉슨대통령의 괌 연설에서 예고되었던 노선이 금후 계승 발전해 갈 것으로 예측할 수 있다.

즉 비공산주의 국가들과의 동맹관계를 유지하고, 군사·경제원조를(적어도 미국의 국민총생산과 연방예산의 전체세출과의 비율에서는) 끊임없이 감소시키면서도 지속적으로 행하고, 핵에 의하지 않는 동맹국에 대한 미국의, 단독 내지 집단적 방위부담 의무를, 서서히 동맹국 스스로에게 지우게 될 것이다.

유감이지만 나는 또한 자기들이 비교적 가난하다고 민중이 생각하고 있는 지구상의 대부분의 지역에, 미국경제가 진출해 가는 것에서 발생하는 문제에 대하여, 미국은 단지 한때의 임시방편 정책을 금후에도 오랫동안 취할 것으로 예상한다. 그것을 유감이라고 말하는 것도, 내가 보는 바, 그들 민중이 미국경제에 대하여 가지고 있는 반발이야말로 아마도 다음의 10년 내지 그 다음의 10년간의 언젠가에, 미국 외교정책의 전기를 만드는 갖가지 사건을 낳게 될 것이 틀림없다고 예측하기 때문이다.

제7장 역사가의 책무

정부관리 중에서도 과거의 경험에 기초한 추론을 지금보다 비판적·체계적으로 행해야 한다고 생각하고 있는 자는, 전문역사가의 업적을 최고도로 활용할 수 있는 방법을 검토하고 있는 역사학자들의 지원을 요청해야 할 것이다.

만일 정부 고관이나 고문들이 과거에 관한 독자의 정보와 생각을 역사가로부터 제공받았다면, 이 책에서 자세히 다루어온 역사상의 예화 중에서 그들은 더욱 의미 있는 영향을 정책에 반영시켰을 것이 틀림없다.

예컨대 브레튼우즈 회의를 앞둔 교섭자들이 만일 전쟁기의 경제사를 분석하고 있었다면, 제1차대전 후의 시대의 특징이 제2차대전 후에 재현할 것 같지 않은 부류의 것임을 깨달았을 것이다. 또한 애치슨-릴리엔솔 계획안과 바루크 계획안의 작성자들이 1920년대에 관한 자료를 검토했다면 영미일 3국간의 해군군축교섭이 미소간의 핵무기 국제관리교섭과 분명히 다른 요인이 있었음을 알 수 있었을 것이다. 50년대에 트루먼과 그 고문들은 북한의 남한침공을 이탈리아의 에티오피아 침략이나 나치의 오스트리아, 체코슬로바키아 침략과 많은 점에서 달랐다는 것에 주의를 기울일 수도 있었을 것이다.

또한 조지 볼이 제1차 자료에 정통한 학자의 조언을 얻었다면, 아마도 60년대의 베트남이 50년대의 한반도와 이질의 것임을 지적하고, 그에 기초하여 더욱 설득력 있는 각서를 쓸 수도 있었을 것이다. 또 만일 케네디와 존슨이 역사가에게 의뢰하여 "중국상실"에 관한 여론의 비등 요인을 분석케 했다면, 그 비등을 가져온 요인의 다수가 특수한 것으로 결코 재발하는 부류의 것이 아님을 발견했을 것이 틀림없다.

물론 역사가만이 미래의 정책 조언자가 될 수 있다고까지 주장할 생각은 없다. 다른 분야에서도 그러하지만, 역사가의 경우에도 그러한 능력이 있는 자가 있는가 하면 없는 자도 있다. 케네디가 아더 슐레진저 주니어의 조언을 높이 평가할 수 있었던 것도 역사학교수로서의 그의 과거 경력이 크게 유용했기 때문이다.

예를 들면, 1961년에 케네디가 연립정권 계획안을 포함한 라오스 문제의 해결책에 골몰하고 있을 때, 어차피 연립정권은 공산주의자에게 찬탈당할 것이 틀림없다는 경고를 받고, 체코슬로바키아가 그 선례로서 예거되었다. 하지만 그때 슐레진저는 체코슬로바키아와는 다른 선례가 있음을 대통령에게 상기시키고, 체코와 같은 결과가 되지 않았던 예로서 제2차대전 후의 프랑스와 이탈리아의 예나, 라틴아메리카 국가들의 예를 지적할 수 있었던 것이다.

그리고 아마도 존슨정권의 기록이 공개되는 날이 오면, 에릭 골드맨이 미국사의 전문지식을 살려 특히 대통령에게 유용한 정보를 제공했다는 기록이 밝혀지게 될지도 모른다. 또한 헨리 키신저는 정치학자이기도 했으나 과거에 비스마르크와 메테르니히에 관한 역사연구를 했던 일이 있고, 그 지식과 경험이 있었기 때문에 닉슨정권의 사실상의 국무장관으로서의 중책을 수행할 수 있었을 것이다.

이에 대하여 월트 로스토의 경우에는 역사분야뿐만 아니라 다른 전문분야에 있어서도 사려를 결여한 조언자가 있음을 제시하는 좋은 예가 되었다.

여기서 나는 정책결정과정에서 역사가 더욱 주의 깊게 채용되어야 한다는 점을 역설하는 것인데, 그렇다고 해서 역사가 경제학이나 자연과학의 경우와 마찬가지로, 경제자문위원회나 대통령과학자문위원회 같은 성직자 집단을 필요로 할만큼 심원한 학문이라고까지 주장할 생각은 없다.

다만 강조하고 싶은 것은, 역사가에게도 계리사나 통계학자처럼 특정의 제1차 자료를 처리할 수 있는 자격인증서와 같은 것이 만들어져야 한다는 점이고, 정책조언자나 정책결정자가 역사가의 효과적 이용법을 발견하지 못하는 한, 금후에도 정치과정에서 역사는 적절히 채용될 것 같지 않다는 우려이다.

역사가의 임무 중 하나는, 대외 사건에 관한 장기적 전망을 제시하는데 있다. 물론 역사가의 해석에는 일정한 편견이 뒤따른다. 1961년의 베트남반란에 관한 설명을 요구받더라도, 디엠에게 호의적인 역사가는 호치민에게 동정적인 역사가와는 다른 설명을 했을 것이 틀림없다. 그러나 만일 성실한 역사가라면, 입증 가능한 사실과 단순한 추측을 구별하고, 자기가 내린 총괄적 결론이 입수 가능한 증거에 의해 뒷받침되어 있는지 아닌지에 더욱 깊은 배려를 기울였을 것이다.

그 결과 베트남전쟁을 내전으로 보는 가설도, 사이공 독립정부의 전복을 꾀하는 하노이 측의 음모로 보는 가설도 함께 고찰대상으로 삼지 않을 수 없었을 것이다. 만일 새로이 정권을 잡은 케네디정권의 각료들이 이 가설의 어느 한쪽에 관해서라도 소문을 듣거나 읽어봤다면 공산주의자의 장년의 준비에 기초한 예정표에 따라 공격에 직면한 자유국가로서, 남베트남을 보는 견해에 더욱 회의적으로 되어도 좋았을 것이다.

물론 여기서 공평을 기하기 위하여 베트남 전쟁의 원인에 대하여 정확한 정보를 제공하고 있던 관료도 있었음을 언급하지 않으면 안된다. 당시 CIA나 국무부 정보조사국의 정보분석담당관 중에는, 베트남정세를 장기에 걸쳐서 추적하고 있던 사람도 있었다. 그들은 남베트남이 승리할 것인가, 아니면 미국이 결국 북베트남에 강제력을 행사해야만 하는가 라는 전망을 물었을 때, 하나같이 비관론을 펴고 있었다.[1]

이 장에서의 주장의 몇 가지는 拙稿 "A Case for 'Court Historians'," *Perspectives in American History*, III (1969), pp. 413-34 중의 주장과 부합하는 부분이 있다. 이 원고와 본장의 작성에 있어서는 1967년 여름에 많은 정부측 고위관리와의 인터뷰 취재를 해준 리차드 L. 바크맨에게 특히 힘입은 바가 많다. 또한 이하의 주(注)에서 언급되지 않았으나 다음 저작에서도 배운 바가 많았다. Arthur M. Schlesinger, Jr., "The Historian and History," *Foreign Affairs*, XLI (April 1963), pp. 491-97; Herbert Feis, "The Shackled Historian," *ibid.*, XLV (Jan. 1967), pp. 332-43. 그리고, Francis L. Loewenheim, ed., *The Historian and the Diplomat: The Role of History and Historians in American Foreign Policy* (New York: Harper and Row, 1967.).

1) 예컨대 다음을 참고. *The Pentagon Papers: The Defense Department History of the United States Decisionmaking in Vietnam*, 4 vols. (The Senator Gravel edition; Boston: Beacon Press, 1971), II. p, 69, III, pp, 101, 206, 303; IV, pp. 77, 89-90, 414-15.

게다가 그때 만일 더욱 자세한 설명을 요구받았다면, 아마도 그들은 그 지역의 복잡한 역사에 대해 언급했을 것이 틀림없다. 그러나 그들에게 조언은 요구되지 않았다. 실제로 버나드 폴과 같은 프랑스의 베트남경험에 정통한 몇몇 저널리스트를 제외하면, 과거의 베트남 정세에 대하여 정부관리들을 교육하려고 한 자는 한 사람도 없었던 것이다. 지금 회상해보면 그것은 여하튼 불행한 사태였다고 말하지 않을 수 없다.

이러한 점에서 우리는 정보분석담당관들이 역사에 대해서 더 많이 말해야 한다는 교훈을 끌어낼 수 있을지도 모른다. 그러나 그것은 원래 그들의 직무가 아니고, 더구나 그들이 가령 과거에 역사가로서의 교육을 받았다 하더라도, 흔히 있는 일이지만, 직업으로서 역사연구에는 종사하지 않았다. 그 때문에 가령 역사에 대하여 말했다 하더라도 거기에는 학자의 권위가——즉 직업으로서 역사기록의 연구에 열중하고, 동종의 공부를 하는 동료나 학생과의 끊임없는 교류 속에서 자기사상의 탁마를 꾀하는 데서 오는, 그 학자의 권위가——보여지지 않는다.

어쩌면 고관들은 역사라는 것을, 그것이 어떤 종류의 인간에 의해 쓰여진 것이든 차분하게 앉아서 읽으려고 하지 않는다. 정보분석담당자들이 역사를 그다지 말하려 하지 않는 것은, 본질적인 것으로 간주되지 않는 자료에 의해, 다망한 상사를 따분하게 만드는 것을 우려하기 때문이기도 하다. 또한 만일 고관들이 역사를 이해해야 한다는 것을 깨달았을 때에는, 마땅히 전문 역사가를 불러 가르침을 받으면 충분하기 때문이기도 하다.

정부부문의 사람은 미국의 과거정책에 관해서도 역사가로부터 정보를 구해야 할 것이다. 법률사무소나 기업에서, 때로는 대학에서도 정부요직에 오르는 사람이 새로운 직무의 현재와 과거에 대하여, 토박이 관료들의 설명을 들어야 하는 일이 종종 있다. 관료들은 효과적으로 설명하는 일도 있고 하지 못하는 경우도 있다. 국무부와 국방부의 고관은 2, 3년마다 부서를 옮겨다녀야 하기 때문에 특정문제에 깊은 지식을 갖추고 있는 사람은 거의 없다. 그들의 관심은 아무래도 당면의 문제에 돌려지기 쉽고, 가령 미래를 예측하려 하더라도 그것은 미래에 대하여 그들이 품는 희망적 관측으로 흐려지게 된다.

케네디에게 임용된 사람이 정부의 요직에 올랐을 때, 베트남 자체의 과거에 대하여 거의 설명을 받은 일도 없고, 다만 아이젠하워정권이 이미 사이공에 비공산주의 체제를 유지한다고 하는 견고한 공약을 주었던 사실만이 알려졌다. 아마도 그들은 이 설명을 액면 그대로 받아들이고, 그 때문에 이 설명의 전면적 영향을 받게 되었을 것이다. 어쨌든 후에 맥나마라 장관은 만난(萬難)을 배제해서라도 이 공약을 견지해야 한다는 이유로서, 무엇보다도 1954년이래 베트남이 "미국에 있어서 공산주의자의 <민족해방전쟁>과 싸우는 나라를 돕는 힘을 갖추고 있는가 아닌가를 시험하는 시금석"이라고 하는 이유를, 당연한 사실인 것처럼 내걸었던 것이다.[2)]

아마도 아이젠하워 정권은 단계를 거쳐서 서서히 그러한 노선을 취하기에 이르렀을 것이다. 아니 적어도 당시의 아이젠하워 정권의 지도자는 남베트남에 대하여 미국이 무한의 책무를 지고 있다고까지는 간주하지 않았을 것이다. 하지만 이 점에 대해서는 <펜타곤문서>에 의해서조차 거의 밝힐 수 없는 것이므로 여기서도 명확한 것은 말할 수 없다. 그러나 토박이 관료로 기록문서에 정통했던 CIA의 조

---

2) *Ibid.*, III, p. 500.

지 카버는 후에 존슨을 향해 아이젠하워의 정책으로 되돌아가도록 주장하고, 또한 그가 말하는 아이젠하워의 정책이란, 사이공정부에 대한 한정적 원조—— 즉 사이공정부가 주로 자국의 자원을 통해 승리할 수 있는 능력을 나타내는 한 원조한다는 정책——에 다름 아니었던 것이다.[3]

대체로 관료기구 내의 동남아시아 지역의 전문가는 미국의 대외공약이 명확한 것이어야 한다고 확신하고 있었으므로 새롭게 정부의 요직에 앉은 사람들에게 애매한 과거에 대해 알리기를 꺼려했다. 만일 그때 역사가가 함께 있고 그 애매한 과거를 분명하게 상기시켰다면, 사태는 다른 방향으로 움직였을 지도 모른다.

더구나 대통령에 의해 임명된 사람이 정부에 관한 설명을 역사가로부터 듣는다면 얻는 바가 매우 많을 것이다. 왜냐하면, 새롭게 임명된 그들이 이어나가야 할 것은, 장년에 걸쳐 특이한 성격과 타성을 몸에 익힌 여러 제도이기 때문이다. 그 신임 정부고관들은 취임 후에 이러한 여러 제도에서 자기들이 의도한 결과가 좀처럼 만들어지지 않음을 깨닫는다. 그리고 그들은 제도를 개혁하기 위해 탁상 위의 기구를 주무르기 시작한다. 그러나 그것이 또한 예상했던 결과를 가져오는 일은 거의 없다.

새롭게 정부의 요직에 앉은 자가 역사를 알고 있다면, 그들에게는 그후 으레 경험하는 좌절감에 대하여 심리적 준비가 갖추어질 것이다. 예컨대 국무부내의 사람들이 정부 내부에서는 가장 세련된 최고의 교육을 받고 가장 명석하고 가장 지적인 출세제일주의자라고 널리 인정받고 있음에도 불구하고, 대통령이나 그에게 임명받은 사람

3) *Ibid.*, IV, pp. 89-90.

은, 그러한 관료들의 일솜씨를 보고 흔히 실망한다. 트루먼은 대통령 취임 불과 2개월 후에 "국무부에서는 자기와 함께 일할 수 있는 인재를 거의 찾을 수 없었다"고 말했고, 케네디도 일찍이 "국무부는 뼈가 없는 집단이다"라고 외쳤다.[4)]

대통령을 비롯한 사람들이 그러한 반응을 보이는 것은 그들이 국무부 기구의 발전과정을 제대로 이해하지 못하기 때문이다. 약 4분의 3세기 전의 일인데, 극소수 사람들이 미국도 또한 유럽국가의 궁정 대표자들에 필적하는 직업외교관을 갖추어야 한다고 확신하게 되었다. 그리고 주로 엘리트계층 출신의 지원자들이 그러한 미국의 외교관조직의 중핵이 되었던 것이다.

이 조직이 커지자 국무부의 외교·영사관계의 통신량이 방대한 양으로 늘어나고, 국무장관은 그것을 처리할 책임을 전문관리에게 맡겨야 한다고 생각하게 되었다. 그리고 그 견본을 영국에서 찾았다. 거기서는 외무부에, 외교관직과 완전히 다른 전문직이 있고, 그 전문직 직원은 자라 스타이너의 말을 빌리면, "외교관에 대해 실무나 규칙적인 시간에 익숙하지 못한 '아마추어'로 단지 '화려한 사교가'에 불과하다고 간주할만한" 고도의 전문가 집단에 다름 아니었던 것이다.[5)] 그러나 미국의 자칭 직업외교관들은 의회에 로비활동을 벌이고 국무부에는 많은 외교관이 필요하다는 원칙을 실현시키려 했고 그것에 성공했다.

그렇다고 그후 반드시 이 원칙이 답습된 것은 아니고, 외교관 조

---

4) Walter Millis, ed., *The Forrestal Diaries* (New York: Viking Press, 1951), p. 62; Arthur M. Schlesinger, Jr., *A Thousand Days: John F. Kennedy in the White House* (Boston: Houghton Mifflin, 1965), p. 406.

5) Zara S. Steiner, *The Foreign Office and Foreign Policy, 1898-1914* (Cambridge: Cambridge University Press, 1969), p. 22.

직의 구성은 정기적인 변화를 보여왔지만, 이른바 외교관들은 재외공관뿐 아니라 본부 내에서도 시종 우세를 자랑했다. 따라서 대사관에서의 보고나 대사관에의 훈령을 취사선택했던 사람들은 대사를 이상화하고 장래 자기도 대사가 되고 싶어하는 본부의 외교관에 다름 아니고, 또한 이론상은 본부에서 지령을 주게 되어있는 외국 현지의 선배들에게 자기들의 [대사]승진 여부가 걸려있는 본부의 외교관들이었다.

게다가 몇몇 역사적 이유 때문에 국무부는 국무장관이나 대통령보다 오히려 재외공관에 봉사하고 싶어하는 성향을 갖게 되었다. 사실, 국무부 전체의 승진구조 중에서 워싱턴의 관리가 재외공관의 조언에 반하거나 대사의 행동의 자유를 구속하거나 하는 결정을 내리는 일은 좀처럼 없다. 하지만 만일 대통령과 그에게 임명된 사람이 이러한 국무부의 발전과정에 대하여 가르침을 받았다면, 국무부에 대한 그들의 기대는 더욱 현실적인 것으로 바뀌었을 것이다.

역사가가 역사가로서 공헌할 수 있는 또 하나의 일은, 정치에 관한 논의에서 자주 사용되는 말을 분석하는 것이다. 각각의 말에는, 단순히 어원과 오늘적 의미가 있을 뿐 아니라, 과거의 역사적 문맥에까지 거슬러 올라가는 의미까지도 함축되어 있다.

그러한 것 중에서 가장 깊이 연구되어 있는 말로서, “제국주의”를 들 수 있다. 이 말은 원래 나폴레옹3세 치하의 통치체제를 표현하는 것으로 만들어졌다. 그것이 후에 식민지제국의 확대를 의미하는 것으로 사용되게 되고, 다시 레닌이 자본주의제국에 공통의 팽창주의적 행동양식을 가리켜 일반화시켰을 때 다른 의미를 갖게 되었다. 또한 “나치제국주의”이니 “적색제국주의”라느니 하는 형태로 쓰여지게 되었을 때 다시금 새로운 의미를 포함하게 된 것이다. 이제 이 말

에 관하여 공통의 의미를 발견해 내기는 매우 어렵다.[6)]

동일한 것은 예컨대 전체주의라든가 유화와 같은 단순히 냉전시대의 여론용 정부선전문서 속에서만이 아니고 숙고 끝에 쓰여졌을 보고서나 각서 안에서도 쓰여지게 된 말에 대해서도 말할 수 있다. 그 이외에 또 몇 가지 예를 든다면, 대외공약(commitment), 신빙성(credibility), 공존(coexistence), 억지력(deterrent), 긴장완화(détente)와 같은 중립적 의미를 가진 말에 대해서도 같은 말을 할 수 있다. 빈번하게 사용되는 이러한 말이 갖는 다양한 의미가 역사가들의 조언을 얻음으로써 하여튼 식별은 할 수 있게 될 것이다.

앞의 여러 장에서 시사한 바와 같이, 역사가로서의 기능 중에 역사가에 있어서 가장 중요한 기능은 정부 부내의 사람이 역사상의 대비나 유추, 선례에 근거하여 볼만한 역사상의 사례들을 분석하는 것이다.

물론, 분석을 제시받는 것만으로는, 무엇을 해야 할지 고관들은 잘 모를지도 모른다. 또한 가령 명확한 역사상의 선례에 생각이 미치고, 그것에 의해 자기 행동이 정당화되지 않더라도 고관들은 자기가 의거하는 일반원리 쪽이 옳다고 판단하고 밀고 나갈지도 모른다. 그러나 적어도 역사상의 선례에 반하는 일을 행한 경우에 그들은 그 일반원리에 내재하는 논리 자체를 지금까지보다 비판적인 눈으로 보지 않을 수 없게 될 것이고, 그 선례가 단순한 역사상의 삽화가 아니고, 일반법칙을 만드는 원천이 되고있음을 알게 되면, 선례에 반하는 일을 함으로써 오히려 그들은 사태를 다시 생각하지 않을 수 없게 될

---

6) Richard Koebner and Helmut Dan Schmidt, *Imperialism: The Story and Significance of a Political Word, 1840-1960* (Cambridge University Press, 1964).

것이다.

그러한 임무를 가진 자로서 역사가는, 전장에서 화평을 위한 폭격에 대하여 행한 바와 같은 형태로, 상정되는 일련의 역사적 유추의 실체를 확인하고, 그것을 분석하도록 요청받을지도 모른다. 과거에 영국정부는 1919년의 파리회의 준비에 임하여 과거의 강화회의에 대한 검토를 학자들에게 위탁했다.

만일 제2차대전 중에 학자들이 다가올 강화에서 생각될 수 있는 역사적 대비로서 베르사이유뿐만 아니라 유트레히트나 비인의 강화회의도 재조사하도록 의뢰받았다면, 그들은 스탈린을, 히틀러가 아니라 표트르 황제나 알렉산더 1세, 레닌에 비유하는 편이 좋으리라고 깨달았을 것이다. 또한 1950년에 역사가들은, 북한의 침공이 가령 소련의 사주를 받은 것이라고는 해도, 일본의 만주정복이나 이탈리아의 에티오피아 침공보다는 오히려 1905년 이전에 러시아가 조선을 지배하려고 했던 움직임과 유사하다는 것을 분명히 지적할 수 있었을 것이다.

이러한 임무를 가지고 있기 때문에 역사가는 전장에서 제시된 임무에 필적하는, 미래를 예측하는 일에 이끌리게 될지도 모른다. 대체로 그들은 장래를 예측하는 자격은 갖지 않는다고 주장하고 싶어한다. 과거에 헤겔은, 역사에서 아무 것도 배울 수 없음을 우리는 역사에서 배운다고 하는 금언을 제시했고, 산타야나는 과거를 모르는 사람은 과거를 되풀이함으로써 비난받는다고 하는 금언을 제시했다. 이 두 사람은 함께 불확실하고 복잡한 과거라는 것을 재구축한 경험이 없는 철학자이다.

H. A. L. 피셔의 유명한 말에 따르면, 직업역사가는 우발적인 것과 선견 불가능한 것이 갖는 역할에 강한 인상을 받기 때문에 가령

역사가 무엇인가를 가르쳐주는 경우에도 인간의 행위 결과가 얼마나 불확실하고 예측불가능한가를 논쟁으로 삼으려 한다. 게다가 이 책에서 밝힌 바와 같이 정치가는 일반적으로 과거는 되풀이되는 것으로 기대하고 있기 때문에 흔히 예측을 그르친다. 대부분의 역사가는 아더 슐레진저 주니어의 다음 말에 동의할 것이다. "산타야나의 경구는 전후가 뒤바뀌어야 한다. 왜냐하면 과거를 되풀이함으로써 비난받는 것은 과거를 기억할 수 있는 사람인 경우가 너무나 많기 때문이다."7)

그러나 미래를 체계적으로 예측하는 작업에 관하여 역사가는 다른 분야의 학자보다 대체로 유리한 입장에 있다. 왜냐하면 그들은 미래를 예측하는 경우에도 항상 과거를 돌이켜보기 때문이다. 통상 역사가는 과거의 특정 시기에 나타난 변화나 연속성을 만들어내는 요인들에 대하여 어떤 가설을 구축하는데, 그 가설 구축의 과정에서 역사가는 미래의 예측을 행하고자 하는 인간이 제기해야만 할 문제의 본질을, 적어도 식별할만한 기법을 발견할 가능성을 가지고 있다.

지금까지 대부분의 고관들은 이러한 역사가가 갖는 잠재적 효용을 충분히 인식하지 못했다. 그러나 가령 많은 사람이 갑자기 역사가를 활용하기 시작했다고 해서 지금 당장 도움이 될 유능한 역사가가 즉시 발견되는 것은 아니다.

해외의 여러 국가와 다양한 문제에 얽힌 정보를 제공할 수 있는 역사가의 수는 부족하다. 처음에 미국이 베트남에 개입했을 때, 베트남의 현지 자료를 이용하여 베트남역사를 연구하고 있던 미국인은 한 사람도 없었다. 오늘날도 태국, 미얀마, 말레이, 싱가포르, 인도네

---

7) Arthur M. Schlesinger, Jr., *The Bitter Heritage: Vietnam and American Democracy* (Boston: Houghton Mifflin, 1966), p. 91.

시아, 그리고 필리핀에 대해서조차, 그들 나라의 역사에 정통한 학자는 거의 없다. 지역연구를 정부나 재단이 장려하고 있음에도 불구하고 동일한 것은 남아시아, 중동, 동아프리카, 라틴아메리카의 대부분의 나라에 대해서도 말할 수 있고, 적어도 이것은 남유럽이나 동남유럽, 중동유럽, 북유럽 여러 나라에 대해서도 말할 수 있다.

계다가 매우 최근의 사건을 다루는 역사가의 수가 갈수록 늘어나고 있음에도 불구하고 미국의 정치나 정치과정이라든가, 워싱턴의 정치논쟁에 나오는 역사적 사례 등에 관심을 가진 역사가조차, 권력의 자리에 있는 사람들과 밀접한 관계를 가진 시기의 사실과 사건을 거의 모른다. 왜냐하면, 미국정부의 중요 역사기록문서가 아직 1946년 이전의 것만이 공개되어 있기 때문이다.

다만 1950년의 한국전쟁 개입에 대해서는, 1951년에 의회에서 포괄적 조사가 행해진 탓에 상당한 확신을 가지고 집필할 수 있고, 또한 정부의 공인을 받지 않았더라도 <펜타곤문서>가 출판된 것만으로 60년대의 베트남에 관한 정책결정에 대해서도 상당한 확신을 가지고 쓸 수가 있다. 하지만 냉전의 여러 사건이나 전개에 관하여 직업역사가가 입수할 수 있는 사실은, 고작해야 공식 연설이나 정기간행물, 신문에 게재된 사실에 한정되어 있다.

그렇기 때문에 역사가는 간단히 현재의 정책이나 제도의 장래를 예측하여 고관들을 돕거나 교훈을 전할 수 있다고 생각함에도 불구하고 망각의 고요 속에 숨어 있는 사건의 실태를 고관들이 재검토하도록 도울 수는 없다.

만일 정부가 역사가라는 전문직업에서 더 많은 도움을 끌어내고자 한다면, 우선 그다지 알려져 있지 않은 외딴 지역이나 지방의 현대사를 연구하는 비교적 큰 전문학자 집단을 만드는 일에서 시작해야 한다. 대다수 역사가의 연구대상은, 영어권의 국가나 서유럽 국가들이다. 제2차대전 후, 정부나 재단이 많은 자금을 투입하여 러시아·중국연구를 활발히 진행하고, 그 결과 양국의 역사나 일본의 역사에 상세한 전문가가 많이 배출되었다.

그렇지만 다른 세계의 많은 지역에 대해서는 사정이 다르다. 예컨대 태국이나 이라크, 로디지아, 베네수엘라, 유고슬라비아, 핀란드와 같은 나라에서 발생한 사건의 장래를 갑자기 예측해야 할 경우, 고관들은 1960년대의 베트남의 경우와 마찬가지 곤경에 빠질 것이 틀림없다.

또한 그러한 국가들에 관한 전문 역사가를 필요로 하는 경우, 그들에 대한 필요도가 높아지기 훨씬 이전부터 그 육성에 힘을 쏟아야 한다. 그들은 전문분야의 기술을 배우고 필요한 언어를 익히고, 그 나라의 지리와 습관, 문화에 관한 지식을 현지에서 습득하고 나아가 기록자료의 연구에 몰두해야 한다. 그를 위해서는 실로 오랜 세월이 필요하다.

역사가는 학자인 동시에 교사이므로 역사가의 대부분이 극히 한정된 분야에 집중하게 되고, 당연한 결과로 학생에게 인기가 있는 과목을 가르치게 되기 쉽다. 이러한 사태가 발생하는 것은, 단순히 역사가가 듣는 자의 취향에 맞추기 위해서만이 아니고 대학이 교수직을 할당할 때의 기준을, 학생의 흥미의 많고 적음에서 찾지 않을 수 없기 때문이기도 하다. 오늘날 러시아와 중국, 일본에 관한 전문가가 된 학자들이 자립할 수 있었던 것도, 단순히 윤택한 훈련교육용 장학금의 유혹이 있었기 때문만은 아니었다. 학생의 요망이나 학교 이외로부터의 연구자금이 학문의 세계에서의 평생 직장을 보증할 수 있을 것 같다는 분명한 전망이 있었기 때문이기도 하다.

따라서 그 이외의 다양한 국가와 지역에 관해서도 전문역사가를 배출하기 위해서는, 정부나 재단, 고등교육기금 등이 훈련교육비나 여비, 연구비를 원조하고, 전공분야의 강좌를 기부하고, 강좌기금을 기증하는 지원이 있어야 할 것이다. 여기서 그러한 원조를 행하는 명백하고 긴급한 국민적 필요가 있다고까지 주장할 수는 없지만, 적어도 다음과 같은 것은 주장할 수 있을 것이다.

즉 다소라도 역사적 지식과 이해가 있으면 현명한 정책을 취할 수 있었을 것을, 그것이 없었기 때문에 우발사태가 발생하는 경우가 상정되는 것이고, 따라서 우발사태의 발생에 대비하여 돈을 사용하는 것은 언제 일어날지 모르는 전쟁에 대비하여 정체를 알 수 없는 무기연구에 돈을 사용하는 것과 같은 정도로는 의미가 있다, 라고.

역사가 중에서도 미국의 과거정책이라든가 정치제도, 과거 미국의 국제관계의 삽화를 다루는 전문가는 별로 부족하지 않다. 또한 그들의 경우 그다지 거부감 없이 언젠가 고관이 흥미를 갖게 될 문제를 자진하여 연구하려고 한다. 어느 전문 동료들과는 달리 그들에게는 사건 자체를 역사로서 취급할 수 있게 되기까지 수십 년에서 수백 년 기다려야 한다고 주장하는 전통의 구속도 없다. 아니 그뿐 아니라 제1차 자료가 쓰여지게 되면 즉시 조사와 분석을 시작하는 것이 그들의 습관이기도 하다.

그러한 역사가가 주로 필요로 하는 것은 정보이다——즉 쓰여진 것이든 인터뷰에 의한 것이든 매우 새로운 사건에 관한 기록을 이용할 수 있는 것이다. 지역연구가도 어느 정도 동일한 필요를 느끼고 있다. 만일 그들이 조언을 요구받는 일이 있으면, 그들은 입수 가능한 증거를 모두, 아니 그 대부분을 알고 이야기할 수 있을 것이다. 몇 년이 지나면 그들은 정부기록문서의 내용뿐만 아니라 미국대사관에서의 보고서나 첩보기관에서의 개략적 보고 등――아마도 어제 발표된 것 같은 최근의 정보는 아니라 해도―― 수년전의 정보 내용까지 기억 속에 축적하고 있을 것이다.

실제로 이들 지역연구가 대부분은, 필요문서의 열독(閱讀) 허가만이라도 얻을 수 있다면 기꺼이 국무부나 CIA의 무급 고문직을 떠맡을 것이다. 예컨대 이 나라에서 태국의 역사를 전공하고 있는 자가 2, 3명이라도 있으면, 그들은 워싱턴에서 태국을 담당하고 있는 본부 관리나 정보분석담당자의 소집단 속에 쉽게 들어갈 수 있을 것이다. 일련의 기록자료를 조사하고 미국정치의 실태를 조사하고, 고도의 정책결정을 분석해야만 하는 역사가에게 있어서, 그만큼 간단하고 유익한 일은 달리 생각할 수 없다.

역사가의 입장에서 본다면, 기록문서의 전면 공개는 이상적인 일임에 틀림없다. 그러나 그것이 실행 불가능하다는 것은, 대부분의 사람이 알고 있다. 가령 특정문서를 기밀취급하는 것이 바람직하지 않다고 해도, 예컨대 문서철 속에는 핵무기나 방사선 무기, 생화학무기 등의 제조방법이라든가 설계도, 외국의 정보제공자를 사회적으로 매장할 지도 모르는 보고라든가, 기밀취급으로 하는 것 자체에 대부분의 사람이 동의할 수 있는 자료도 또한 포함되어 있다.

문서철 속에는 기밀로 취급하는 것이 좋은 자료가 매우 대량으로 있다. 과거에 장개석 정권의 부패에 관한 공평한 보고가 국민정부측 의원의 눈에 띄었기 때문에 국무부 중국관계 담당관의 신상에 재난이 덮쳤듯이, 개인을 중상하고 그 사람의 전도에 상처를 입힐 수 있는 문서도 그 안에 포함되어 있다. 드루 피어슨이나 잭 앤더슨과 같은 세상을 떠들썩하게 하는 평론가나 상원 국내치안소위원회나 하원 비미(非美)활동위원회의 조사원들의 손에 의해 귀중한 자료가 수집되는 일이 여러 차례 있었는데, 그것이 저널리스트나 매명(賣名)적 의원에 의해 남용된 경우에는 전체 부서와 전체 부국을 곤경에 빠뜨리게 된다.

게다가 정부부문의 서류 다수는 마치 민간회사나 정보관련기업, 정치단체의 사무국 등의 내부서류와 마찬가지로, 적어도 일정기간은 기밀 취급할 가치를 가지고 있다. 그렇게 하지 않으면, 정부 관리는 소관문제에 관한 보고서나 각서를 쓰지 못하고 항상 외부용의 선전문만 내게 될 것이다. 따라서 정부의 기록문서를 전면조사 대상으로 공개하는 것은 상당한 기간을 거치고 나서도 충분하고, 또한 몇몇 자료에 관해서는 그 이상 장기에 걸쳐서 기밀 취급하는 배려가 있어야 할 것이다.

현재의 제도는――만일 그것이 제도로 불린다면―― 역사가와 정부 어느 쪽의 필요에도 부응하는 것이 아니다. 국무부가 기밀문서를 공개하는 것은, 당해년도의 <외교관계> 문서를 간행하고 나서이다. 따라서 현재 열람이 허가되고 있는 문서는 25년 전의 문서이다. 가능성은 확실하지 않지만, 국무부는 그 기간을 20년으로 단축하고 싶다고 강한 희망을 내비치고 있다. 하지만 현실적으로 국방부의 기록은 제2차대전 후의 것조차 아직 제대로 이용할 수 없는 상태이고, CIA의 자료나 암호해독에 종사하는 국가안전보장국, 국가안전보장회의 등의 문서는 전면적으로 봉인된 상태이므로, 기밀문서의 열독을 허가받은 정부측 조사원조차 그 문서들을 접하기는 어렵다.

이리하여 현존 인물의 기억에 있는 사건을 분석하려고 하는 역사가는 대체로 불리한 상황에 놓이고, 또한 그러한 상황을 정부 스스로가 만들어냄으로써, 대부분의 관리로부터 보아 중요하고 도움이 될 만한 사건조차 그것을 재구성하고 해석하는데 있어서 전문가로부터 도움을 얻을 가능성을, 정부는 부정하고 있다.

이 상황을 개선하는 것은 어렵지 않다. 닉슨대통령은 1972년의 대통령령으로 극비문서조차 10년 후에 공개하는 것을 일반원칙으로 해야 한다고 명하고, 그 제1보를 내딛었다.[8] 유감이지만 거기서는 원칙의 효과를 거의 쓸모 없게 할만큼 많은 예외가 포함되어 있다. 예컨대 "국가안전보장상 계속 보호해야 할만한 제도, 계획, 시설, 기획이나 외교문제 등을 폭로하는 자료"는 여기서 제외한다는 예외규정은, 아마도 국가 자체가 존재하지 않게 된 경우 이외에, 모든 국가와의 외교관계 자료를 모두 대상 아래 포함시킬 수 있다.

그러나 새로운 입법조치나 행정부 측에서의 가일층의 조치이거나, 어쩌면 이 양자가 동시에 취해진다면 일정한 연대를 거친 기록의 거의 대부분을 사실상 공개할 수도 있게 될 것이다. 최근의 미국역사학회에서 제안한 바와 같이, 인사나 수색관계의 자료와 같은 매우 좁게 한정한 범위의 것을 제외하고, 모든 기밀자료가 자동적으로 해금되고, 예외적 자료에 관해서도 그 처치는 모두 독립된 위원회의 판단에 최종적으로 맡겨지는 방책을 취할 수도 있을 것이다.[9]

하지만 가령 기록문서가 10년 경과하여 실질적으로 공개되었다 하더라도 여전히 시간의 동떨어짐은 남을 것이다. 기록문서는 매우 방대하고, 역사가의 흥미도 실로 각양각색이라, 조사나 집필, 출판에 너무나 시간이 걸리기 때문에, 논문이나 저서가 인쇄되기까지는 아마도 그로부터 다시 5년이나 10년의 세월을 기다려야만 할 것이다. 즉 전문 역사사가 동료들이 얻은 지식을 이용할 수 있게 되기까지는

---

8) 1972년 3월 8일 공포의 대통령령 11652호. Carol M. Baker and Matthew T. Fox, *Classified Files: The Yellowing Pages* (New York: Twentieth Century Fund, 1972), pp. 97-105에 재록되어 있다.

9) *Ibid.*, pp. 89-90.

적어도 지금부터 15년 내지 20년이 지나야만 한다는 말이 된다. 만일 관료가 기록문서를 더욱 시간이 흐른 후에 공개할 것을, 예컨대 15년 내지 20년이 지나 공개할 것을 주장한다면, 연구논문에 의해 현재의 상황을 이해하기 위해서는 그만큼 더 많은 세월을 기다려야만 하는 것이다.

그러나 만일 기록문서의 전면공개 기한이 고정되는데 수반하여 정부 자체의 내지 정부 원조 아래서의 역사연구가 가속도적으로 증대해 나간다면, 이 간격은 크게 좁혀질 것이다.

현재 주로 국무부내의 사료편찬부가 <외교관계> 문서의 편찬을 맡고 있고, 1946년 이전의 문서들을 정부 부처 외의 학자 용도로 제공하고 있다. <외교관계> 문서의 편집자들은 자료가 갈수록 늘어나고 있기 때문에, 이미 오늘날, 제2차대전 전의 부분을 편찬했을 때 이상으로 공간해야 할 자료의 선택을 가하지 않을 수 없게 되었다. 그 선택도 만일 편집자들이 현정권에 앞선 정권의 중요문서류를 간행하거나 미해금의 기밀중요문서의 요지를 가능한 한 정리하거나 한다면, 또 그 이외에도 법령이나 대통령령이 정한 기한이 도래했을 때에 공개하도록 되어 있는 자료의 문헌목록이나 문헌안내를 만들거나 한다면 더욱 효과적인 형태로 행할 수 있을 것이다.

국방장관실, 군, CIA 등을 비롯한 부처에서도 같은 일을 실행할 수 있을 것이다. 그 대신 그 부처에서는 많은 역사가가 제2차대전 중의 육군의 훌륭한 역사에 관한 논문이라든가 원자력위원회의 설립과정과 그 초기의 역사에 관한 비슷하게 훌륭한 서적과 같은 부처의 과거 업적에 관한 전사(全史) 등을 저술하고 출판할 수 있을 것이다.

이와 같이 기록문서나 정부 편찬의 역사를 공간함으로써 정부 부내 사람들의 기억에 선명하게 남아있는 사건들이 정부에 조력을 구하고 있는 역사가 측에 있어서도 무지의 영역으로 남지 않게 되는 것이 적어도 가능성으로서 보증된다.

또한 정부 부외의 역사가 중에는 아직 일반적으로 미공개인 기록을 사용하는 허가를 얻거나 사용하는 사실상의 초빙을 받거나 하는 일이 나올지도 모른다. 1972년의 대통령령에 따르면, 만일 그 이용이 "국가안전보장상의 이익과 명백히 합치하고," 또한 매우 고도의 비밀과 신중을 요하는 정보를 폭로하지 않음을 보증하는 수단이 강구된다면, "역사조사연구를 행하는 행정부 이외의 사람"이라도 기밀자료를 이용할 수 있게 되어 있다.

또한 이 대통령령과 그 수정조항이나 그에 부수하는 법규에 따르면, 자동적으로 연구자료가 기밀취급에서 벗어나는 시기가 도래하거나 정부의 승인을 얻기 이전에도 연구자가 규정에 위반한 경우 아마도 형사책임을 지게 한다는 조건 아래서, 연구결과를 공표·출판하지 않는데 동의했을 때에는, 특정위원회나 평의회가 광범한 대상에 이르는 연구계획을 승인할 수 있게 되어있다.

경우에 따라서는 정부관리 쪽에서 아마도 이와 동일한 조건 아래, 역사가에게 조사연구를 위탁해야 할 일이 있을 것이다. 제1차대전 후에 보여진, 충분한 정보의 뒷받침을 갖지 못한 "수정주의"의 출현 위험을 두려워하고, 트루먼정부의 고관들은 윌리엄 L. 랭거와 S. 에베렛 글리슨에게 미국의 제2차대전 참전에 관한 포괄적 연구를 저술하도록 위탁했다. 그것은 1950년대 초에 완성 출판되고, 기대했던 성과를 올렸다.

아마도 지금까지 고관이나 저널리스트가 전후 원조계획을 토론할 때에 피상적인 역사적 유추를 끌어대면서 기묘하게도 그 안에서 과거의 구축함 교섭이나 무기대여 문제가 좀처럼 언급되는 일이 없었던 것은, 바로 이 책이 출판되었기 때문일 것이다. 하지만 그러한 시도가 모두 이것과 같은 성과를 올리고 있는 것은 아니다.

예컨대 애치슨은 중국혁명에서 수행한 미국의 역할에 관한 여론의 오해를 풀고자 하버드 파이스에게 <중국의 갈등>을 쓰도록 의뢰했다. 그 책은 수준 높은 것이긴 했지만, 결코 의도된 목적에 부합하는 것은 아니었다.10) 하지만 그럼에도 불구하고 여론을 교육하고, 아니 그보다도 관리들 자신을 교육하기 위해 같은 종류의 연구가 금후에도 계속 위탁될 것이다. 만일 존슨정권 아래의 사람들이, 아이젠하워의 동남아시아 정책에 관한 역사를 읽을 수 있었다면 크게 배울 바가 있었을 것이고, 닉슨대통령의 후계자들은 닉슨정권이 착수한 대중·대소련관계의 정상화 과정에 관한 충분한 설명을 받고 싶어했을 것이다.

<펜타곤문서>의 예는 그런 종류의 역사서 출판이 얼마나 중요한가를 명시하고 있다. 이 <문서> 중의 기록문서 부분의 가치는 매우 높은 것이지만, 해설부분은 대체로 장황하고 피상적이고, 전문적으로 그다지 고도의 질을 갖춘 것은 아니다. 그 이유의 태반은, 그것이 익명으로 쓰여지고 또한 다른 학자의 검증을 받을 우려가 없다고 생각하며 집필된 점에 있다. 만일 정부가 우수한 역사를 손에 넣기를 바란다면, 자기가 쓴 것이 주도하고 정확하고 객관적인 것인지, 동료로부터 평가받게 되리라는 것을 사전에 알고 있는 역사가들에게 집필하도록 해야 할 것이다.

---

10) William L. Langer and S. Everett Gleason, *The Challenge to Isolation, 1937-1940* (New York: Harper and Brother, 1952) and *The Undeclared War, 1940-1941* (New York: Harper and Brothers, 1953); Herbert Feis, *The China Tangle: The American Effort in China from Pearl Harbor to the Marshall Mission* (Princeton: Princeton University Press, 1953).

이상 기술해온 사항은 거의 역사가의 입장에 선 것이다. 여기서 시사한 바와 같은 모든 것이 실현되기 위해서는, 훈련교육용의 장학금이나 연구자금, 지역연구 교수직이 필요하고, 조사자료를 더욱 자유롭게 이용할 수 있고, 역사가가 쓰거나 가르치는데 필요한 기록문서나 업적이 더 많이 출판되어야만 한다. 하지만 가령 정부관리가 역사가에 의해 도움받는 바가 있다고 하는 주장을 완전히 받아들였다 해도, 그들이 바라고 필요로 하는 것이 실제로 손에 들어올 수 있을지, 또한 그들의 입수하오는 것이 거기에 지불한 대가에 상응하는 가치가 있을지는 여전히 의문이 남는다.

왜냐하면 여기서 시사되고 있는 것이 모두 비용문제를 빼고는 생각할 수 없기 때문이다. 변경 국가들이나 지역의 전문역사가를 육성하기 위해서는 물론 비용이 들어간다. 행정부의 각 부처나 예산운용국이나 의회는 실제로 그러한 목적을 위해 특별히 돈을 사용하는 게 좋을지 결정해야 할 것이다.

그러나 아마 더욱 중요한 것은 정부 부내의 사람이 어디까지 정신적으로 평정한 상태로 있을 수 있을까 하는 문제이다. 아마도 그들 대부분은 기밀문서의 대부분을 장기간에 걸쳐서 기밀취급으로 할 필요도 가치도 없다는 주장에, 결국은 양보하게 될 것이다. 국방부 관리에 대해서는, 이미 전 공군기밀담당장교가 "이러한 기밀기록문서 중 적어도 99.5퍼센트의 정보는 그것을 폭로하더라도 국방상의 이익을 해치지는 않는다."[11]고 하는 견해를 냈다. 그러나 그 견해를 시인하고 있는 관리조차 나머지 0.5퍼센트의 중요문서를 기밀 취급으로 하기 위하여 다른 전체 자료를 계속 봉인해야 한다는 의견을 여전히

---

11) Baker and Fox, *Classified Files*, p. 72.

견지하고 있는 것이다.

관료기구 내부의 신경과민에 대해서는 아무리 과장해도 지나치지 않다. 국무부에서 대사들은 타국의 정부고관들과의 개인적 관계를 악화시키는 것을 두려워하고 있다. 지역담당의 각 부국은 20년 전 내지 그 이전의 자료조차 공표하는데 반대하는 경향이 있는데, 그것은 타국의 수도에 현재 살아있는 인물에 관한 비판적 논평이 자료 속에 들어있기 때문이다. 게다가 관리가 자기의 이야기나 제안이 결국엔 공개되는 게 아닐까 우려하게 되면, 금후 솔직하게 의견을 피력하거나 자유롭게 교섭하지 않게 될 것이라고 외교관들은 주장한다. 게다가 국무부 외교관은 거의 모두가 1940년대의 중국관계 담당관들의 일을 상기하고, 자기들이 신문이나 의회의 주시를 받게 된다는 것을 계속 우려하고 있다.

군인은 대사보다 더욱 위험한 입장에 놓이기 쉽다. 통합참모본부는 자기들의 자료가 공개되어서는 안 된다는 입장을 표명하고 있는데, 그것은 가령 자료가 사실상 완전히 무해한 것이라 하더라도, 그것이 통합참모본부 내의 집무절차를 폭로하게 되고, 전시에 미국이 무엇을 하고 무엇을 할 수 있는지 적에게 매우 용이하게 측정될 위험이 있기 때문이다.

마찬가지로 CIA의 관리가 우려하는 것은, 단순히 정보원이나 작전계획이 위협받을 뿐만 아니라 이들 첩보기관이 어떻게 기능하고 있는지를 잠재 적국에게 알려지는 실마리를 주게 되지는 않을까 하는 점이다. 그곳에서는 그들의 기밀편람 자체가 기밀자료가 된다. 그 점 국가안전보장국의 경우, 가장 심각하다. 국가안전보장국이 도청하고 해독한 전보를 이용할 수 있는 것은 특별히 선정된 소수 인간에게 한정되어 있고, 그들은 그들대로 그 전보에 대해 타인에게 이야기하지 않는다는 선서조차 하고 있다. 그러므로 예컨대 통킹만사건 때처럼 정부고관이라 해도 해당결정의 토대가 된 비밀정보를 감히 공표하려고 하지 않기 때문에, 오히려 정부 자체에 대한 국민의 신뢰가 흔들린다는 결과조차 낳고 있다.

관료기구 내의 관리는 무책임한 학자가 외교상, 첩보상의 전문이나 군사계획문서, 과거에 도청된 문서를 휘젓고 찾는 모습을 상상하고 이에 공포를 느낀다. 한편 역사가 쪽은 그러한 일이 있어서는 안된다고 바라면서도 사실상 그러한 사태가 빈발할 가능성을 부정할 수 없다.

물론 이와 같은 관료의 우려를 소홀히 하고, [기밀문서의 공개를 앞당기는] 대통령령이 공포되고, 법안이 통과되는 일도 생각할 수 있을 것이다. 하지만 그 가능성은 결코 높지 않다. 대통령과 의원들은, 마치 노동자의 협력이 없으면 공장이 가동되지 않듯이 관료의 협력이 없으면 정부가 움직이지 않음을 잘 알고 있기 때문이다.

외교관이나 첩보국원, 군장교, 암호해독담당관이 일을 충분히 처리해 나가기 위해서는 기밀이 유지되어 있다는 안심감이 없으면 안된다. 또한 만일 기록문서를 공개하거나 특정의 역사연구를 정부측에서 위탁하거나 하는 일이 초래하는 영향을 그들이 우려하기 시작한다면, 더 이상 그들은 문서에 기록하기를 중단하고, 기밀 유지의 필요도가 매우 높은 기록을 즉시 처치해 버리려 하거나 기록을 조작함으로써 그 기도 자체를 무의미한 것으로 만들려 할 것이고, 실제로 그것이 가능하다. 역사연구의 시야를 넓히고 그 성가를 높이고자 한다면, 그 기도는 정말로 기밀취급으로 하고 신중하게 처리되어야만 할 정보가——가령 그것이 전체의 0.5퍼센트이건 10퍼센트이건——신문지상이나 외국의 첩보국원의 문서에 누설되는 일이 없도록 관료들의 불안을 불식할 수 있는 형태로 계획되어야만 한다.

하지만 더욱 중요한 문제는 아마도, 시간이라는 잠재적 대가일 것이다. 정부고관들에게 있어서 시간만큼 귀중한 것은 없다. 그들은 서류더미에 파묻혀 있다. 거의 매일 그들은 다급한 것처럼 보이는 문제조차 뒤로 미루고, 그보다 더욱 긴급도가 높은 문제를 처리해야만 한다. 그 고관들이 지금까지보다 많은 정확한 역사상의 정보를 가져야 한다는 추상론은, 많은 사람의 지지를 얻을 수 있지만, 그렇다고 해서 실제문제로서 역사를 읽거나 듣거나 하는데 시간을 사용하는 것이야말로, 이용 가능한 약간의 시간을 활용하는 가장 좋은 방법이라고 고관들이 판단한다는 말이 되지는 않는다.

역사가 간단히 압축할 수 있는 것이 아니기 때문에 문제는 한층 복잡해진다. 역사가가 행하는 총괄이란, 증거를 들어 설명하는 것인데, 그 총괄도 전혀 증거가 제시되지 않는 경우에는 거의 무의미한 것이 되어버린다. 게다가 대부분의 역사가는 자기들이 받은 훈련과 어쩌면 직업상의 기질 때문에 너무나 상세하게 쓰거나 너무 많은 조건을 그 결론에 덧붙이거나 하는 오류를 범하게 된다.

어느 국무부의 관리는, 자기들에게 있어서 역사가가 정말로 도움이 될 것인가 하는 의문을 다음과 같은 말로 표현하고 있다. "역사가는 사실의 일반화를 거부하고, ……지엽말단을 써대고, 음영에만 마음을 빼앗기고 있다"[12] 라고. 만일 역사가 정부 부처내에서 지금보다 널리 활용될 수 있게 되기 위해서는, 통치자가 필요로 하는 것을, 전문의 역사가가 간단명료하고 신속하게 표현하는 작법을 개발해야 할 것이다.

---

12) 바크맨의 인터뷰에 기초함.

지금까지 나는 역사가가 짊어지게 될 임무와, 그것을 위하여 그들이 익혀두어야 한다고 생각되는 작법과, 실제로 그들이 대처해야 할 장애를 다루어왔다. 따라서 당연히 다음으로, 장래에 대한 실천적 제안을 행하고, 결론으로 삼아야 할 것이다.

그러나 여기서 그것은 삼가야 하겠다. 왜냐하면 지역연구에 정부가 원조해야 한다거나 기밀문서의 공개를 앞당겨야 한다느니, 정부의 인가나 원조 아래 행해지는 역사연구를 확대해야 한다는 등의 주장이 도리에 부합된다는 것은 너무나 자명한 일처럼 생각되기 때문이다. 다른 한편 나로 말하면, 학자와 학계의 입장에 선 시야에 사로잡혀 있기 때문에 예산책정자나 의원, 관료, 업무에 열성적인 행정관청의 고관들에게는 자명한 문제를 그다지 인식하고 있지 못하다.

전장까지 내가 입증하려고 했던 것은, 정부 부내의 사람에게 있어서 역사가 중요하다고 하는 사실이다. 매우 불확실한 조건에서 결정을 내리는 사람이 미래를 예측하려고 할 때, 그들은 반드시 과거에 일어났다고 자기들이 믿는 사실에 비추어 예측을 행한다. 현재에 대한 그들의 견해를 만드는 것은, 과거 발생했다고 그들이 믿고 있는 사항이다.

하지만 그들은 과거에 관하여 너무나 얄팍하고 그릇된 지식밖에 갖추고 있지 않은 경우가 많다. 게다가 불충분한 정보밖에 갖지 않은 탓에 종종 빈약한 추론밖에 내리지 못한다. 정부 부내의 사람은 이미 숫자나 경제모델, 과학적 공식의 분야에 관하여 전문가의 예측에 의거해야 한다는 것을 잘 알고 있으므로, 너무나 자기들을 그릇된 길로 이끌었던 역사에 대해서도 지금까지보다 명석한 이해를 전문가로부터 얻어야만 한다는 현실을, 머지않아 깨닫게 될 것이다.

감사의 말

개개의 문제에 관하여 나의 이해와 해석을 도와준 사람들에 대한 감사의 마음은 각 장의 모두에서 밝혔을 것이다. 여기서는 이 책에서 다루어진 문제가 그 일부에 불과할 뿐인 광범위에 걸친 여러 문제에 대하여 가르침을 준 분들께 감사를 드리고 싶다.

우선 현재 하버드대학 존 F. 케네디 정치학부 부속 정치학연구소 연구세미나로 발전하고 있는 연구회에, 과거 6년간 참가시켜준 것에 감사를 드린다. 이 세미나에서는 정치과정에서 만들어지는 정책이 왜 통치자의 의도와 전혀 비슷하지도 않게 되는 일이 많은가 하는 공통의 의문에서 출발하여, 정책 책정자들과 관료들의 상호작용을 둘러싼 수수께끼의 해명에 초점이 맞추어졌다. 그러던 중 관심은 차츰 정부 부내의 모든 레벨의 사람들이 갖는 지각과정에 돌려지는 동시에 다른 한편으로는, 정부의 정책문제를 단순히 교실 안에서만이 아니고 현실의 세계에서도 타당성을 가질 수 있는 형태로 해결할 수 있는 분석방법을 개발하는 방향으로 돌려져 갔다.

그레암 T. 앨리슨의 <결정의 본질——쿠바 미사일 위기의 분석>(보스턴, 리틀브라운사, 1971년)은 이 연구 세미나의 산물이라고 해도 좋다. 같은 종류의 것으로서 다음의 저작도 들 수 있겠다. 프레드 C. 이클레 <전쟁종결론>(뉴욕, 컬럼비아대학 출판국, 1971년), 리차드 E. 뉴스타트 <동맹국간의 정치>(뉴욕, 컬럼비아대학 출판국, 1970), 새뮤얼 R. 윌리엄슨 <대전략의 정치——1904-1914년의 영국 프랑스간의 전쟁 준비>(케임브리지, 하버드대학 출판국, 1969년). 또한 이 세미나에서 직접 나온 주요 저작으로서, 1950년대 말부터 1960년대 초까지의 다각적 핵무기교섭 실패의 전말을 검토하고, 그것을 사례연구로 삼아 정부 부내의 대외 지각의 다양한 형태를 검증한 존 D. 스타인브루너의 연구가 출판될 예정이다. 독자는 이 책이 이상의 여러 저작에서 많은 점을 힘입고 있음을 알게 될 것이다.

또한 다음과 같은 분으로부터 직접 가르침을 받은 것에도 심심한 감사의 뜻을 전하고 싶다. 앨리슨, 이클레, 뉴스타트, 윌리엄슨, 스타인브루너, 그리고 동 연구세미나에 참가하고 있던 다음 여러분, 프랜시스 M. 베이터, 조셉 L. 보와, 윌리엄 C. 캐프론, 마이클 크로치어, 머튼 H. 할파린, 필립 B. 헤이만, 알버트 O. 힐슈만, 스탠리 호프만, 헨리 D. 자코비, 윌리엄 W. 카우프만, 앤드류 W. 마샬, 돈 K. 프라이스, 에드윈 O. 라이샤워, 헨리 S. 로웬, 토마스 C. 셰링, 제임스 Q. 윌슨, 아담 야모린스키 같은 분들이다.

최근에 동 연구세미나에서 특히 역사연구에 관심을 가진 분과회가 만들어졌는데, 그 분과회의 몇 분들에게는 단순히 여러 가지 가르침을 받았을 뿐 아니라 최초의 2장 초기 초안을 면밀하게 비판해 주신 점에 감사를 드리고 싶다. 또한 분과회의 회원이면서 연구세미나 회원이 아닌 다음 몇 분에게도 감사를 드리고 싶다. 다이안 세이버 클레멘스, 앤 카라레카스, 토마스 E. 리프카, 찰스 S. 마이어, 마틴 H. 페레츠, 스티븐 L. 리야딘, 마틴 와일, 다니엘 야긴 등.

또한 과거 수년간, 대학원의 나의 세미나에 참가해준 학생 여러분이나 이 책에서 다룬 여러 문제를 토의할 기회를 제공해준 여러분들, 특히 나의 동료인 로버트 L. 자비스, 제임스 C. 톰슨 주니어, 나의 존경하는 친구 루이스 머튼, 그리고 지금은 고인이 된 위대한 실천적 역사가 허버트 파이스 님께 감사를 바치고 싶다. 또한 헨리 오웬에게는 모든 원고를 읽어주시고, 정부에서의 장년의 경험을 토대로 비판을 주신 것에 특히 감사드린다.

마지막으로 마리 엘렌 자넬로니에게는 내가 여러 차례 수정을 가한 원고를 늘 싫어하는 기색도 없이 기꺼이 아름답게 타이핑해준 것에 감사를 드리고 싶다.

E. R. M.

해설 역사정책학의 권유

역사는 역사가들에게만 맡겨 두기에는 너무나 귀중하다.

——크리스토퍼 손

1. 서(序)
——왜 지금 와서 <역사의 교훈>인가——

정책을 구상, 입안하고, 때로는 비판하고 실천하는 사람들이 지금 "역사의 교훈"에 뜨거운 시선을 보내고 있다.

통치자를 포함하여 우리들이 역사를 어떻게 활용하고 오용해 왔는지, 정책에 역사를 어떻게 활용해야 하는지, 그 방책을 연구하는 역사정책학의 중요성이 한편에서 널리 설파되고 있다. 또 한편에서 9·11 이후, 시계가 불투명한 세계에서 무작정 달리는 미국외교에의 비판이 안팎에서 고조되고 있다. 그 고조되는 비판 속에서 지금, 한때 현대 미국외교의 예리한 비판을 축으로 정책론을 전개한 이 책이 역사정책학의 고전으로서 30년의 세월이 지난 지금 다시 소생하고 있다.

저자 어네스트 R. 메이는 1928년 텍사스주에서 태어나 현재 하버드대학교수, 미국외교사학회의 중진이다. 공편저를 포함하여 저작은 30 수권에 이른다. 캘리포니아대학 로스앤젤레스 분교 졸업 후에 젊은 나이에 하버드대학에 부임하고, 하버드 칼리지원장, 역사학부장, 정치학연구소장 등의 요직을 역임했다.

나는 지금부터 20수년전 이 책의 초판본 공간 직후인 1977년 8월부터 1년4개월간, 저자가 소속하는 하버드대학 찰스 워렌=미국사연구소 상급연구원으로서 미국냉전사 연구에 종사했다. 그후 86년 가을에도 단기간이지만 저자에게 사사받을 기회를 얻었는데, 장신에 단정한 풍모와 부드러운 눈매가 지금도 그립게 다가온다.

"궁정사가(宮廷史家)를 변호한다"는 제하의 1960년대말의 소론——과 그것을 토대로 한 이 책 제7장——에서도 엿볼 수 있듯이, 저자는 원래 리베럴파이지만 정부 쪽에 기운 '궁정사가'로서, 허버트 파이스 교수를 뒤따라 아카데미즘으로 들어섰다. 그러나 60년대 말을 경계로 미국외교의 자세에 비판적인 '수정주의파'로 기우는 입장을 취하기 시작했다. 이 책은 그 리베럴 수정주의파에의 저자의 '변모의 책'으로서 위치 지을 수 있다.

변모의 징후는 이미 미국 스페인전쟁을 시점으로 미국이 "데모크라시 제국"으로서 세계정치에 등장했다고 하는 저자의 제2작 <임페리얼 데모크라시——대국으로서의 미국의 등장>(1961년)이나 <미제국주의——사색적 평론>(1969년) 속에서 간간이 보이고 있었다. 하지만 베트남전쟁의 '수렁화' 속에서 그는 한편으로 그 철저한 역사실증주의를 견지하고 정통파 외교사가의 기축을 무너뜨리는 일이 없었으나, 또 한편으로 모겐소 스타일의 리얼리즘 외교론——힘이 정의이고, 국가는 국익과 안전보장에 따라 행동한다는 외교론——에의 비판을 회전축으로 삼으면서 역사사료의 미묘한 습곡으로 헤치고 들어감으로써 비판적 수정주의 사관에의 경사를 보였다.

전자——즉 철저한 역사실증주의——는 특히 냉전후, 기밀 해제된 외교사료의 해독에로 그를 몰고 갔다. 이 책 제2부에서 전개한 역사정책론의 실천적 텍스트, <시간 속에서 생각한다——정책 형성에 있어서의 역사의 활용>을 1980년대에 동료인 고 리차드 뉴스타트 교수와 저술하면서 다음과 같은 일군의 역사서를 낳았다.

우선 대 소련 냉전의 분기점이 되는 1950년 미국국가안전보장회의(NSC) 문서 68을 주제로 한 <NSC 68——미국 냉전전략의 청사진>(1993년), 핵무기 외교의 효용과 비효용을 분석한 <냉전 정치가들과 원폭——1945년 이후의 핵 외교>(1999년), 국제연합 창설을 둘러싼 연합국간의 토의 궤적을 더듬고, 상극하는 국제연합상의 현재로 이은 <덤버튼·오크스회의와 국제연합——1944~1994년>(1999년), 그리고 영화 <13일간>의 대본의 토대가 된 <케네디 테이프——쿠바 미사일 위기 아래서의 백악관의 안쪽>(2002년)에서, 1940년 봄의 독일의 짧은 승리를 가져온 히틀러의 대 프랑스 군사전략을 둘러싼 마크·브로호의 통설을 새로운 사료(史料)로 뒤엎은 명저 <기묘한 승리>(2001년) 등의 저작을 남겼다.

이와 같은 외교사 저작 이외에도 미중(美中)관계에 관한 3권의 편저, 타마니 홀과 1972년 대통령 선거 캠페인, 마틴 루터 킹 목사와 노예해방운동의 투사 프레드릭 더글라스에 관한 기록 등을 모두 공저의 형태이긴 하지만 저술했다. 당대 최고의 미국사가라고 불러도 좋을 것이다.

또한 저자는 외교정책결정의 기초가 되는 첩보의 중요성을 일찍부터 주목하고, 냉전 후 <포린 에페어즈>지(1992년 여름호)에 <첩보——미래에의 통찰>을 기고하고, 9·11 이후, 외교정책 싱크탱크·외교문제평의회의 첩보연구 프로젝트의 주임으로 대외정보를 정책에 어떻게 활용할 것인가 하는, 역사정책학의 실천과제와도 씨름하고 있다.

그렇긴 해도 9·11 이후 '역사의 교훈'을 재음미하는 것에 어떠한 새로운 의미가 있다는 것인가. "미국외교의 과오"를 음미하는 책으로서 이 책의 유니크함과 새로움은 어디에 있는가. 그것을 아래의 세 가지 점——, '역사의 유추'론, 냉전기원론, '화평을 위한 폭격'론——에 초점을 맞추어 밝혀보기로 하겠다.

2. '역사의 유추'론에 대하여 ——미국외교의 과오——

이 책에서 저자가 제시한 명제는, 외교정책 형성자는 현재의 문제를 처리할 때에 종종 '가까운 과거'에서 유추를 행하고, 미래를 예측할 때에 과거와의 역사적 대비 속에서 흔히 정책을 만든다는 점에 있다. 또한 통상 그들은 그 과거, 즉 역사의 유추를 오용하기 쉽다는 것이다. 왜 그러한가.

저자는 철학자 산타야나의 경구——"과거를 모르는 사람은 과거를 되풀이함으로써 비난받는다"——를 역전시켜서 그 반대쪽에 바로 진리가 있다고 주장하고, 역사가 슐레진저의 말을 인용한다. "과거를 되풀이함으로써 비난받는 것은 과거를 기억할 수 있는 사람인 경우가 너무나도 많다."

사람은 불안에 휩싸일 때, 그것도 제한된 선택 중에서 긴급한 결단을 내려야만 할 때——즉 위기에 직면했을 때——에 자기에게 친숙한 과거에서 유추 사례를 찾아 불안을 제거하려고 한다. 국가도 마찬가지로 위기상황에 빠졌을 때 과거에서 유추 사례를 찾고 거기서 '교훈'을 얻으려고 한다. 그리고 그 교훈에서 얻은 논리에 따라, '위협'을 만들고 스스로를 일련의 행동으로 몰고 나간다——.

불안한 위기 아래 놓인 사람의 일반적 심리상황에서 연역할 수 있는 정리(定理)이다. 그 정리가 이 책의 전편에 일관되게 펼쳐지고 있기에 오늘 한층 더 깊은 의미를 띠고 있는 것이 아닐까.

옛 소련이든, 북한이든, 위협을 실제로 있는 것으로서가 아니라 만들어진 것으로서 파악하는 사관(史觀)이, 거기에서 부상된다. 오늘날 리얼리즘 외교론에 비판적인 콘스트럭티비즘——또는 포스트모더니즘——국제정치론에, 그것은 공통성을 갖는다.

예를 들면, 우드로 윌슨의 실패에서 '역사의 교훈'을 보고 대 소련 공생으로 전후세계의 그랜드디자인을 그리는데 성공한 F. D. 루즈벨트. 그에 반하여 1930년대 대 독일 유화정책의 실패에서 '역사의 교훈'을 찾아 공산주의 소련의 '위협'을 과대평가하고 냉전으로 돌진하여 한국전쟁을 군사해결로 몰고 간 트루먼과 조언자들, 또는 한국전쟁의 경위가 아시아에서 다시는 국지적 지상전을 펼칠 수 없다는 '교훈'을 주고 있었음에도 불구하고 한국——이나 '중국상실'——의 실패를 되풀이하지 않겠다고 베트남전쟁의 수렁으로 빠져들었던 케네디 정권과 그 지식인들.

우리는 그 일련의 외교행동 중에서 '역사의 교훈'을 오용하여 '위협'을 만들고, 개입과 전쟁을 되풀이한 역사를 볼 수가 있다. '데모크라시 제국' 미국이 빠지기 쉬운 외교적 과오의 원천에서, 역사 해독의 오류를 찾아볼 수도 있다. 그리고 그 오류의 중추에, 이 책 제1부에서 저자가 시사한 바와 같이, 소련이든 북한이든 '다른 형태의 타인'과의 공생의 관점을 상실한, 대국이 아닌 '제국의 오만'을 볼 수도 있을 것이다. 그것이 오늘날 이 책이 우리에게 던지는 새로움이다.

과거의 소련과 중국, 베트남이든, 오늘의 이라크나 이란, 북한이든 뒤늦게 근대화의 비탈길을 오르는 옛 제2세계나 제3세계의 나라들과 그 지도자들——'다른 형태의 타인'——과의 공생을 배척한다. 그리고 '역사의 유추'에 의해 그들의 외교 원형을, 예컨대 1930년대 독일이나 이탈리아, 일본 등 파시즘 추축국의 그것과 비유하고, 이라크,

이란, 북한을 '악의 축'으로 보고, 그 위협을 제거하기 위해 선제 군사공격을 준비한다.

또한 걸프전 이후의 이라크를 전전(戰前) 일본에 유추하고, "민주주의가 없던 일본에서 민주화를 할 수 있었으므로 이라크도 역시 민주화할 수 있다"(부시 주니어)고 하여 '군사점령하의 민주화' 구축의 시나리오를 그리는 네오콘(신보수주의자)들의 외교상(外交像)에로 그것은 수렴되어 간다.

전전기(戰前期)에 이미 타이쇼(大正) 데모크라시를 실행한 일본과 식자율 5할에도 미치지 못하고 다민족 다종교 국가인 이라크와의 차이를 완전히 배제하고 가까운 과거에서 '역사의 유추'를 찾는, 변함이 없는 미국 외교의 과오가 이렇게 해서 부각된다.

그런 의미에서 30년의 세월을 거쳐 저자가 우리들에게 묻고 있는 것은, 어떠한 '역사의 유추'에 의거하여 정책을 만들어낼 것인가 하는 '역사 유추'의 기본자세이다. 그 때 '역사의 교훈'은 역사정책학의 공준(公準)으로서 어떻게 모델화해 나갈 수 있는가.

3. 냉전기원론을 재고(再考)한다
——9·11의 의미 또는 동유럽과 극동——

이미 기술한 바와 같이 저자는 이 책 제1부에서 미국이 싸운 네 가지 전쟁에의 간여와 개입의 역사를 분석하면서 냉전기원론에로 내려서서, 거기서 미국외교가 어떻게 만들어져 있었는지, 그 과오의 근원을 파헤치고자 한다.

우리는 종종 정통파 해석에 따라 냉전을 만든 것은 소련과 공산주의체제의 팽창주의이고, 그 팽창주의의 자기파탄——지나친 군비확산과 개입에 의한 재정부담에서 오는 자기파탄——이야말로 소련의 패배와 냉전 종결을 낳은 원인이라고 파악하기 쉽다.

<이제 우리는 (모든 것을) 알고 있다>——정통파 외교사가 존 개디스(예일대 교수)가 '냉전사(冷戰史) 재고'라는 부제를 붙여 저술하고, 사람들 입에 회자된 이 책(1997년)의 타이틀이 정통파 역사해석의 자신 넘치는 현재를 상징한다. 또한 그들의 역사해석이 냉전후의 소련이나 중국, 동유럽 제국 등 옛 공산주의 국가의 외교기밀문서의 해금에 의해, 이제는 충분한 제1차사료의 뒷받침을 얻어 정당화되기에 이르고 있다.

그러나 냉전의 기원과 본질은 개디스 등 정통파 사가들이 주장하는 만큼 단순한 '선악론'으로 해석하는 것도, '공산주의 대 민주주의'의 양자 대립상으로 개괄할 수 있는 것도 아니었을 것이다.

만일 정통파 사가들의 주장이 옳다고 한다면, 그 양자 대립상에 의거하여 케네디 정권이 베트남에의 군사개입에 나섰는데, 왜 정글의 수렁 속에서 크나큰 차질을 가져오게 되었는가.

워터게이트 사건의 발각을 계기로 일찍부터 기밀해제의 덕을 본 <펜타곤문서>를 구사하여 저자 메이는 이 책 제4장에서 특히 그 외교의 차질을, '역사 유추'를 키 컨셉으로 분석하고 있다. 애초에 왜 미국은 15년에 걸쳐서 150만의 병력을 파견하고도 철수하지 않을 수 없었는가, 라고.

냉전에 관계되는 사항의 본질은, 개디스 등의 양자 대립상이 말하는 만큼 단순하지 않다. 리베럴한 수정주의파 멜빈 레플러(버지니아대 교수)가 개디스 비판논문에서 시사한 바와 같이, 사항의 본질은 오히려 미국이든 소련이든 '제국의 오만' 또는 지나친 확장 속에 있을 것이다. 그리고 그 동쪽 세계에서의 현재화(顯在化)야말로 소련제국 붕괴의 역사였을 것이다.

저자 메이는 그 또 하나의 현실을 케네디정권 내의 '가장 좋고 가장 우수한'(할버스탐) 지식인들의 언설을 <펜타곤문서>에 의거하면서 극명하게 더듬어 밝힌다. 압도적인 힘의 우위로 뒷받침받고 있으면서도 바로 그 때문에 빠지는 과잉 확장의 현실이다.

그 의미에서는 9·11 이후 아프간공격에서 이라크 점령에 이르는 '데모크라시 제국'의 역사의 시작은 결코 9·11에서 시작된 것이 아니라 그 이전, 이 책의 모두에서 시사한 바와 같이, 이미 제2차대전기 이전부터, 어쩌면 '민주주의를 위한 전쟁'을 벌여온 윌슨 외교기에 있었을 것이다.

그러므로 가령 로버트 스티넷 등 수정주의 사가들과 함께 최근년 해금된 기밀문서를 토대로, 일본의 진주만 공격을 루즈벨트 등이 '도발한 전쟁'으로 파악하든 아니든, 저자 메이가 시사하듯이, 윌슨 외교에서 '역사의 교훈'을 찾은 제2차대전기 루즈벨트 외교 속에서 바로 9·11로 이어지는 '데모크라시 제국'의 외교시점——또는 냉전의 기원——을 볼 수 있을 것이다.

그 제국으로서의 역사에 '냉전의 기원'을 위치 짓는 시점이 이 책 제1부에서 선명하게 제시되고 있다.

* * * *

확실히 냉전후 해금된 외교문서는, 예컨대 한국전쟁의 기원을 둘러싼 정통파 외교사론——북한에 의한 남진론——의 정당함을 확실하게 입증했다고 말할 수 있다.

웨더스비 여사와 맨슬로프, 투르크노프, 와다하루키 등의 작업에 의해 우리는 과거 김일성이 모택동의 강력한 지원을 업고 대남 침공작전으로 치닫고, 결국에는 스탈린도 또한 그 남진작전을 승인한 역사과정을 오늘날 구체적으로 알 수가 있다.

그러나 동시에 거기에서 우리들이 알 수 있는 것은, 독재자 스탈린과 소련측 요인들이 개전 6개월 전——1949년말——까지도 여전히 미국과의 공생노선에 기대를 걸고 있었던 사실이고, 그들이 김일성의 움직임을 제지했던, 지나칠 만큼 신중한 외교행동이다. 그리고 스탈린이 마지막으로 북한의 남진에 고사인을 내린 계기가, 49년 10월의 중국혁명 성공으로서, 스탈린도 또한 모택동, 주은래와 함께 다가올 한국전쟁을 중국혁명의 연장선상에, 즉 반식민지주의 해방전쟁의 연속선상으로 파악했던 사실이다.

거기에서 우리들은 한국전쟁을 고전적 국가간 전쟁——또는 '현상파괴세력'에 의한 군사팽창주의의 현재화——로서가 아니라 하나의 국가/민족간의 '체제를 둘러싼' 내전으로 파악하는 관점을 취할 수도 있다. 브루스 커밍스(시카고대 교수) 등이 일찍이 강조했던 민족해방전쟁으로서의 본질이다. 과거에 내가 주장한 '새로운 전쟁'으로서의 비대칭분쟁의 시점과 그것은 공통점을 갖는다.

기밀 해제된 외교문서는 스탈린이나 모택동, 김일성과 박헌영 등이 전쟁 그 자체를, 그러한 시점에서 파악하고 있던 현실을 밝혀주고 있다. 게다가 그들은 중국 내전의 귀추를 단순히 한국전쟁뿐 아니라 인도차이나반도에서의 베트남이나 라오스 전쟁과도 연동시켜 위치를 부여하고 있다.

그 때, 1975년 베트남전 '승리'를 전후하여 (70년대부터 80년대까지) 왜 북한이 테러와 납치에의 간여를 강화하고 민족해방전쟁의 트라우마로 빠져들었는지, 그 비밀을 엿볼 수도 있다. 동양적 전제주의——또는 폐쇄적 세습제 개발독재——가 만들어낸 희비극이다. 그 희비극이 가까운 과거로서의 베트남 전쟁에 안이하게 의거한 김일성이나 김정일 등의 '역사 교훈'의 오용에 의해 또다시 증폭되었던 것이다.

이리하여 동아시아의 냉전——과 열전——의 모자이크 모양이 짜여지고 있었다.

* * * *

그렇긴 해도 동유럽과 아시아의 두 냉전의 차이를 만들고 있던 것은 무엇인가. 틀림없이 두 가지 요인이——소련의 힘의 사정권(射程圈)의 차이와 시민사회 시작의 차이가——양자의 이질성을 만들어내고 있었다.

동유럽의 경우, 소련의 힘의 사정권 내에 있고 시민사회의 응분의 싹이 있었던데 대해 동아시아의 경우, 그 사정권 밖에 있었고 시민사회의 싹도 없었기 때문에 냉전이 열전에로 쉽게 변질되어 갔다. 그러나 그 이질성에도 불구하고 양자에 공통되어 있던 것은, 냉전이 아래로부터의 반란의 귀결로서 전개되어 나갔던 사항의 본질이다. 구미 근대의 제국주의 지배에 항거하는, 민족주의 반란의 귀결로서의 현실이다.

그 현실이 팍스 브리태니커를 대신하여 등장한 팍스 아메리카나의 '힘의 팽창'과 '뒤늦게 다가온' 또 하나의 제국 옛 소련의 '힘의 팽창'과의 충돌 속에서 전개되었다. 옛 소련은 동유럽에 미니멈한 안전보장권을 확보하려고 했는데, 미국은 그것을 세계지배의 움직임으로 파악하여 과잉개입에 나섰다. 그 힘의 충돌의 전개가 동유럽 세계의 냉전의 숨겨진 얼굴을 만들고 있었다.

역사의 여신 크리오의, 동유럽 냉전의 숨겨진 얼굴을 덮은 베일을, 저자 메이는 제1부 제2장에서 하나하나 벗겨내고, 미국외교의 과오를 그려내고 있다. 그리고 통치자들의 '역사의 유추'를 키 컨셉으로 그 현실을 밝혀냈던 것이다. 현대사 해독의 고전으로서 이 책이 읽혀지는 진면목이 거기에서 엿보인다. 이 책의 이해에 도움을 주기 위해 그 에센스를 직접 인용해 보겠다.

"미국 정부 부처내의 사람들은, 소련의 행위의 어떤 부분을 주목하고 나머지 부분은 무시했다. 핀란드에 관하여 소련당국은 적대관계가 되지 않을 것을 조건으로 비공산주의 국가의 존속을 인정하고 있었다. 헝가리에 관하여 소련……은 선거 개입에 나서지 않았고, 그 결과 헝가리 의회는 압도적으로 비공산주의 세력에 의해 점유되어 [있었다]……체코슬로바키아에 관해서도 소련은, 공산주의자를 중심 세력으로 하지 않는 연립정권 성립을 용인하고 있었다. 그러나…… 트루먼도 고문들도, [그러한 사실을 보지 못하고, 유고슬라비아에 대해서도] 티토는 단지 모스크바의 괴뢰에 불과하다고 생각하고 있었고…… 소련이 그리스 정부에 대한 반란을 선동하고……반란군측으로 흘러들어온 무기와 식량이 [모두] 소련에서 나오고 있는 것으로 믿고 있었다."

결국 트루먼과 고문들은, 동유럽의 정치변동을 만드는 민족주의의 움직임을 이해하지 못하고, 1930년대 파시즘의 대두에서 '역사의 유추' 사례를 찾아서 공산주의 '팽창주의'론의 위협을 만들어내고, 냉전의 치열화를 촉구했던 것이다. 마치 제2차대전 후 초기에 그들이 아시아 민족주의의 다이너미즘을 '붉은 공산주의'의 파도로만 파악하고, 모택동이나 김구, 호치민에 이르는 민족주의자들로부터의 공생의 요청을 배척하고, '공생의 길'을 차단하여, 냉전을 아시아의 열전으로 바꾸어갔던 것처럼.

이리하여 새삼, 변경부의 언어와 역사에 밝은 지역전문가를 기르고 그 국가들의 "지리나 습관, 문화에 관한 지식을 현지에서 습득하고, 또한 기록자료의 연구에 몰두"하는 전문가 집단을 만들어내는 것이야말로, 역사정책학에서 요구되는 급선무이고 역사가의 임무라고 이 책 제2부에서 주장하는 메이의 권고가 뜻하는 것이 더욱 빛을 발하게 된다.

그리고 거기에서 9·11 이후 알카에다의 행동을 테러리스트로 단순화하여 비난하고, 이란, 이라크, 북한의 차이조차 구별하는 일이 없이 '악의 축'으로 파악하여 체제의 '민주주의'적 전환을——필요하다면 선제 무력공격에 의한 전환까지——추진하는 미국 외교의 현재에의 비판의 근거지를 손에 넣을 수 있을 것이다.

그렇긴 해도 대체 부시나 신보수주의자들이 말하듯이, 투표에 의해서가 아니라 총탄에 의해——그것도 군사점령 하의 총탄에 의해——정말로 민주주의를 실현할 수 있을까. 저자가 제2부 제5장에서 전개하는 '화평을 위한 폭격'론에 초점을 맞추고 그 오늘적 문제에 약간의 성찰을 가해 보고자 한다.

4. '화평을 위한 폭격'론의 허망
——원폭과 경제제재 사이——

대체 '외교목적'으로서의 화평을 실현하는 '외교수단'으로서, 폭격은 기능하는 것일까.

역사의 상이한 선례에서 공통의 특질을 추출하고, 그것을 정책공준으로 이어나가는——저자의 역사정책학의 방법론이 거기서도 또한 여지없이 제시되고 있다. 메이는 군사력 외교 또는 '강제외교'론의 중핵에 관련한 물음을, 폭격에 초점을 맞추어 던지고, 제2차대전기의 이탈리아 항복과 일본패전, 한국전쟁 휴전의 세 가지 선례를 검증함으로써 그 해답을 얻으려 하고 있다.

의심할 여지없이 저자의 물음의 배후에는, 1965년부터 68년까지 미국이 화평을 실현하기 위해 북베트남에 북폭을 결행하고 실현하지 못한 강제외교의 차질의 역사가 있다. 또한 최근에 기밀 해제된 문서가 밝히고 있는 바에 따르면, 국방장관 맥나마라 등은, 65년에는 핵

공격까지 실행하려고 했는데, 왜 그러한 미국의 북폭이나 북폭 위협은 북베트남의 유화적 대응을 끌어내지 못하고 오히려 더욱 강한 저항에 부딪히게 된 것일까. '화평을 위한 폭격'이 기능한다고 하면, 그것은 어떤 조건 아래서인가. 저자는 이탈리아와 일본과 한국이라는 이질의 세 가지 사례 속에서 정책공준을 얻고 그것을 다음과 같은 형태로 우리에게 제시하고 있다.

첫째로 폭격 자체는 정책 결정자들을 화평으로 향하게 하기보다 오히려, 저항을 강화하는 방향으로 움직이게 한다. 그들은 스스로가 손에 넣고 있는 것——국가권력——을 잃지 않으려고, 그것을 사수하려고 하기 때문이다. 둘째로 그럼에도 불구하고 폭격이 화평에의 정책전환은 만들어낸다고 한다면, 그것은 종래까지의 노선을 주장했던 사람들의 정책방침이 벽에 부딪혀 사실상의 권력교체가 발생하고 있는 경우이다.

1943년 이탈리아의 경우, 무솔리니가 파면되고 바도리오가 정권의 자리에 앉았다. 45년 일본의 경우, 토조 히데키가 전년 7월에 사임압력에 몰리고 화평파가 전면에 나섰고, 45년 4월 해군대장 스즈키 칸타로가 수상에 취임했다. 53년 한국전쟁의 경우, 전쟁의 정책결정 중심은 평양에서 모스크바로 옮겨지고, 스탈린이 죽었고 흐루시초프와 말렌코프가 등장했다.

사실상의 권력교체가 발생했을 때 비로소 폭격에 의한 '강제외교'가 기능을 한다고 하는 정책공준이 이렇게 해서 도출되었다. 대체 이 메이의 공준은, 냉전후의 미국 일극 지배 아래서 '화평을 위한 폭격' 시도가 되풀이되는 오늘날 어떤 재평가가 요구되고 있다고 할 수 있는가. 역사연구의 진전과 기밀 해제된 사료들은 어떤 새로운 물음을 메이의 공준에 던지고 있는가.

* * * *

우선 일본 패전을 둘러싼 '폭격효과'에 대하여.

적어도 우리들은 1945년 4월의 스즈키 '화평파' 내각의 등장 이후, 8월 15일의 화평 결정까지 4개월 이상의 시간을 경과하지 않을 수 없었던 역사를 알고 있다. 또한 그 사이에도 공중폭격이 계속되고, 히로시마, 나가사키에 핵폭탄이 투하되기에 이른 역사도 알고 있다. 대체 핵이든 통상 폭탄이든, 애초에 '화평을 위한 폭격'론은, 풍부한 역사자료가 기밀 해제되기에 이른 오늘날, 어떻게 재해석되어야 하는가.

나 자신으로 말하면, 원폭투하 연구의 과정에서 입수한 다음과 같은 정책공준에 오히려 이끌린다.

즉 폭격은 메이가 시사하는 바와 같이 통상 폭격당하는 측의 내셔널리즘을 불러일으키고, 반유화적 대응을 강화시키지만, 화평에의 전환을 낳는 것이 있다고 하면, 그것은 '권력교체'극의 진행보다 오히려 정권이 의거하는 체제를 지탱하는 국제적 '전략환경의 변화'라고 하는 또 하나의 정책공준이다.

실제로 1945년 여름의 일본패전의 국책전환을 끌어낸 것은, 원폭보다는 오히려, 화평파도 역시 의거했던, '소련에 의한 화평 중개' 가능성이 사라진 전략환경의 결정적 변화였을 것이다. 그 변화가 8월 6일의 히로시마 원폭투하 3일후, 8월 9일 새벽의 모스크바로부터의 대일 선전포고에 의해 명백해졌다. 수상 측근인 사코미즈 히사쓰네(迫水久常) 서기관장이 말하듯이, 그들은 "소련 참전의 보도를 들었을 때……정말 놀라고, 몇 번이고 '정말인가, 정말인가' 하고 재차 반문했다. 하늘이 무너지고 땅이 꺼지는 기분이 들었던" 것이다.

그 때, 원폭투하에 잠재된 미국의 전략적 의도가 '화평을 위한 폭격'론의 의미에의 재평가와 함께 촉구되어야 할 것이다. 대체 미국은 원폭에 의하지 않고 일본항복을 끌어낼 길이 있음을 사전에 알고 있으면서도, 왜 굳이 원폭투하의 길을 선택했는가. 왜 미국은 7월 26일의 포츠담선언에의 소련참가가 일본 항복을 끌어낼 최단의 길이라는 것을 알고 있으면서도 포츠담선언에서 소련을 배제하고 원폭투하의 위협으로 나섰는가.

이러한 일련의 물음은, 한편으로 원폭이 대 소련 외교의 수단으로서 투하되었음을 시사하는 동시에 다른 한편으로 '화평을 위한 폭격'론을 대체하는 또 하나의 강제수단으로서의 '경제제재'론의 재검토로 이어진다. 대체 경제력에 의한 강제외교, 즉 경제제재는 외교수단으로서 어디까지 기능하는가, 만일 기능한다고 하면 거기에는 어떤 조건이 요구되는가.

여기서 우리들은 로버트 페이프(다트머스대)나 팀 니브록(엑스터대 이슬람연구소장) 등에 의거하면서 쿠바에서 이란, 이라크, 수단, 리비아 등에 이르는 몇 가지 경제제재의 선례 분석에서 다음과 같은 '역사의 교훈'을 얻을 수 있을 것이다.

즉 폭격과 마찬가지로 경제제재의 경우도 역시 통상 (1) 현존 체제의 붕괴로 기능하지 않고, (2) 민주화나 인권존중에 필요한 사회기반을 강화하기보다 약체화시키고, (3) 지역적인 긴장과 불안정성을 잠재적이라 해도 높여가지 않을 수 없다. 그리고 여기서도 또한 제재 즉 강제외교가 기능하는 일이 있다고 한다면 그것은, 제재받는 측에 체제 유지의 '보증'이 주어지는 경우이고, 아울러 제재 해제후의 경제협력 지원의 약속이 공여되는 경우이다. 그 제재의 역학이 2003년 12월의 가다피 권력의 리비아에 의한 핵무기개발포기와 테러 간여의 용인을 둘러싼, 1년 이상에 이르는 비밀외교교섭의 배후에 숨겨진 진실이었다.

그렇다면 우리들은 지금 예컨대 한반도에서의 핵과 납치문제의 포괄적 해결을 위해 북한에 어떻게 대응해야 하는가. 그리고 냉전 종결후, 옛 소련·동유럽시장을 상실하고 '냉전의 고아'(세리그 해리슨)가 된 북한의 현재를 어떻게 위치짓고, '경제제재' 아래서의 미래를 어떤 '역사의 유추' 사례에 의거하여 예측해야 하는가——우리 자신의 대 북한정책의 현재의 재검토로 이어질 수 있다.

그것은 메이=뉴스타트가 말하는 '시간의 흐름(스트림 오브 타임) 속'에서 정책을 위치짓고 평가하는 시도에 공통성을 갖는다. 역사의 연속성과 불연속성 속에서 국경을 넘어 정책을 예측하고 평가하는 시도라고 바꿔말해도 좋다.

그 동일한 정책평가의 시도가 오늘날 냉전 이후의 중동정책에도 요구되고 있다. 대체 이라크 전쟁과 베트남전쟁과의, 두 전쟁의 '수렁화'는 어디가 동일하고 어디가 다른가. 하이테크 정보혁명이 초래한 군사사태 혁명(RMA)은 '화평을 위한 폭격'론의 장벽을 어디까지 어떻게 제거하고 있는가 아닌가. 지금 알카에다 등이 전개하는 테러리즘과 과거의 베트콩들의 테러리즘과는 어디가 동일하고 어디가 다른가.

D. D. 치프만이 분명히 밝혔듯이 1980년대 아프간의 대 소련과의 전쟁과정에서 '판지실(계곡)의 호랑이' 마스드는 모택동의 군사전략을 습득하여 게릴라전을 전개했고 그 마스드를 개재하여 빈 라덴은 알카에다의 군사전략으로 연결하고 있었다. 대체 그들 이슬람 원리주의자들의 군사전략과 60년대 베트남 반식민지주의자들의 게릴라전략과는 어디가 어떻게 다르다는 것인가. 그리고 2003년 5월의 미국에 의한 대규모 전투승리선언 후의 이라크 전투지역에의 일본 자위대의 파병에 어떤 근미래가 기다리고 있다고 예측해야 하는가.

그 때 알카에다를 개재하여 아프간으로부터 이라크, 팔레스타인, 체첸, 수단, 스페인에까지 이르는 9·11의 의미를 냉전사 속에서 재평가하는 것의 긴요성이 부상할 것이다.

5. 맺는 말
——역사정책학을 찾아서——

이미 소개한 바와 같이 저자 메이는, 고(故) 뉴스타트 교수——미국대통령 정치연구의 권위자——와 하버드대학원에서의 10년 이상의 공동연구를 기초로 역사정책학의 보다 실천적인 텍스트를 공저로 저술했다.

"정책을 '시간의 흐름 속'에서 생각하는" 것을 명제로 하고, 그 대상을 '외교문제'에서 내정에까지——1980년대 미국국민을 뒤흔든 연금문제에서 돼지독감문제까지——넓히고, 위기관리와 리스크 관리수법을 도입하면서 역사정책학의 방법론의 체계화를 시도하고 있었다. 그를 위하여 미국의 외교와 내정의 두 분야에서의 친근한 두 가지 성공체험——62년 쿠바위기와 83년 사회보장제도 개혁——을 분석의 기점에 두고, "정책을 '시간의 흐름 속'에서 생각하는" 방법론을 대략 5가지 공준에 의해 제시했다.

(1) 현재 직면하는 위기와 유사한 '역사의 선례'를 분석하고, 위기의 사실들에 관하여 '기지(旣知)의 것'과 '미지(未知)의 것'을 해부하여 해당 쟁점의 위치를 분명히 하는 '쟁점사의 검증'을 진행하는 것. (2) 의거하려고 하는 선례를 둘러싼 '역사적 전제'——국제관계이든 국내 조건이든——의 차이를 명확히 하는 '각 전제의 비교'를 진행하는 것. (3) 의거하고 있는 '역사의 유추' 사례와 '실제로 직면하는 위기' 사이의 유사성과 이질성을 밝히는 '유추사례의 해석'을 진행하는 것. (4) 분석대상인 조직——옛 소련이나 북한과 같은 국가이든, 크레믈린이나 사회보장청과 같은 관료기구이든——구조와 정책형성 메커니즘을 밝히는 '조직의 해독'을 진행하는 것. (5) 동시에 분석대

상이 되고 있는 인간——정책형성자들의 내력이나 성격, 세계상——을 밝혀내는 '타자의 해독'을 진행하는 것.

이들 5가지 공준에 의해 메이는 외교와 내정 양면에 걸치는——1930년대 세계불황에의 J. M. 케인즈와 밀튼 프리드맨의 대응의 차이에서, 70년대 카터정권 아래서의 이란위기를 거쳐, 80년대 레이거노믹스 아래서의 연금개혁이나 돼지독감 위기에 이르는——풍부한 사례를 연습교재로 사용하면서, 역사를 '정책'하는 것의 의미와 수법을 추궁해나갔던 것이다.

대체 메이 등의 역사정책학 수법을 '역사의 교훈'에 투영하여 미국의 오늘을 보았을 때, 거기에서 우리는 무엇을 배울 수 있는가.

과학기술과 글로벌화가 진전하는 21세기의 세계에서 9·11이후, 역사를 정책하는 것의 의미가 더욱 새롭게 다가오고 있다. 지금 국경을 넘어서 '역사의 교훈'에 뜨거운 시선이 던져지는 이유가 바로 여기에 있는 것이다.

이라크 개전 1년이 지나고

신도 에이이치(進藤榮一)

역자 약력

황해도 출생. 서울 문리대를 거쳐 오사카외대에서 수학. 시사일본어연구사, 현대일본어연구사 편집장으로 일함.

편저서로 『인생에 대하여』 『이 영원한 삶을 찾아서』 『한마디 말의 영원한 의미』 등이 있고 역서로 『어떻게 사랑할 것인가』 『인간 이 未知의 존재』 『문제해결의 노하우』 『시간관리의 노하우』 『제1차 문명전쟁』 외 다수가 있다.

역사의 교훈

2004년 11월 15일 초판 제1쇄 인쇄
2004년 11월 25일 초판 제1쇄 발행

저 자 어네스트 R. 메이
역 자 이 희 구
발행자 이 영 구
발행처 한 마 음 사
주소 ; 서울 마포구 성산동 103-21
전화 ; (02)3141-0361 Fax (02)3141-0365
등록 ; 1978. 11. 16 번호 1-509

※ 잘못된 책은 바꾸어 드립니다.

ISBN 89-7800-089-4 03900